ADGG021PO

FUNDAMENTOS EXCEL

Handz Valentin

Ra-Ma®

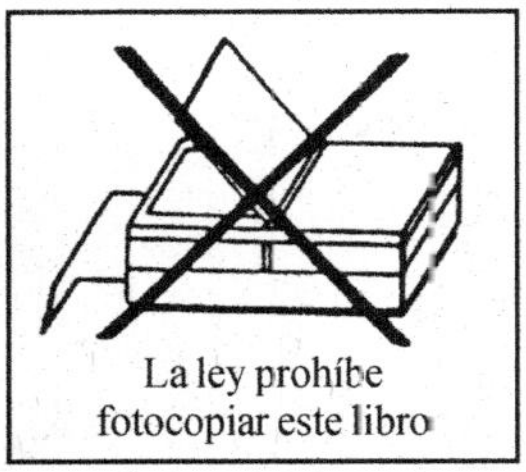

ADGG021PO - FUNDAMENTOS EXCEL

Editado por:
RA-MA Editorial
Calle Jarama, 3A, Polígono Industrial Igarsa
28860 PARACUELLOS DE JARAMA, Madrid
Teléfono: 91 658 42 80
Fax: 91 662 81 39
Correo electrónico: *editorial@ra-ma.com*
Internet: *www.ra-ma.es* y *www.ra-ma.com*
ISBN: 978-84-9964-962-7
Depósito legal: M-14504-2020
Maquetación: Antonio García Tomé
Diseño de portada: Antonio García Tomé
Filmación e impresión: Safekat
Impreso en España en junio de 2020

Para Aamir y Neil...

ÍNDICE

SOBRE EL AUTOR

Handz Valentin es un escritor internacional especializado en libros técnicos informáticos. Es autor de la serie Aprende y Domine, Para Perezosos y Paso a Paso, los más vendidos en español. Es un apasionado de la tecnología, y sus textos son usados por varias editoriales, universidades, sitios web y otros autores.

Actualmente es el director de proyecto editorial en ValentinBook y cuenta con varias certificaciones internacionales, incluido Microsoft Office Specialist Master (MOS).

En sus tiempos libres trabaja como actor, director y guionista, escribiendo comerciales, películas y videoclips.

Visite su canal en YouTube: *https://www.youtube.com/handsofthelp*

INTRODUCCIÓN

Excel 2016 es una nueva versión que se encuentra en el ya imprescindible paquete de Office y que llega con todo lo que ya conocemos desde la versión anterior. Este libro está creado para compartir con ustedes mucho de lo que conozco de esta poderosa aplicación y, por supuesto, ayudarlo a que su trabajo sea más eficiente.

Excel 2016 es una aplicación de hoja de cálculo usado por casi todo el mundo. Sus herramientas potentes y el uso fácil de su interfaz han hecho de este programa el más popular entre los usuarios, profesionales de la información y todo aquel que necesite realizar algún análisis de datos.

Cuando se sumerge en el trabajo con Excel se dará cuenta que su ventana es muy parecida a una hoja cuadriculada, y es posible que ni bien la vea, ya tenga una idea de cómo usar esta aplicación. Sí, simplemente agregue los datos en cada uno de esos pequeños y delgados rectángulos, y luego use una función para obtener un resultado. Listo, eso es todo.

Claro que no solo querrá seguir mi ejemplo anterior, es posible que tenga en mente presentar un informe de ventas del primer trimestre, o que necesite comparar visualmente los ingresos económicos del año 2015 y 2016, o que simplemente quiera almacenar una lista de datos de sus facturas día a día; sea cual sea su propósito, Excel lo podrá ayudar.

Este libro lo guiará a través de las diversas herramientas más usadas que posee Excel 2016. Los capítulos están diseñados con total independencia por lo cual no necesita leer cada capítulo secuencialmente; si ya conoce ciertos temas, puede dirigirse al capítulo que más le interese y seguir aprendiendo. Si es un usuario que por primera vez usa Excel, le recomiendo que comience desde el principio. También este libro puede ser usado como material de consulta cuando sea necesario, así que, tenga el nivel que tenga, podrá sacarle provecho a este contenido.

1

FUNDAMENTOS DE EXCEL

En este capítulo aprenderá a:

- Conocer el funcionamiento de Excel.
- Crear un libro en blanco y a través de una plantilla.
- Dominar la cinta de opciones de Excel.
- Usar las vistas de página.
- Guardar y abrir libros.
- Organizar hojas de cálculo.
- Imprimir hojas.

Para completar los ejercicios en este capítulo, necesita los archivos de práctica que se encuentran en la carpeta "Capítulo 1".

1.1 ¿QUÉ ES EXCEL?

Excel es el programa más usado en el mundo para la creación de poderosas hojas de cálculo con el cual puede realizar análisis de datos estadísticos, generar informes, e inclusive, agregar gráficos especializados para presentar sus datos ante cualquier audiencia.

Una vez que comience a trabajar con Excel 2016 podrá darse cuenta que sus herramientas son muy sencillas de usar. Si ya ha tenido experiencia con versiones anteriores no debe preocuparse, ya que todo sigue estando en su mismo lugar; por otro lado, si es un nuevo usuario en Excel, no tardará mucho en comprender su funcionamiento. En este libro, aprenderá los conceptos esenciales para utilizar Excel y sacarle provecho al máximo.

1.2 INICIAR EXCEL

Excel puede ser instalado principalmente en sistemas operativos nuevos como Windows 8, Windows 8.1 y Windows 10. La forma de acceder a Excel 2016 funciona ligeramente diferente en Windows 8 y Windows 10. Por ejemplo, en Windows 10 existe un menú llamado **Inicio** que aparece al pulsar la tecla del logo de Windows. En cambio, en Windows 8, pulsando la misma tecla, nos lleva a la pantalla **Inicio**, el cual muestra una serie de mosaicos y una nueva interfaz.

> ⓘ **NOTA**
>
> En este libro se está utilizando Windows 10 como sistema operativo cliente. Si está usando otra versión de Windows, es posible que algunas capturas de pantalla no se vean idénticas a las suyas.

1.2.1 Abrir Excel usando Windows 8

1. En su pantalla Inicio, desplácese hasta el grupo de mosaicos de Microsoft Office 2016.
2. Haga clic en **Excel 2016**.

1.2.2 Abrir Excel usando Windows 10

1. Clic en el botón Inicio.
2. Clic en **Todas las aplicaciones.**

3. Desplácese hasta la letra E.
4. Clic en **Excel 2016**.

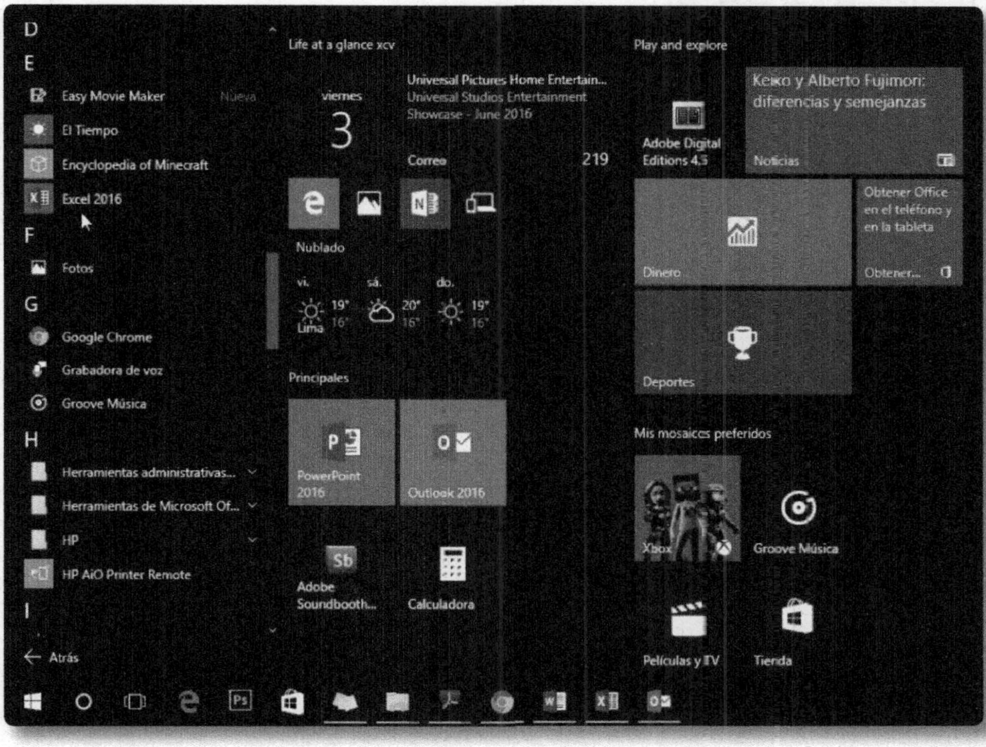

1.3 LA PANTALLA INICIO DE EXCEL

Cuando inicia Excel 2016 o Excel 2016 Mobile App lo primero que verá es la **pantalla Inicio**. En esta pantalla podrá fácilmente crear un nuevo libro, o abrir uno existente. Cuando crea un nuevo libro tendrá la opción de usar uno en blanco o elegir una plantilla prediseñada; esta última es ideal para que pueda editarla como más le guste.

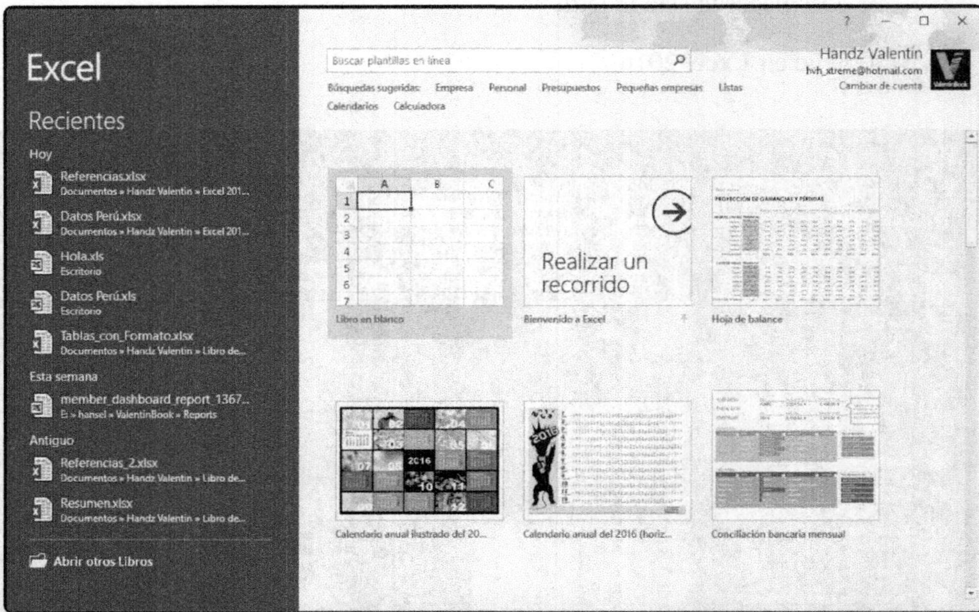

> ⓘ **NOTA**
>
> Un ***libro*** es el nombre que se le da a los archivos de Excel. Para trabajar con Excel 2016 primero deberá crear un libro en blanco o a través de una plantilla prediseñada.

1.3.1 Ahorrar tiempo sin la pantalla Inicio de Excel

La pantalla Inicio es lo primero que se muestra cuando abre Excel y desde aquí tendrá que elegir un libro en blanco o una plantilla. Si cada vez que abre Excel siempre quiere crear un nuevo libro en blanco de manera automática, puede desactivar la pantalla Inicio por completo.

Para desactivar la pantalla Inicio:

1. Realizar alguna de estas acciones:

   - Si está en la pantalla Inicio, clic en el enlace **Otros libros**, y clic en **Opciones**.
   - Si está en la pantalla principal de Excel, clic en la ficha **Archivo** y clic en **Opciones**.

2. En el cuadro de diálogo **Opciones de Excel** verifique que esté activo la página **General**.
3. En la sección **Opciones de Inicio**, desactive la casilla **Mostrar la pantalla Inicio cuando se inicie esta aplicación**.
4. Clic en **Aceptar**.

> ⓘ **NOTA**
> En Excel 2016 Mobile App no podrá desactivar la pantalla Inicio.

5. Para ver los cambios, reinicie Excel.

> ⓘ **NOTA**
> Si desea recuperar la pantalla Inicio, use los mismos pasos.

1.4 CREAR UN LIBRO

Si ha pensado en los libros que tiene en su biblioteca, no está tan lejos de la realidad. Un libro en Excel no es más que un archivo. Por ejemplo, a los archivos de Word los llamamos documentos, los de PowerPoint los llamamos presentaciones, y a los archivos de Excel los llamamos libros. Y, ¿por qué libro? Este término se impuso porque Excel trabaja con hojas de cálculo y un libro puede tener muchas hojas (al igual que sus libros en la biblioteca). La siguiente imagen muestra la estructura de un libro de Excel.

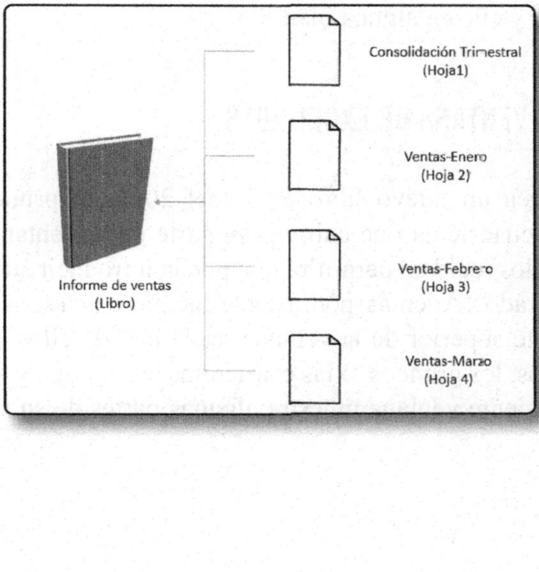

1.4.1 Crear un libro en blanco

La mejor forma de empezar a conocer Excel es creando un libro en blanco. Al ser en blanco, podrá controlar el diseño y la posición de cada uno de los elementos que coloque en su hoja.

Para crear un nuevo libro en blanco:

Realice alguna de estas acciones:

- Si está en la pantalla Inicio, clic en el **Libro en blanco**.
- Si está en la pantalla principal de Excel, clic en la ficha **Archivo**, clic en **Nuevo**, y clic en **Libro en blanco**.

1.4.2 Crear un libro a partir de una plantilla prediseñada

Una plantilla prediseñada es un libro de Excel que contiene un diseño, colores, datos y fórmulas ya establecidas. En muchos casos, una plantilla puede ahorrarle tiempo y trabajo.

Para crear un nuevo libro a partir de una plantilla:

Realice alguna de estas acciones:

- Si está en la pantalla Inicio, desplácese hacia abajo por la lista de plantillas y clic en alguna plantilla.
- Si está en la pantalla principal de Excel, clic en la ficha **Archivo**, clic en **Nuevo**, y clic en alguna plantilla.

1.5 EXAMINAR LA VENTANA DE EXCEL 2016

Cuando crea un nuevo libro en Excel 2016, lo primero que llamará su atención será una cuadrícula que cubre gran parte de la ventana. Este conjunto de pequeños rectángulos (celdas) permitirá que pueda introducir sus datos y así obtener los resultados esperados. Además, podrá darse cuenta de una serie de pequeños iconos ubicados en la parte superior de la ventana, cada uno de ellos permite realizar una acción con los datos, los gráficos, o las estructuras en su hoja, y son conocidos como ***comandos***. La siguiente ventana muestra algunas partes de su ventana principal de Excel 2016.

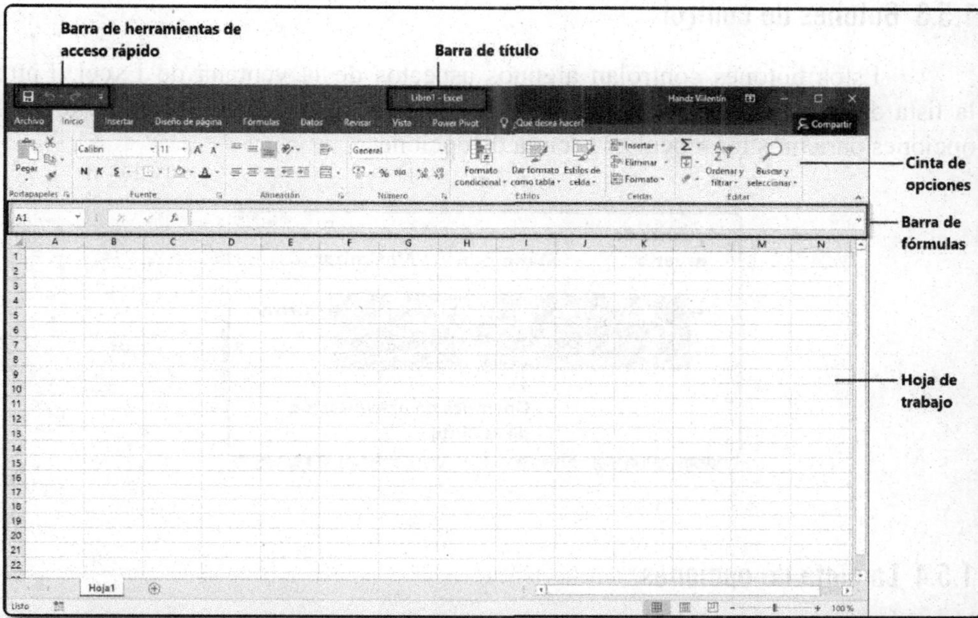

1.5.1 Barra de herramientas de acceso rápido

Es la única barra de herramientas que posee Office 2016. En ella encontrarás los botones más comunes: **Guardar**, **Deshacer** y **Rehacer/Repetir**.

1.5.2 Barra de título

En esta barra encontrará el nombre del archivo actual, por ejemplo, cuando inicia Excel el nombre es **Libro1**, si guarda su archivo, entonces aparecerá el nombre del archivo guardado, por ejemplo, *DivisiónMinería.*

1.5.3 Botones de control

Estos botones controlan algunos aspectos de la ventana de Excel. Entre la lista de botones de control también está el enlace a su cuenta de usuario y las opciones para mostrar u ocultar la cinta de opciones.

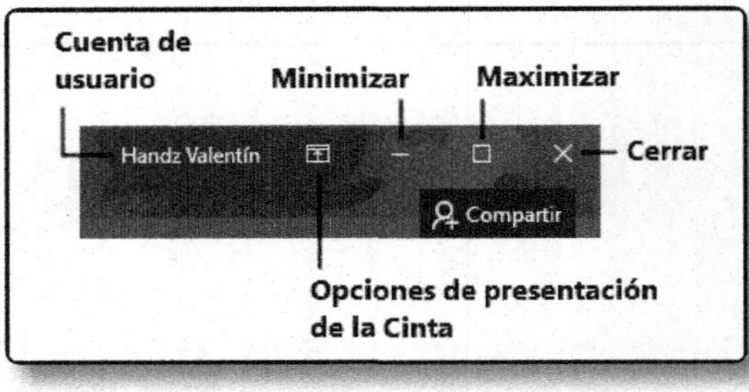

1.5.4 La cinta de opciones

Conocido como solo ***la cinta***, desde ella encontrará la gran mayoría de comandos que usará con sus datos. Si quiere insertar una imagen, un gráfico, o aplicar negrita o cursiva a sus textos, en la cinta de opciones encontrará todo lo que necesita para hacerlo. Para que pueda encontrar lo que necesita de manera más fácil, la cinta de opciones se ha organizado en tres elementos generales: las **fichas o pestañas**, los **grupos**, y los **comandos**. La siguiente imagen muestra detalladamente la cinta de opciones.

- **Ficha Archivo:** Activa la vista *backstage.*
- **Ficha Activa:** En la imagen, la ficha activa es **Inicio**.
- **Fichas:** La cinta de opciones contiene varias fichas como Insertar, Diseño de página, Fórmulas, etc.
- **Nombre de Grupo:** Al elegir una ficha podrá ver los nombres de cada grupo, en la imagen, el grupo señalado se llama Fuente.
- **Iniciador de cuadros de diálogo:** Algunos grupos tienen este botón para acceder a más opciones.
- **Comandos:** Son los botones que se encuentran en las diferentes fichas y se agrupan para una mejor organización.

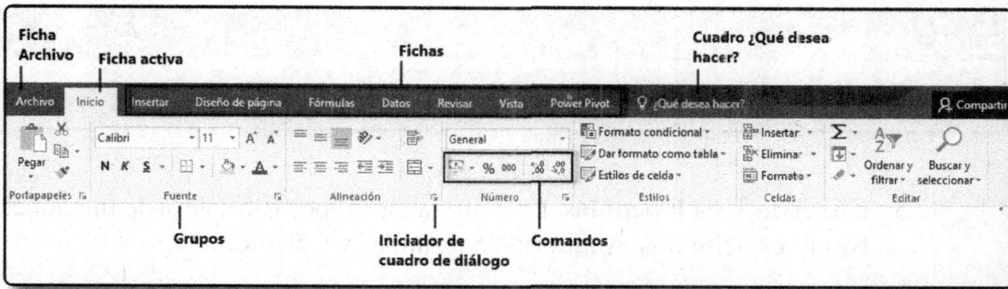

EJERCICIO

En el siguiente ejercicio aprenderá a usar la Cinta de opciones:

1. Clic a la ficha **Archivo**.

   Al hacerlo, podrá ver la vista *backstage*. Desde allí podrá crear nuevos libros, imprimir sus hojas o compartir sus datos con alguien más.

2. Clic en la flecha que apunta a la izquierda. De esta manera acaba de volver a su hoja y nuevamente se muestra la cinta de opciones.

3. Clic en la ficha **Insertar**. En esta ficha se encuentran los grupos Tablas, Ilustraciones, Complementos, Gráficos, Paseos, Minigráficos, Filtros, Vínculos, Texto y Símbolos.

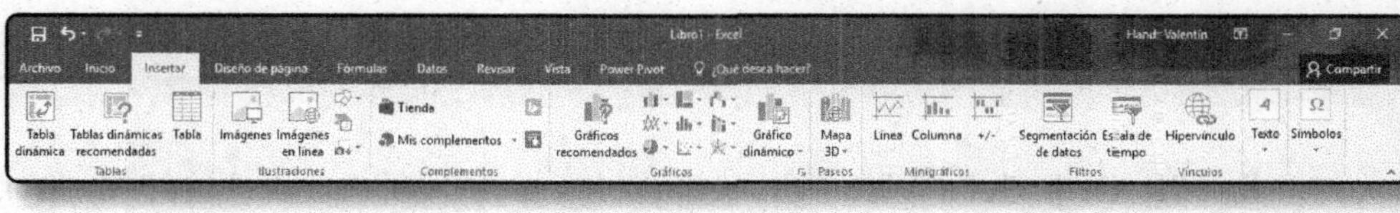

4. Clic en la ficha **Diseño de página**. En esta ficha se encuentran los grupos Temas, Configurar página, Ajustar área de impresión, Opciones de la hoja y Organizar.

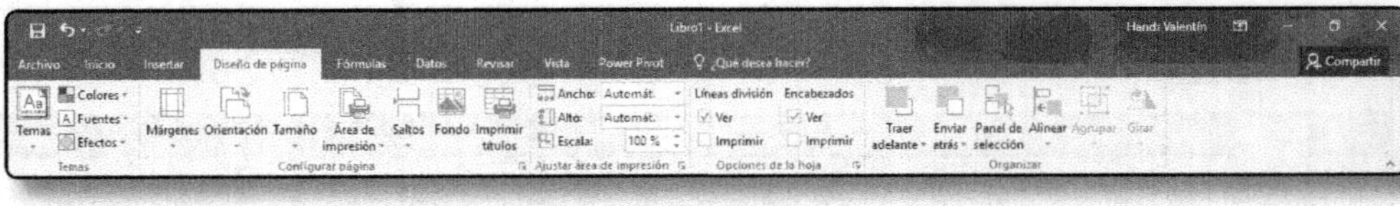

5. Clic en la ficha **Fórmulas**. Encontrará los grupos Biblioteca de funciones, Nombres definidos, Auditoría de fórmulas y Cálculo.

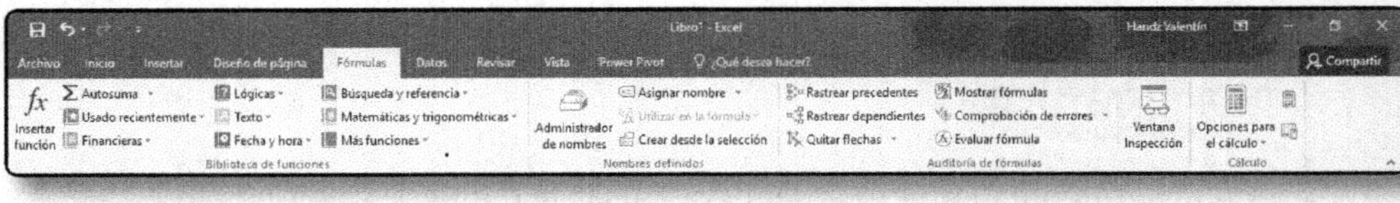

6. Clic en la ficha **Datos**. Encontrará los grupos Obtener datos externos, Conexiones, Ordenar y filtrar, Herramientas de datos, Previsión y Esquema.

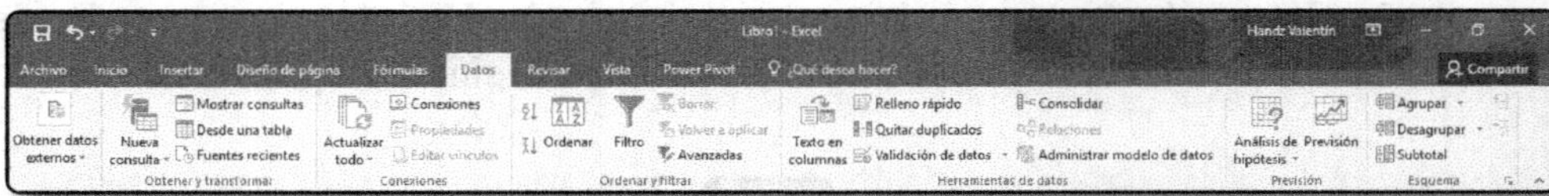

7. Clic en la ficha **Revisar**. Encontrará los grupos Revisión, Datos, Idioma, Comentarios, Cambios y quizá Entrada de lápiz si es que maneja una pantalla táctil.

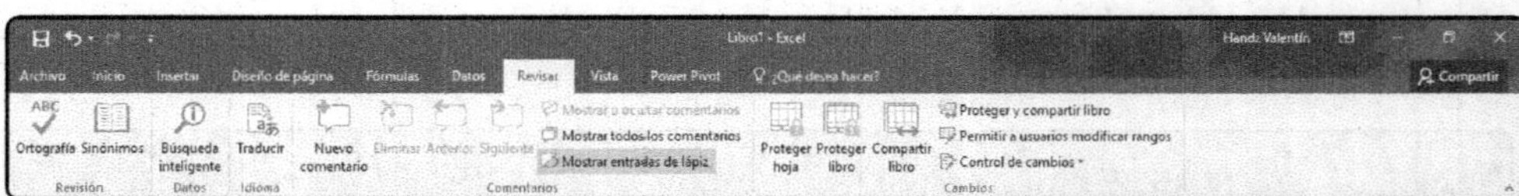

8. Clic en la ficha **Vista**. Encontrará los grupos Vistas de libro, Mostrar, Zoom, Ventana y Macros.

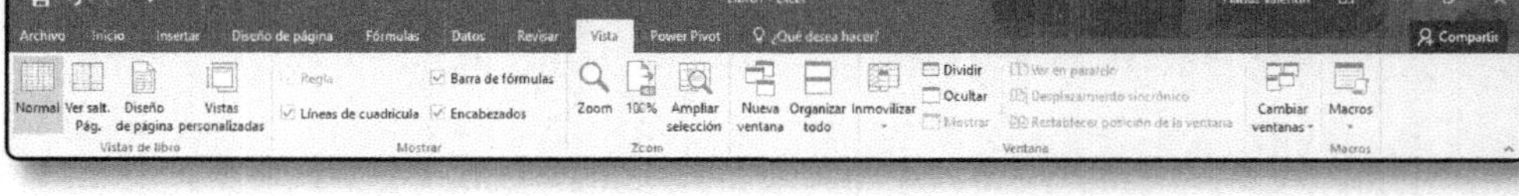

9. Por último, clic en la ficha **Inicio**. Los grupos en esta ficha son Portapapeles, Fuente, Alineación, Número, Estilos, Celdas y Editar.

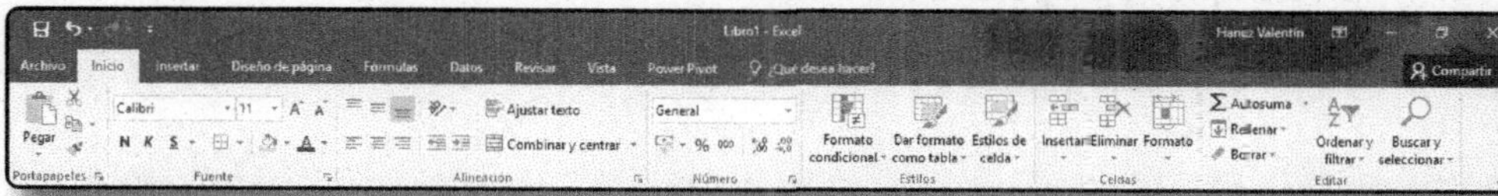

> ⓘ **NOTA**
>
> Dependiendo de la configuración de Excel, puede tener activadas las fichas PowerPivot y Desarrollador.

¿Cómo funcionan los comandos en la cinta de opciones?

Por ejemplo, para poder seleccionar un comando, primero deberá hacer clic en una ficha, luego deberá buscar el grupo correspondiente y, por último, hacer clic en el comando que necesita. Practique usted mismo siguiendo estos pasos:

1. Clic en la ficha **Vista**.
2. Busque el grupo **Vistas de libro**.
3. Por último, clic en el comando **Diseño de página**.

Vea cómo ha cambiado su hoja. Usted acaba de realizar una acción en Excel 2016. Mientras avancemos en el libro, los procedimientos serán siempre iguales. Es decir, usará el nombre de una ficha a elegir, luego el grupo donde buscar, y el comando el cual accionar. Hagamos otro ejemplo.

1. Clic en la ficha **Insertar**.
2. Busque el grupo **Ilustraciones**.
3. Clic en **Imágenes**.

En esta ocasión acaba de aparecer una pequeña ventana (***cuadro de diálogo***). En Excel 2016, un comando puede activar algo directamente en la hoja, abrir otras ventanas (como ahora), o acceder a una galería de opciones, veamos este último. Antes de comenzar, clic en la X en la ventana que hiciste aparecer hace unos instantes.

1. Clic en la ficha **Diseño de página**.
2. Busque el grupo **Temas**.
3. Clic en el comando **Temas** y ahora podrá ver la galería de opciones que este comando trae.

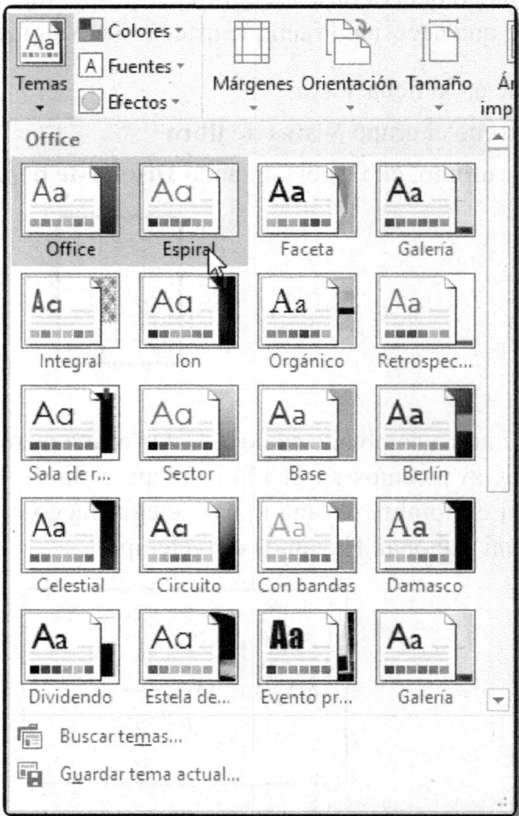

El comando **Temas** es considerado un ***comando desplegable*** ya que, al hacer clic en él, se despliega una serie de opciones que en este caso es una ***galería***. Con estos primeros pasos, ya está listo para seguir conociendo más de la ventana de Excel. Antes de continuar, vamos a configurar la ventana como estaba antes.

1. Clic en la ficha **Vista**.
2. Busque el grupo **Vistas de libros**.
3. Clic en el comando **Normal**.

> **NOTA**
> No cierre Excel, lo usará en el próximo ejercicio.

Ocultar y mostrar la cinta de opciones

La cinta de opciones se encuentra en la parte superior de la ventana de Excel y como puede ver, este ocupa un amplio espacio. Si lo desea, puede ocultar la cinta de opciones y de esa manera podrá tener más espacio para trabajar.

EJERCICIO

En el siguiente ejercicio aprenderá a ocultar y mostrar la cinta de opciones de forma sencilla:

1. Clic en la ficha **Inicio** para que sea la ficha activa.
2. Ahora, doble clic sobre la ficha **Inicio**.

   Puede notar que la cinta de opciones desaparece dejando solo los nombres de las fichas a simple vista.

3. Clic en la ficha **Diseño de página**.

   Podrá ver la cinta de opciones nuevamente, pero de forma temporal.

4. Clic en cualquier parte de la cuadrícula de Excel y la cinta de opciones se volverá a ocultar.

5. En el paso 3 y 4 pudo ver la cinta de opciones temporalmente. Para ver la cinta de opciones nuevamente en su lugar de origen, haga doble clic en cualquiera de las fichas.

Cuando oculta la cinta de opciones, puede usar hasta tres formas para mostrarla:

- **Clic en el nombre de una ficha:** Esta acción permitirá mostrar la cinta de opciones solo temporalmente, esto funcionará así hasta que haya usado un comando o haya dado clic en alguna celda, luego volverá a desaparecer.
- **Doble clic en el nombre de una ficha:** Con esto podrá mostrar la cinta de opciones completamente incrustada en la ventana.
- **Clic en el botón Opciones de presentación de la cinta de opciones:** Este botón se encuentra a la izquierda de los botones de control.

El iniciador de cuadros de diálogo

Dentro de la Cinta de opciones puede encontrar casi todo lo que necesita para trabajar con sus hojas, pero no son los únicos comandos que hay. Excel tiene varios comandos que de seguro no encontrará en la Cinta de opciones ya que estos llegan dentro de un cuadro de diálogo.

> **NOTA**
> Un cuadro de diálogo no es más que una ventana dentro de Excel con una serie de opciones adicionales.

Para acceder a los cuadros de diálogo, debe hacer clic en el botón **Iniciador de cuadros de diálogo**. Este botón se encuentra al lado derecho de algunos nombres de grupo. Cuando un grupo tiene un iniciador de cuadros de diálogo indica que existen opciones adicionales dentro del grupo.

Un iniciador de cuadros de diálogo no necesariamente abre un cuadro de diálogo, también puede abrir un panel de tareas. Por ejemplo, el grupo **Portapapeles** posee un iniciador de cuadro de diálogo, pero no abre un cuadro de diálogo, al contrario, abre un **Panel de tareas**.

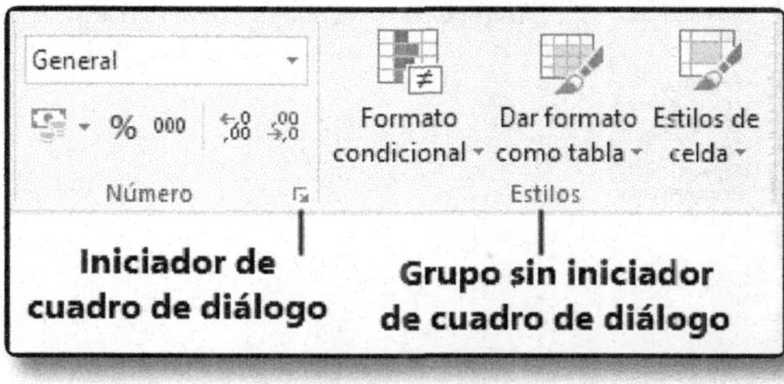

Vamos a conocer un poco sobre los iniciadores de cuadros de diálogo.

> **NOTA**
>
> Antes de comenzar, se usará el libro **DivisionMineria** de su carpeta "Capítulo 1".

1. Doble clic en el archivo **DivisionMineria.xlsx**.

2. Clic en la ficha Inicio.

   Note que los grupos Portapapeles, Fuente, Alineación y Número poseen iniciadores de cuadros de diálogo.

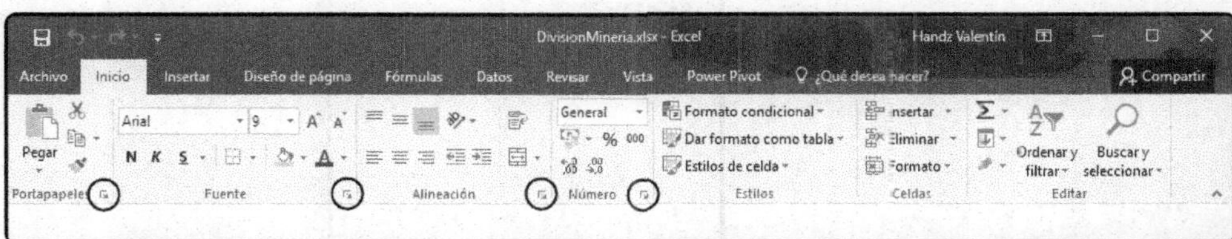

3. Haga clic en el botón Iniciador de cuadros de diálogo del grupo **Número**.

   Aparece el cuadro de diálogo **Formato de celdas**.

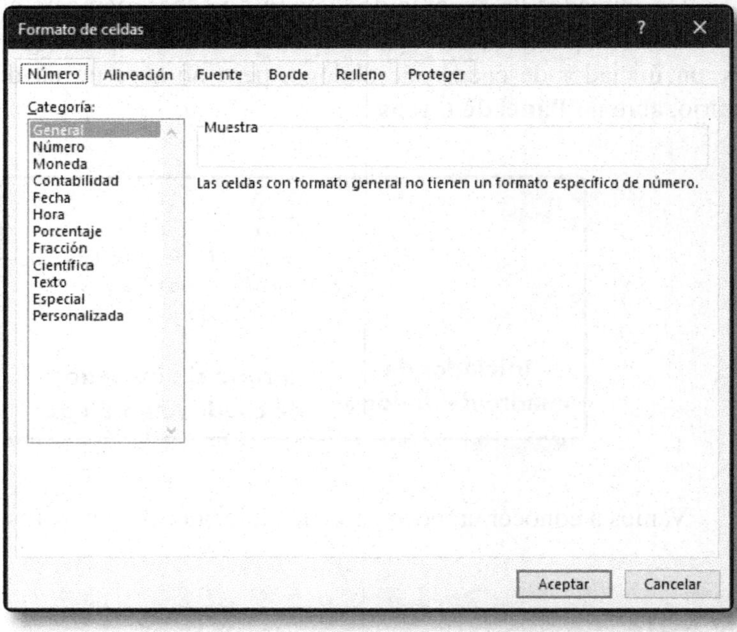

4. Pulse la tecla ESC. El cuadro de diálogo desaparece.

5. Ahora clic en el Iniciador de cuadro de diálogo de Portapapeles. Note como se abre un panel de tarea, no un cuadro de diálogo.

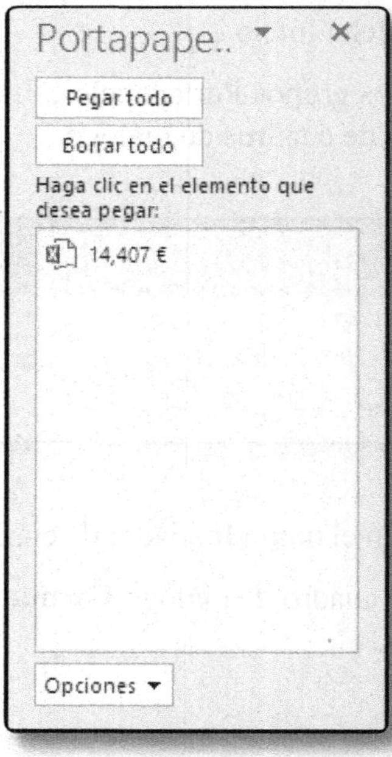

6. Haga clic en la X del panel de tareas para cerrar el panel.
7. Cierre Excel sin guardar los cambios.

Buscar comandos

Una característica importante en Excel es la oportunidad de buscar comandos escribiendo un texto que coincida con lo que buscamos. Por ejemplo, si no recordamos dónde se encuentra el comando que queremos usar, como la inmovilización de filas o columnas, basta con escribir la palabra **inmovilizar** y el buscador tomará acción.

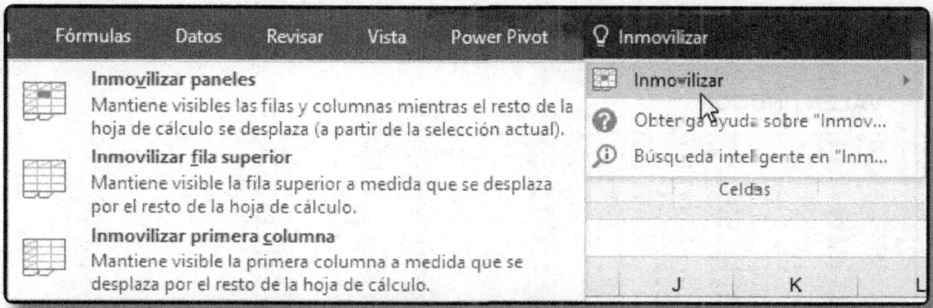

1.6 VISTAS DE PÁGINA

En Excel existen diversas formas de ver sus páginas antes de la impresión. Estas vistas de páginas pueden ser activadas mediante los tres botones ubicados a la derecha de la barra de estado o desde la ficha **Vista**, en el grupo **Vistas del libro**. La siguiente imagen muestra los tres botones a la derecha de la barra de estado.

Las tres opciones de vistas son:

- **Normal:** Es la vista por defecto. Esta vista puede o no mostrar saltos de página.
- **Diseño de página:** Muestra páginas individuales
- **Vista previa de salto de página:** Permite ajustar manualmente los saltos de página.

1.6.1 Vista normal

La mayoría de las veces cuando se trabaja en Excel, se utiliza la vista Normal. La vista Normal puede mostrar saltos de página en la hoja. Los saltos de página están representados por una línea horizontal y vertical discontinua. Estas líneas de salto de página se ajustan automáticamente si cambia la orientación de página, o agrega, modifica o elimina filas o columnas.

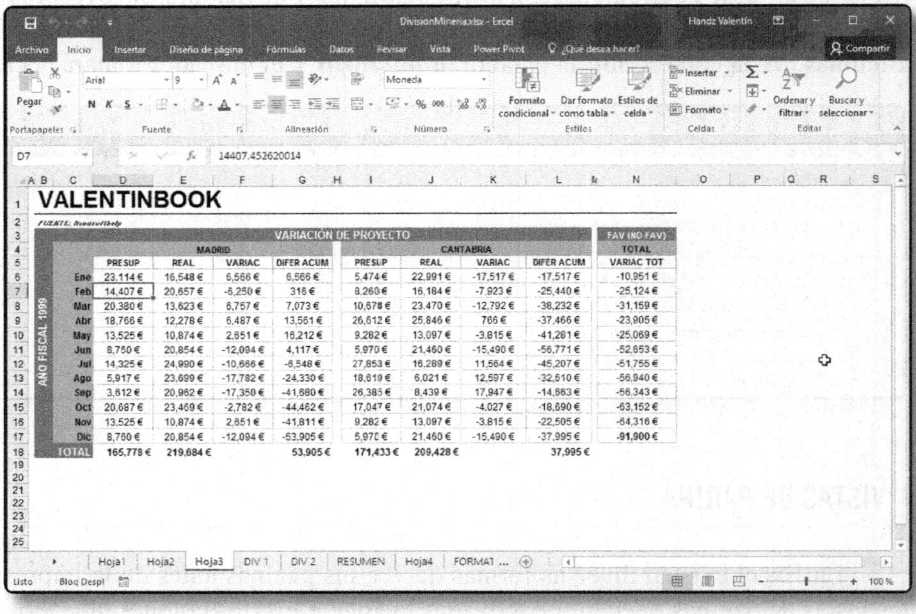

Los saltos de página no son mostrados hasta que imprima (o use la vista previa) al menos una vez. Los saltos de página son también mostrados si establece un área de impresión desde Diseño de página / Configurar página / Área de impresión.

1.6.2 Vista diseño de página

La vista Diseño de Página es como trabajar en una hoja tipo Word. A diferencia de la vista preliminar (Archivo / Imprimir), este modo no es solo una simple vista. Usted tiene acceso completo a todos los comandos de Excel. En efecto, puede usar la vista Diseño de página todo el tiempo que quiera.

La siguiente imagen muestra la vista Diseño de página. Como puede ver, esta vista tiene una regla horizontal y vertical (como Word). Puede notar que también posee un espacio para el encabezado y pie de página. Si reduce el zoom para ver varias páginas, podrá ver que los encabezados de fila se repiten en cada página.

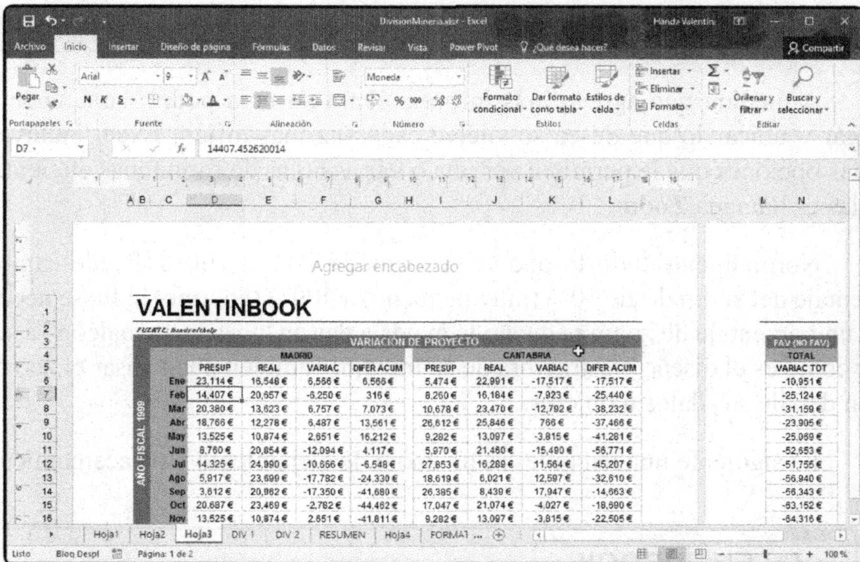

1.6.3 Ver salto de página

Ver Salto de Página muestra la hoja y además permite ver dónde se realiza el salto de página. Este modo de vista es diferente a la vista Normal con saltos de página (véase "Vista normal" anteriormente en este mismo capítulo). La diferencia con la Vista normal está en que se puede arrastrar y ajustar sus saltos de página directamente en pantalla. Esta vista no muestra encabezados ni pie de página.

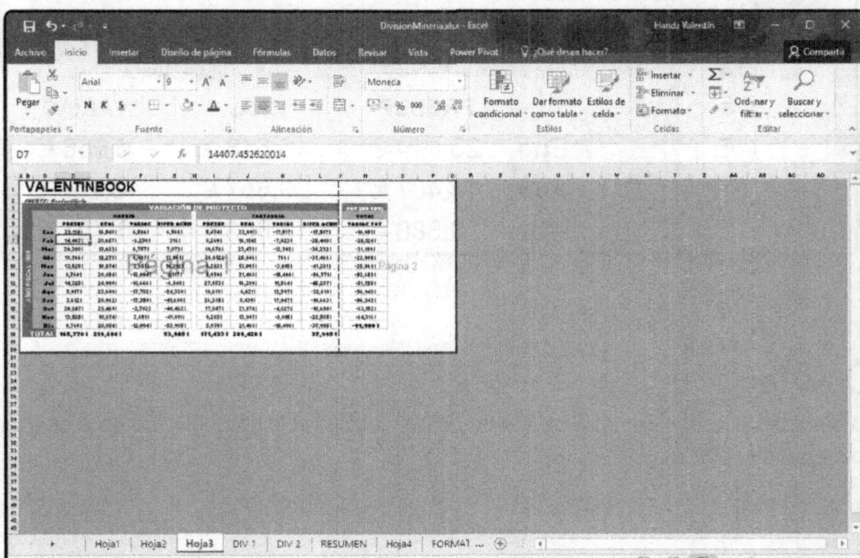

1.7 HERRAMIENTAS ZOOM

A medida que agrega más información a su hoja podrá darse cuenta que navegar y ubicar lo que desea se vuelve cada vez más difícil. Excel incluye unas cuantas opciones que le permiten ver una o varias hojas de forma más eficiente; una de ellas es llamada **Zoom**.

Normalmente todo lo que ve en pantalla está al 100%. Puede cambiar el porcentaje del zoom desde 10% (muy pequeño) a 400% (enorme) si fuese necesario. Usar un porcentaje de zoom pequeño le ayuda a dar un "vistazo de halcón" a su hoja y ver cómo es el diseño y estructura de su trabajo. También puede usar el zoom para ver en detalle sus datos u objetos.

La siguiente imagen muestra un zoom de alejamiento y de acercamiento.

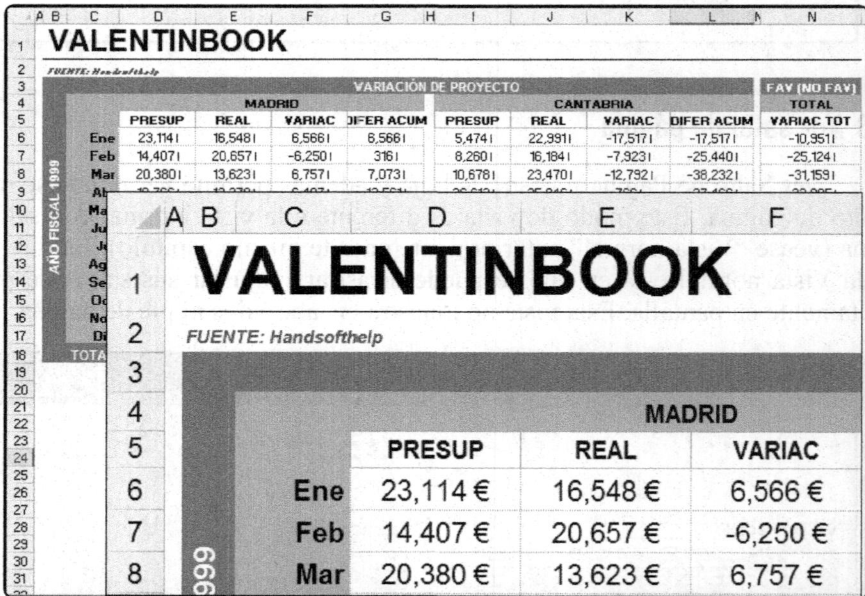

> **ⓘ NOTA**
>
> El zoom no cambia el tamaño de fuente en las celdas, solo es un efecto para acercarse o alejarse de la hoja.

Usted puede cambiar el zoom de la hoja activa usando alguno de estos cuatro métodos:

- Usar el deslizador de Zoom ubicado a la derecha de la barra de estado. Clic y arrastre el deslizador a la izquierda o derecha y verá cómo la hoja se acerca o se aleja de la pantalla.

- Pulse la tecla **Ctrl** y use la rueda del ratón para acercarse o alejarse.
- Seleccione **Vista / Zoom / Zoom**. Esta acción muestra un cuadro de diálogo con algunas opciones más para aplicar zoom.
- Seleccione un rango de celdas y luego elija **Vista / Zoom / Ampliar selección**. El rango seleccionado será mostrado con un acercamiento intentado rellenar la ventana completa.

> ⓘ **NOTA**
>
> El Zoom solo afecta a la hoja activa, así que puede usar diferentes zooms para diferentes hojas.

Si ha usado nombres de rango en sus hojas y luego hace un alejamiento con el zoom a un 39% o menos, Excel mostrará el nombre del rango superpuesto en el rango de celdas con un color azul llamativo. Ver estos nombres de rango es útil para tener una idea general de cómo sus hojas están estructuradas.

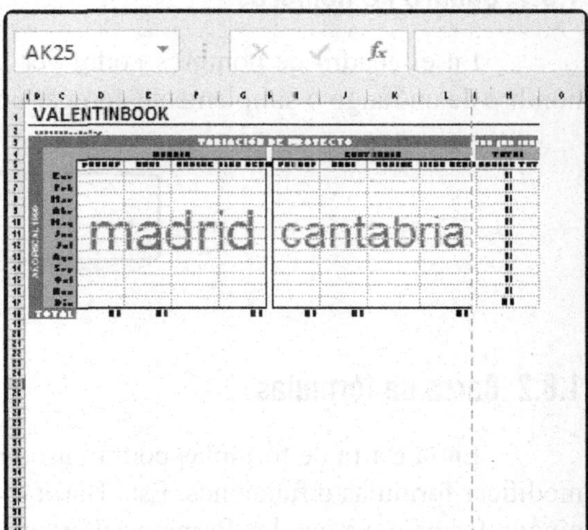

1.8 TERMINOLOGÍA DE EXCEL

Cuando aprende algo nuevo, lo mejor es aprender su terminología. A continuación se presentan una serie de términos para que usted sepa cómo trabaja Excel.

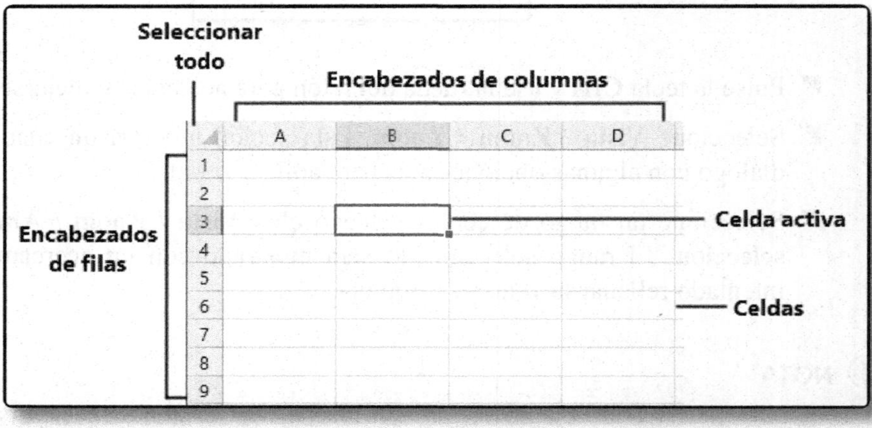

1.8.1 Cuadro de nombres

En el cuadro de nombres podrá ver la celda activa. También puede ver el nombre de un rango o simplemente agregar un nombre desde este cuadro.

1.8.2 Barra de fórmulas

En la Barra de fórmulas podrá introducir datos directamente en las celdas y modificar fórmulas o funciones. Esta Barra es ideal cuando necesita ver un dato sin ningún formato, ya que los formatos alteran la vista pero no el dato en sí.

1.8.3 Celda activa

La celda activa es aquella celda a la que usted ha dado clic. Se puede reconocer una celda activa cuando el borde de la celda es grueso y tiene el color verde bien pronunciado. Solo se puede elegir una celda activa.

1.8.4 Encabezados de fila

Los encabezados de fila están representados por números. Puede encontrar la fila 1 hasta la fila 1.048.576.

1.8.5 Encabezados de columna

Los encabezados de columna están representados por letras, que van desde A hasta XFD. Esto equivale a 16.384 columnas.

1.8.6 Celdas

Las celdas son las intersecciones de las filas por columnas. Cada celda tiene un nombre, por ejemplo, A1, B5, o H345.

1.8.7 Etiquetas de hojas

Al crear un nuevo libro al menos tendrá una hoja para trabajar. El nombre predeterminado de una hoja es **Hoja1**. Puede cambiar el nombre de las hojas para identificar mejor los diversos datos que agregue a su libro de Excel.

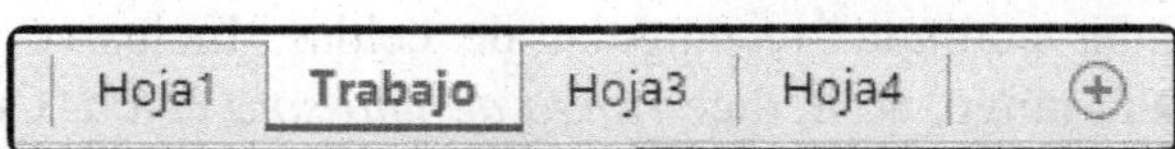

1.8.8 Hoja de trabajo

Una Hoja de trabajo (o simplemente Hoja) es una cuadrícula de columnas y filas. Cada libro de Excel contiene 1.048.576 filas y 16.384 columnas. Cada columna está etiquetada usando una letra del alfabeto; la columna después de la Z es la columna AA, seguida por AB y así sucesivamente. La última columna en una hoja es XFD. Cada fila está etiquetada usando un número, comenzando con la fila 1 y terminando con la fila 1.048.576.

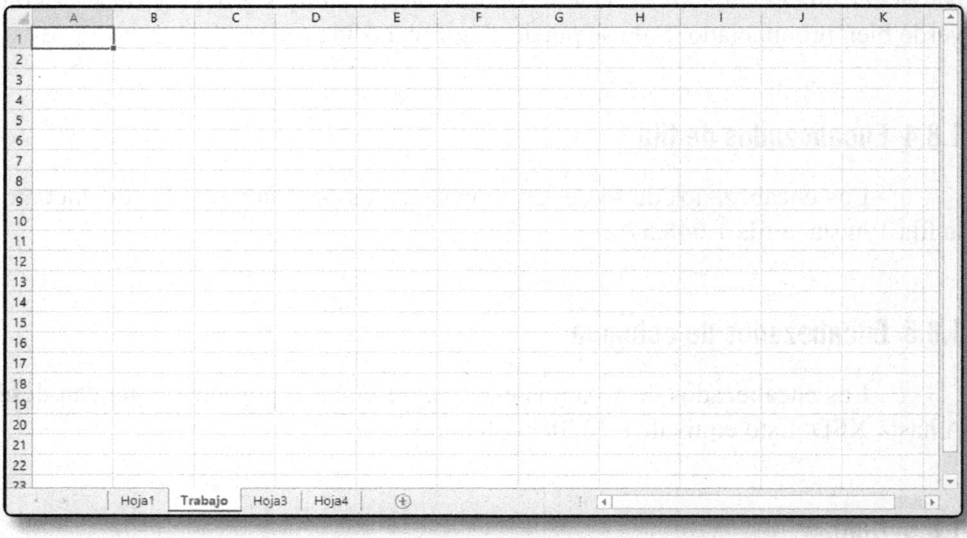

1.8.9 Puntero de celda

El puntero de celda aparece al mover el ratón sobre las celdas en la hoja de trabajo. Utilice el puntero de celda para seleccionar celdas en la hoja.

1.8.10 Rango

El término rango, por lo general, se refiere a un grupo de celdas. Un rango puede ser cualquier conjunto rectangular de celdas. Inclusive una celda activa también es llamada rango, se le dice *rango de una sola celda*. Cuando usa rangos en una fórmula estos son separados por dos puntos (:). Por ejemplo, el rango **A2:C4** incluye las celdas A2, A3, A4, B2, B3, B4, C2, C3 y C4.

1.9 GUARDAR SUS LIBROS

Cuando termina de trabajar en un archivo lo más razonable es que lo guarde. Al guardar el archivo, puede volver a abrirlo para ajustarle algunas cosas, o simplemente para revisar su contenido.

> **NOTA**
>
> Cuando guarda un archivo de Excel, se guardan los cambios en todas las hojas que usted haya creado en su libro de trabajo.

Cuando es la primera vez que va a guardar un archivo, se activa la página Guardar como. Desde aquí debe elegir el lugar donde se guardará el archivo, este puede ser su cuenta de OneDrive personal o su ubicación local. Una vez elegida alguna de estas opciones, aparece el cuadro de diálogo Guardar como. En este cuadro de diálogo debe escribir un nombre y elegir un tipo de archivo.

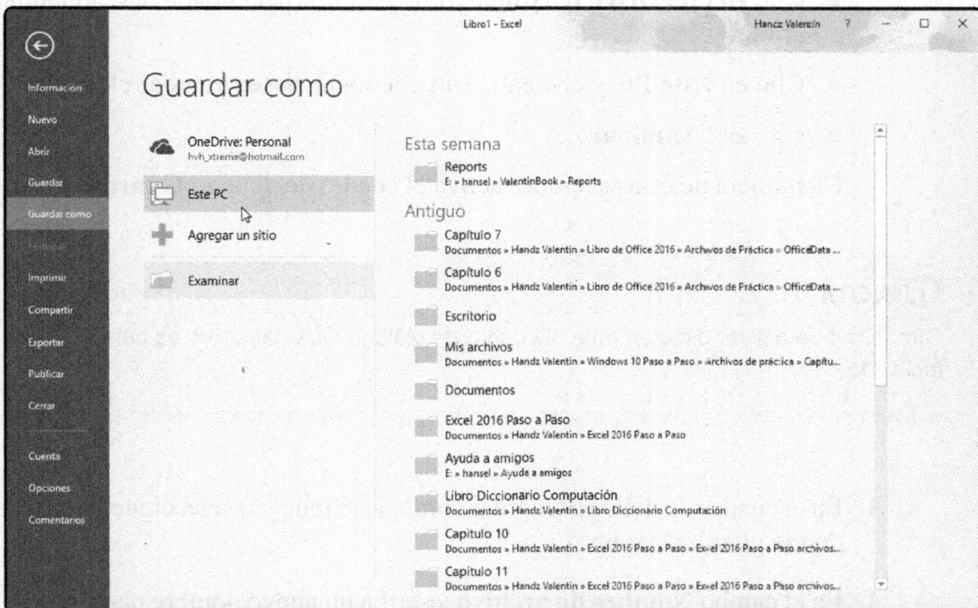

La lista desplegable Tipo le permite seleccionar el formato de su archivo. Por ejemplo, el formato por defecto es Libro de Excel (.xlsx). Otros formatos incluyen Libro de Excel 97-2003 (.xls), Libro de Excel Habilitado para Macros (.xlsm), Archivo Delimitado por Comas (.csv), Portable Document File (.pdf) y XML Paper Specification (.xps).

Para guardar un Libro por primera vez:

1. Realice alguna de estas acciones:
   - Clic en el botón **Guardar** ubicado en la Barra de herramientas de acceso rápido.
   - Clic en la ficha **Archivo** y clic en **Guardar**.
   - Clic en la ficha **Archivo** y clic en **Guardar como**.

   Cualquiera de estas acciones lleva a la página Guardar como.

2. En la página Guardar como, elija alguna de estas acciones:
   - Clic en **OneDrive personal** y clic en la carpeta donde desea guardar el libro.
   - Clic en **Este PC** y clic en la carpeta donde desea guardar el libro.
   - Clic en **Examinar**.

   Cualquiera de estas acciones activa el cuadro de diálogo **Guardar como**.

> ⓘ **NOTA**
>
> Otra forma de activar directamente el cuadro de diálogo Guardar como es pulsando la tecla F12.

3. En el cuadro de diálogo Guardar como, verifique y/o seleccione la carpeta donde guardará su libro.
4. En el campo **Nombre de archivo**, escriba un nuevo nombre para su libro.
5. En el campo **Tipo**, clic en la flecha desplegable y seleccione el tipo de archivo con el que desea guardar su libro.
6. Clic en el botón **Guardar**.

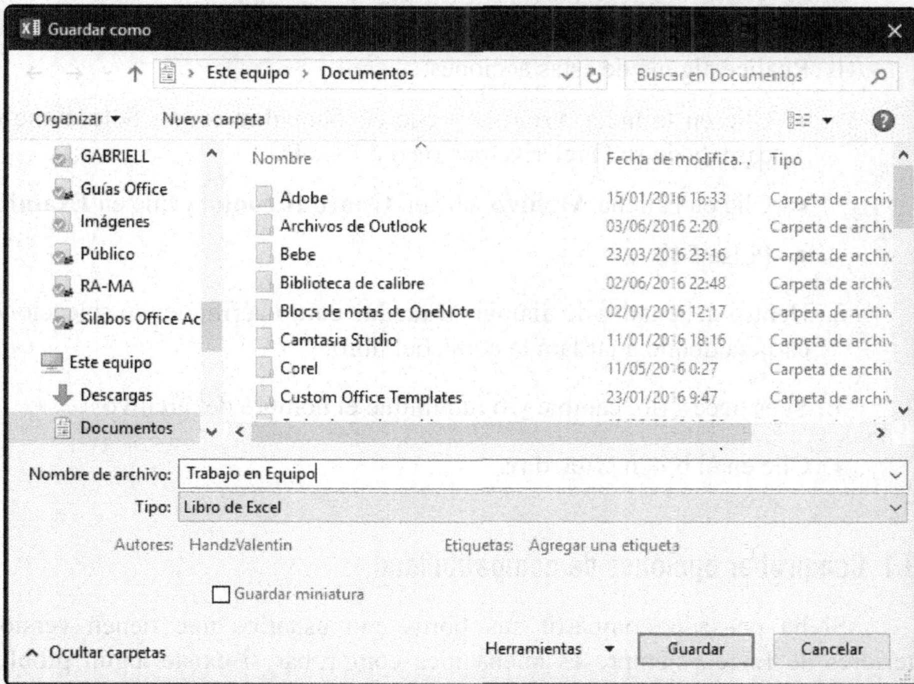

> ⓘ **NOTA**
>
> Si está activa la opción para mostrar las extensiones en Windows, entonces podrá verlas en la lista desplegable *Tipo*.

Para guardar los cambios realizados en un libro existente:

Realice alguna de estas acciones:

- Clic en el botón **Guardar** de la Barra de herramientas de acceso rápido.
- Clic en la ficha **Archivo** y clic en **Guardar**.
- Pulse **Ctrl+G**.

Para guardar una copia de un libro existente:

1. Realice alguna de estas acciones:
   - Clic en la ficha **Archivo** y clic en **Guardar como**. Seleccione una carpeta de su OneDrive personal o Este PC.
   - Clic en la ficha **Archivo**, clic en **Guardar como,** y clic en **Examinar.**
   - Pulse **F12.**
2. Dentro del cuadro de diálogo **Guardar como** verifique y/o seleccione la carpeta donde guardará la copia del libro.
3. Si es necesario, cambie y/o modifique el nombre del archivo.
4. Clic en el botón **Guardar**.

1.9.1 Comprobar opciones de compatibilidad

Si ha pensado compartir sus libros con usuarios que tienen versiones anteriores de Excel, siempre es buena idea comprobar si existe algún problema de compatibilidad. Esto sucede debido a que una nueva versión de Excel siempre llega con nuevas características, sin embargo, estas nuevas características no son compatibles con las versiones anteriores provocando que la funcionalidad del libro se vea bastante afectada.

Desde la versión de Excel 2007 el formato de archivo tiene la extensión XLSX, mientras que las versiones anteriores tienen el formato de archivo XLS. Por ejemplo, en Excel 2003 no podrá abrir libros creados con versiones a partir de Excel 2007, sin embargo, los archivos XLS sí pueden ser abiertos en las nuevas versiones de Excel. Siempre que un archivo de una versión anterior es abierto en Excel 2016, la barra de título mostrará la etiqueta [Modo de compatibilidad].

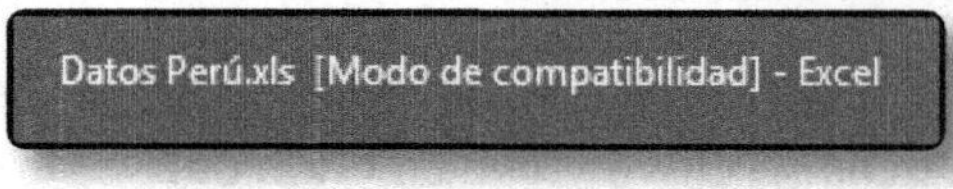

Si intenta guardar un libro en una versión más antigua, como Excel 2003, lo más probable es que en el proceso aparezca el cuadro de diálogo **Comprobador de compatibilidad**. Este cuadro de diálogo le dirá qué funcionalidades se perderán si persiste en guardar el libro en un formato más antiguo.

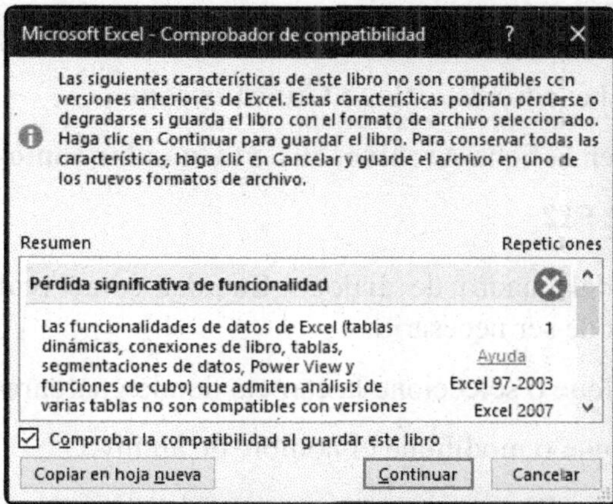

Para guardar un libro en una versión compatible con Excel 97-2003:

1. Clic en la ficha **Archivo** y clic en la página **Exportar**.
2. En la página **Exportar**, clic en **Cambiar tipo de archivo**.
3. En la sección **Cambiar el tipo de archivo,** clic en **Libro de Excel 97-2003**.
4. Clic en el botón **Guardar como**.

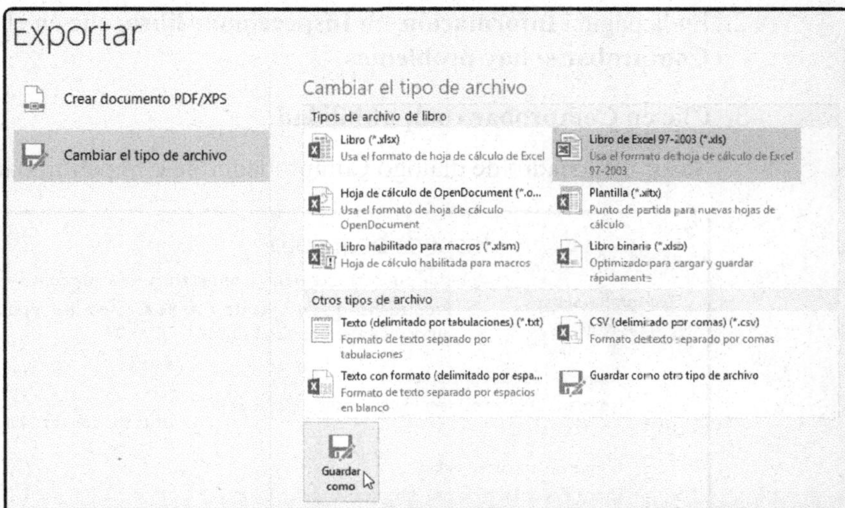

5. Dentro del cuadro de diálogo **Guardar como**, ingrese o modifique el nombre de archivo de ser necesario.
6. Clic en el botón **Guardar**.

O también puede hacer:

1. Active el cuadro de diálogo **Guardar como**.
   - Clic en la ficha **Archivo**, clic en **Guardar como** y clic en **Examinar**.
   - Pulse **F12**.
2. Dentro del cuadro de diálogo Guardar como realice alguna de estas acciones de ser necesario:
   - Verifique o seleccione la carpeta donde guardará el archivo.
   - Agregue o modifique el nombre de archivo.
3. En el campo Tipo, seleccione de la lista desplegable la opción **Libro de Excel 97-2003**.

En cualquiera de los casos, si Excel encuentra algún problema de compatibilidad, mostrará el cuadro de diálogo **Comprobador de compatibilidad**.

Para comprobar la compatibilidad:

1. Clic en la ficha **Archivo** y clic en la página **Información**.
2. En la página **Información**, en **Inspeccionar libro**, clic en el desplegable **Comprobar si hay problemas**.
3. Clic en **Comprobar compatibilidad**.

   Se abre el cuadro de diálogo Comprobador de compatibilidad.

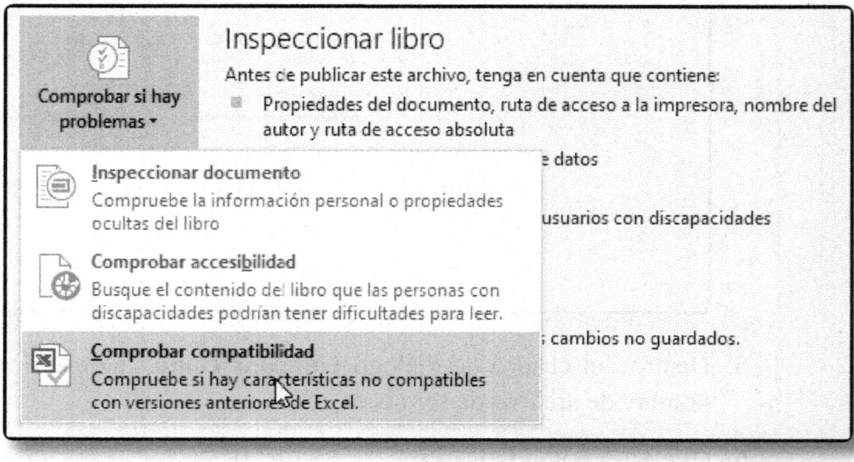

4. Dentro del cuadro de diálogo Comprobador de compatibilidad, clic en el desplegable **Seleccionar versiones para mostrar** y elija la versión adecuada.

5. Si todo está de acuerdo, clic en **Aceptar**.

1.10 ABRIR LIBROS

Si su libro ya está guardado, entonces puede volver a abrirlo para editar su contenido. Una de las formas más comunes es haciendo doble clic sobre el archivo guardado, este abrirá la aplicación (si no lo estuviera) y el contenido al mismo tiempo. También puede usar el cuadro de diálogo **Abrir**. Esta última opción le brinda herramientas para reparar archivos dañados de ser necesario.

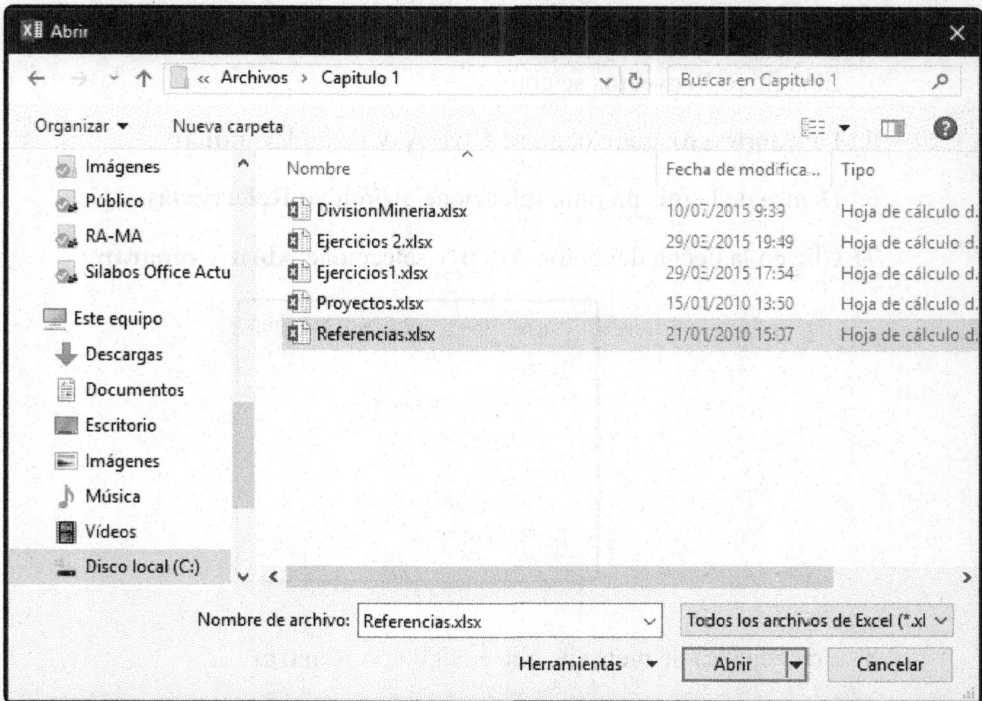

EJERCICIO

En el siguiente ejercicio abrirá un libro existente y luego usará la opción de reparar el archivo dañado.

> **NOTA**
>
> Antes de comenzar, inicie ***Excel 2016***.

1. Clic en la ficha **Archivo** y luego clic en **Abrir**.
2. Seleccione **Examinar**.
   Se abre el cuadro de diálogo **Abrir**.
3. En el cuadro de diálogo **Abrir**, navegue hasta su carpeta "Capítulo1".
4. Clic en **Proyectos**, y luego clic en el botón **Abrir**.
   El archivo **Proyectos** se abre.
5. Para abrir otro archivo, pulse **Ctrl+A**, y luego **Examinar**.
6. Dentro de la misma ruta, seleccione el archivo **Referencias**.
7. Clic en la flecha del botón **Abrir** y seleccione **Abrir y reparar.**

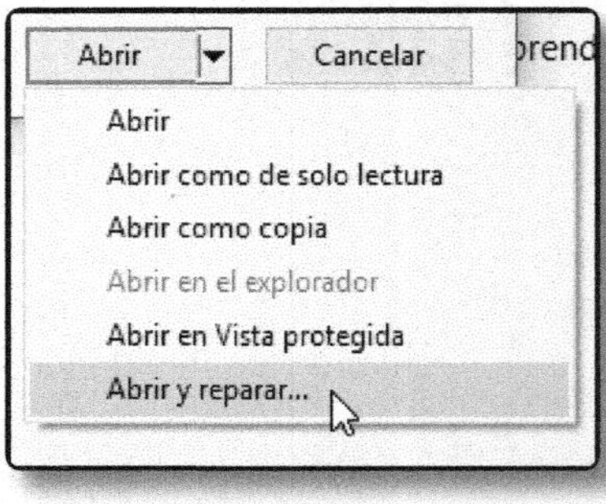

8. En el cuadro de mensaje, clic en el botón **Reparar**.

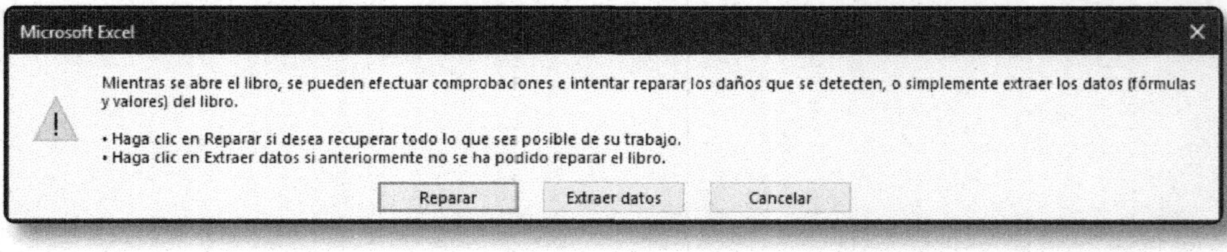

9. En el nuevo cuadro de diálogo **Reparaciones en**, una vez que las reparaciones hayan sido satisfactorias, clic en el botón **Cerrar.**

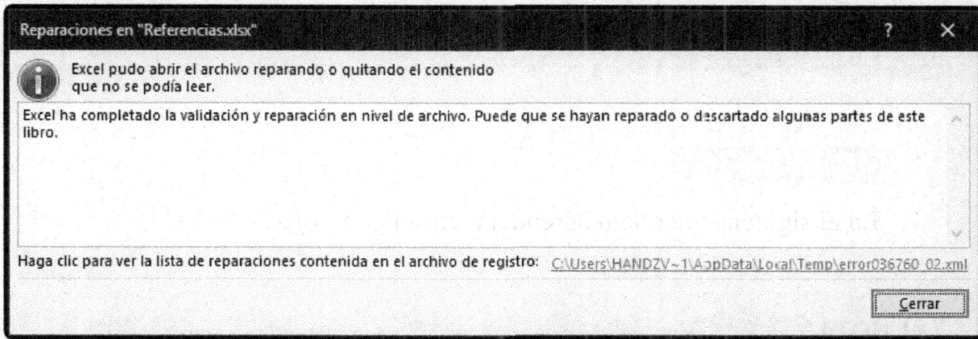

10. Para cerrar el libro Referencias, clic en la ficha **Archivo** y clic en **Cerrar**.

> ⓘ **NOTA**
>
> Si aparece un cuadro de diálogo preguntándole si quiere guardar el libro, haga clic en ***No guardar***.

11. Cierre el archivo **Proyectos**.

> ⓘ **NOTA**
>
> Otra forma de abrir sus libros es usando la lista de ***Recientes*** ubicado en la página Abrir.

1.11 ORGANIZAR SUS HOJAS

La hoja de cálculo, o simplemente hoja, es el área donde realizará todo tipo de operaciones y acciones. Generalmente, Excel 2016 ya posee una hoja al crear un nuevo libro. Si es necesario, puede agregar más hojas al libro. Cuando lo hace, se irán etiquetando cronológicamente; por ejemplo, si agrega una nueva hoja a la ya predeterminada, sería llamada Hoja2, la siguiente sería Hoja3 y así sucesivamente.

ⓘ **NOTA**

Tenga en cuenta que las hojas de cálculo son ilimitadas, puede crear tantas como desee dependiendo del rendimiento de su equipo.

EJERCICIO

En el siguiente ejercicio aprenderá a insertar a hojas.

ⓘ **NOTA**

No se necesitan archivos de práctica para este ejercicio.

1. Crear un nuevo libro de Excel en blanco.

   En la parte inferior de la ventana encontrará una etiqueta llamada **Hoja1**.

2. Clic en el signo **Más** (+) ubicado a la derecha para agregar una hoja nueva.

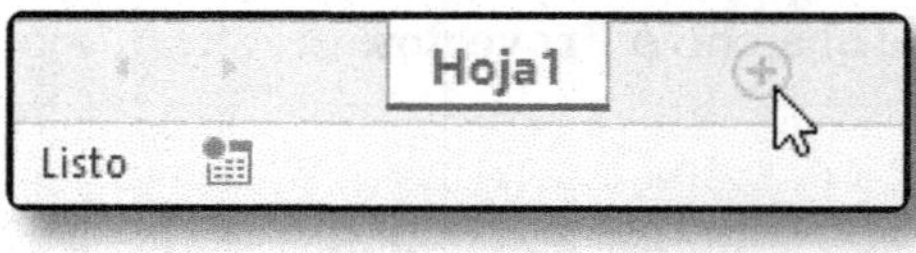

3. Pulse **Mayús+F11.**

   Se agrega la **Hoja3**, sin embargo, no se ordena cronológicamente.

4. Clic derecho en **Hoja3** y elija **Insertar**.

   Aparecerá el cuadro de diálogo **Insertar**.

5. En la pestaña **General**, seleccione **Hoja de Cálculo** y luego clic en **Aceptar**.

   Aparecerá la **Hoja4**, pero tampoco se organiza cronológicamente.

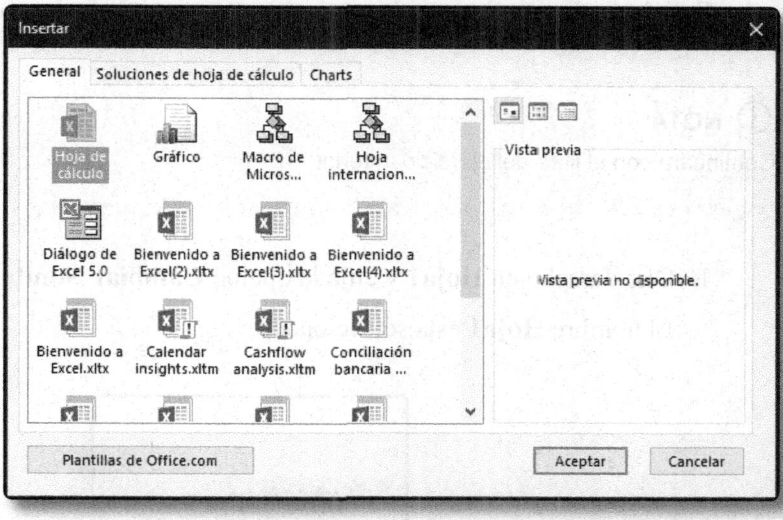

> ⓘ **NOTA**
>
> No cierre el libro, lo usará en el próximo ejercicio.

1.11.1 Renombrar hojas

El nombre predeterminado de una hoja es Hoja1, pero usted puede cambiar el nombre para identificarla más fácilmente.

Para cambiar el nombre de una hoja:

- Clic derecho en la hoja y elija la opción **Cambiar Nombre**.
- Doble clic en la hoja y escriba el nuevo nombre.
- Clic a la ficha **Inicio** y en el grupo **Celdas** clic en el botón **Formato** y elija la opción **Cambiar el nombre de la hoja**.

Practique siguiendo esta secuencia:

NOTA

Continuará con el libro del ejercicio anterior.

1. Clic derecho en **Hoja1** y elija la opción **Cambiar Nombre**.

   El nombre **Hoja1** está seleccionado.

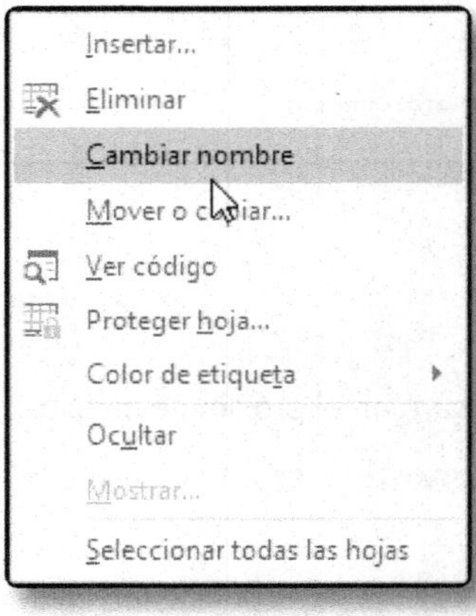

2. Escriba "**Tasa de Interés**" y pulse *Enter*.
   El nuevo nombre queda agregado en la hoja.

3. Doble clic en **Hoja2**, escriba "**Proyectos**" y pulse *Enter*.

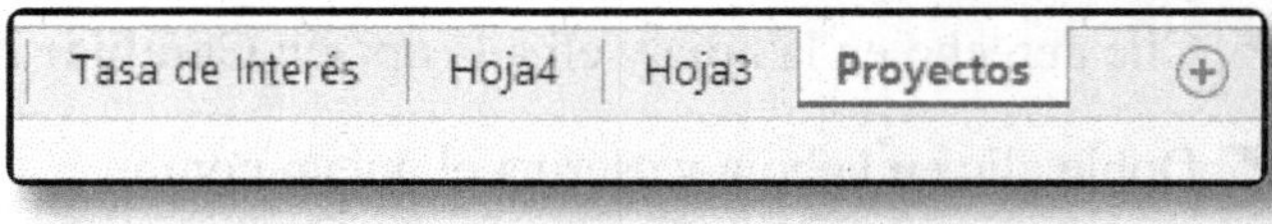

NOTA

No cierre el libro, lo usará en el próximo ejercicio.

1.11.2 Reorganizar hojas

Si al insertar nuevas hojas éstas no están organizadas correctamente, tendrá que hacerlo de forma manual. Hace unos instantes agregó hojas, pero algunas de ellas no aparecieron cronológicamente.

EJERCICIO

En este ejercicio aprenderá a reorganizar sus hojas.

> ⓘ **NOTA**
>
> Continuará con el libro del ejercicio anterior.

1. Clic con el botón derecho en **Hoja3** y elija la opción **Mover o copiar**.

   Aparece el cuadro de diálogo **Mover o copiar**.

2. Seleccione la opción **(Mover al final)** y luego clic en **Aceptar**. Hoja3 se moverá al final de todas las hojas.

3. Para mover **Hoja4**, clic sobre ella sin soltar y realice un arrastre hasta el final de las hojas. Cuando llegue al final, suelte el clic.

> ⓘ **NOTA**
>
> No cierre el libro, lo usará en el próximo ejercicio.

1.11.3 Aplicar colores a etiquetas

Aunque sus hojas ya tengan un nombre personalizado, es posible que muchos de nosotros nos guiemos más por los colores que por los nombres. Usted puede aplicar colores a las etiquetas de sus hojas para poder reconocerlas y ordenarlas de forma más eficiente.

> ⓘ **NOTA**
>
> Podrá notar el color de etiqueta cuando no sea una hoja activa.

EJERCICIO

En el siguiente ejercicio aprenderá a aplicar colores a sus etiquetas de hoja.

> ⓘ **NOTA**
>
> Continuará con el libro del ejercicio anterior.

1. Clic con el botón derecho en la hoja **Tasa de Interés**, señale **Color de Etiqueta** y clic en el color **Púrpura**.

   Ahora la etiqueta tiene una línea púrpura.

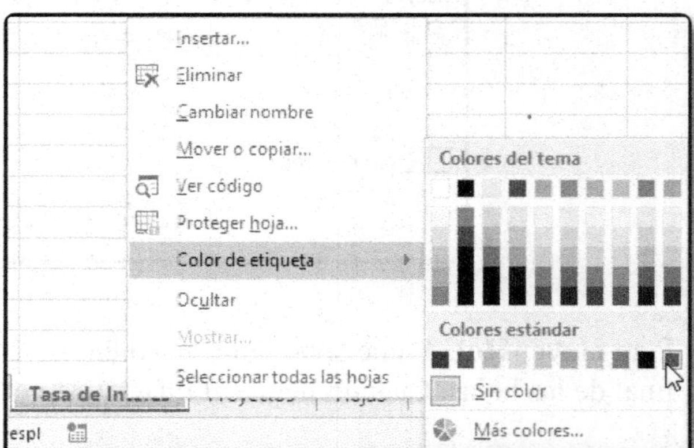

2. A la hoja **Proyectos** aplique el color de etiqueta **Verde Claro**.

   Note que la hoja **Tasa de Interés** muestra el color completamente mientras que **Proyectos** muestra un ligero color verde claro ya que es la hoja activa.

> ⓘ **NOTA**
>
> No cierre el libro, lo usará en el próximo ejercicio.

1.11.4 Eliminar hojas

Si se puede crear, entonces también se puede eliminar.

Si tiene hojas en blanco o con información que vale la pena borrar, entonces es buen indicio para eliminar la hoja. Mientras sea una hoja en blanco puede eliminarla sin problemas; en cambio, si posee información, sin importar lo mínima que sea, Excel le advertirá que está a punto de eliminar contenido y necesitará su confirmación.

EJERCICIO

En el siguiente ejercicio aprenderá a eliminar las hojas de su libro.

> ⓘ **NOTA**
>
> Continuará con el libro del ejercicio anterior.

1. Clic con el botón derecho en **Hoja4** y clic en **Eliminar**.

   La Hoja4 se elimina.

2. Seleccione **Hoja3** y en la ficha **Inicio**, grupo **Celdas**, clic en la flecha del botón **Eliminar** y elija la opción **Eliminar Hoja**.

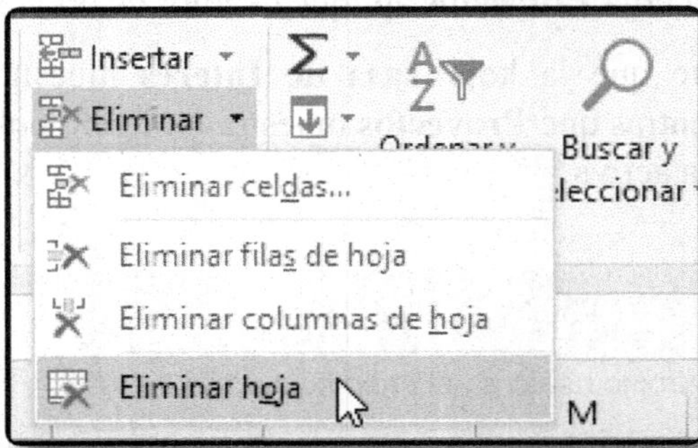

> ⓘ **NOTA**
>
> Cierre Excel sin guardar los cambios.

1.11.5 Agrupar y desagrupar hojas

A veces es necesario realizar un mismo diseño para varias hojas, por ejemplo, una tabla de ingresos mes a mes. Si es su caso, una opción es agrupar sus hojas y realizar un solo diseño en una de ellas. Cuando termine, todas las demás hojas tendrán el mismo diseño.

Para agrupar hojas:

- **Usar Ctrl:** Si mantiene pulsada la tecla **Ctrl** puede hacer clic en las diferentes hojas que desea agrupar, no importa si estas hojas no son contiguas.
- **Usar Mayús (*Shift*):** Si mantiene pulsada la tecla ***Shift*** puede hacer clic en la primera hoja y luego clic en la última hoja para agruparlas. Las hojas deben ser contiguas.

EJERCICIO

En el siguiente ejercicio aprenderá a agrupar hojas.

> ⓘ **NOTA**
> No se necesitan archivos de práctica para este ejercicio.

1. Iniciar Excel y crear cinco hojas.
2. Clic en **Hoja1** y pulsando la tecla **Mayus**, clic en **Hoja4.**

   Las hojas seleccionadas se agrupan y la barra de título muestra el texto **[Grupo]**.

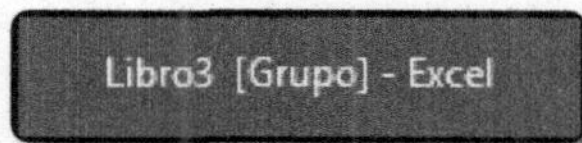

3. Clic en la celda A2 y escriba "**Ingresos**".
4. En B2 escriba "**Gastos**".
5. En C2 escriba "**Ganancias**".
6. Clic en la celda A2 y sin soltar arrastre hasta la celda C2.
   Acaba de seleccionar un rango de celdas.
7. Aplique **Negrita**, tamaño **12** y fuente **Cambría**.
8. En A3 introduzca el número **5700**.
9. En A4 escriba **8500** y en A5 meta **9780**.
10. En B3 agregue **1100**, en B4 escriba **950** y en B5 el número **1220**.
11. Clic en A2 y sin soltar arrastre hasta C5.

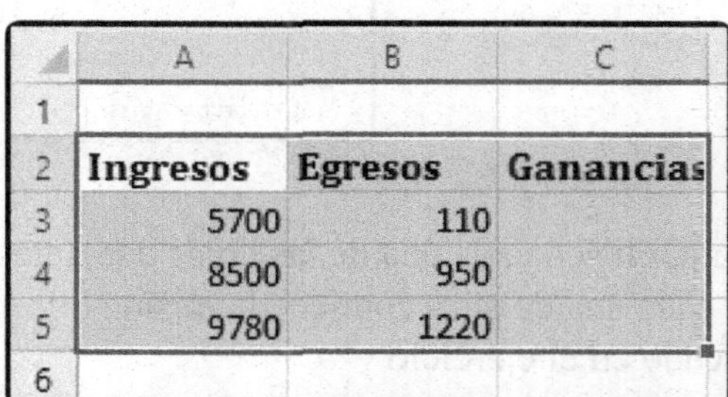

	A	B	C
1			
2	**Ingresos**	**Egresos**	**Ganancias**
3	5700	110	
4	8500	950	
5	9780	1220	
6			

12. En la ficha **Inicio**, en el grupo **Estilos**, clic en **Estilos de celda**, y seleccione **Celda de comprobación**.

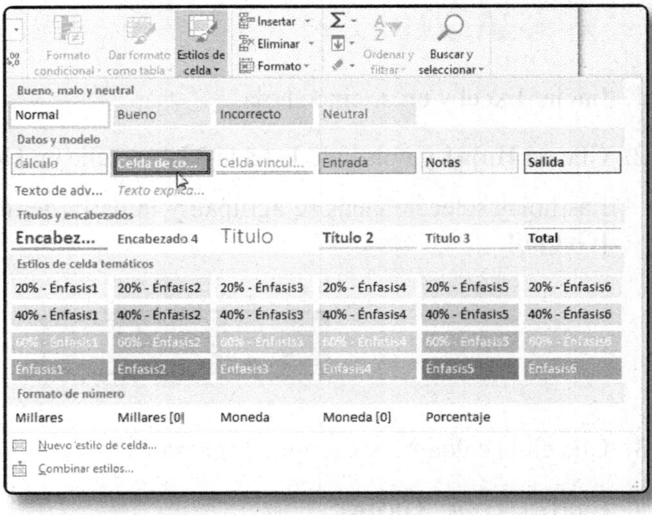

13. Para dejar de agrupar, clic en el botón derecho en cualquiera de las hojas agrupadas -por ejemplo en Hoja4- y luego seleccione **Desagrupar hojas**.

Observe que, en la barra de título, el texto **[Grupo]** ha desaparecido.

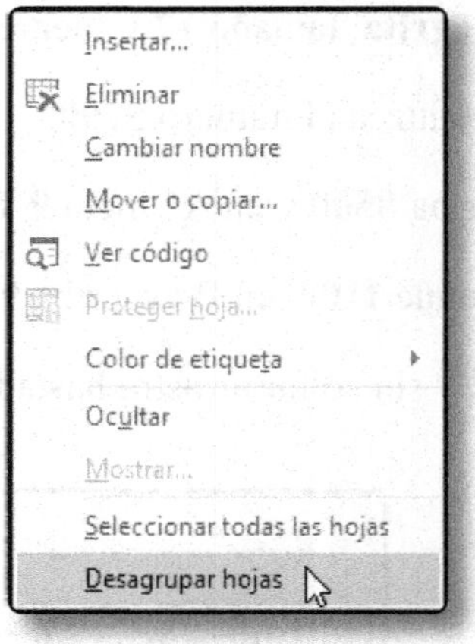

14. Ahora, clic en cada una de las hojas que antes fueron agrupadas y notará que cada una de ellas contiene la misma información y el mismo formato aplicado en el ejercicio.

> ⓘ **NOTA**
>
> Cierre su libro de trabajo sin guardar los cambios.

1.12 IMPRIMIR SU TRABAJO

Cuando crea y diseña sus hojas en Excel, lo más seguro es que al final termine en una copia física. Se dará cuenta que imprimir desde Excel es sencillo, ya que puede generar informes impresos bastante atractivos con un mínimo esfuerzo.

Una manera de imprimir una copia de su hoja sin nada de esfuerzo es usando la opción **Impresión rápida**. Sin embargo, esta opción realiza una impresión basado en una configuración predeterminada, es decir, no tendrá la opción de elegir la impresora, el tamaño de papel, ni la cantidad de copias a imprimir.

Para usar la impresión rápida debe activar su botón en la barra de herramientas de acceso rápido. Luego, clic en el botón **Impresión rápida**.

La manera tradicional de imprimir una hoja de Excel es usando las opciones de impresión a través de la ficha **Archivo** y haciendo clic en la página **Imprimir**. Desde esta página puedes encontrar las siguientes opciones:

- **Imprimir:** Después de hacer toda la configuración, clic en el botón **Imprimir** para dar inicio a la impresión.
- **Copias:** Puede elegir la cantidad de copias que tendrá su impresión. Por defecto será **1**.
- **Impresora:** Puede elegir la impresora de su preferencia para dar inicio a la impresión. Dependiendo de la impresora seleccionada, la vista previa puede variar.
- **Configuración:** Permite elegir qué parte de la hoja se va a imprimir, además del número de páginas, el tamaño de papel, la orientación, etc.

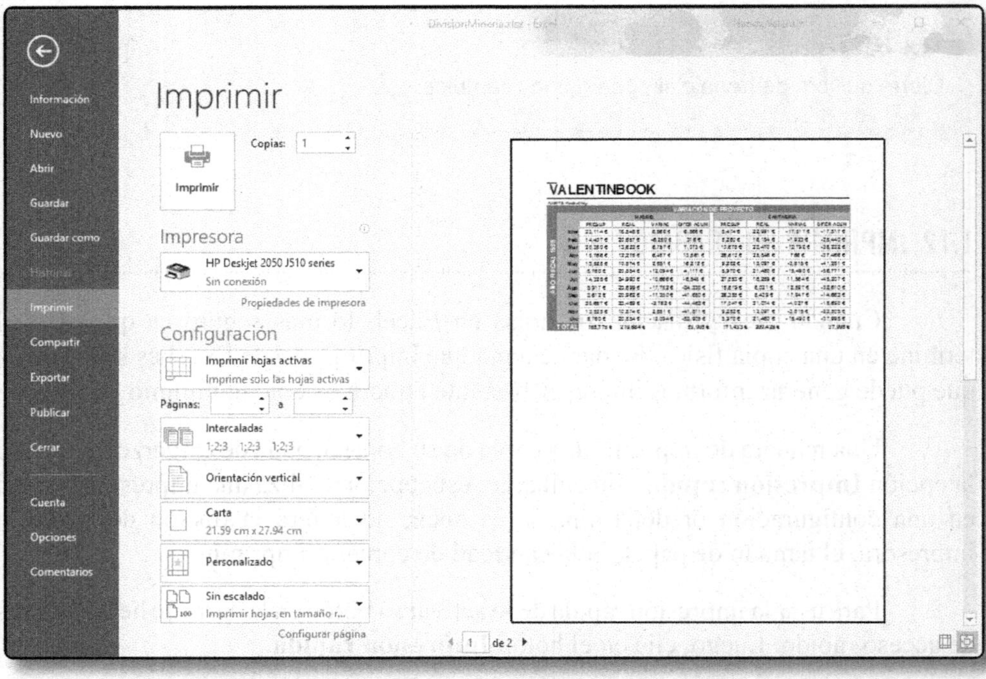

EJERCICIO

En el siguiente ejercicio imprimirá una hoja de Excel.

> **NOTA**
> Abrir el libro **Impresión**.

> **NOTA**
> Antes de comenzar debe tener una impresora instalada en el equipo.

1. Clic en la ficha **Archivo** y clic en la página **Imprimir**.
2. En la sección **Impresora**, verifique que esté activo la impresora con la cual va a imprimir.

3. En la sección **Configuración,** clic en Orientación vertical y seleccione **Orientación horizontal**.

   Observe la vista previa a la derecha y note cómo ha cambiado la orientación.

4. Clic en el tamaño de papel (*Carta*) y seleccione A4.

> **NOTA**
>
> Las opciones de tamaño de papel dependerán de la impresora seleccionada.

5. Clic en el botón Imprimir.

   Espere unos segundos mientras se imprime el documento.

6. Cierre Excel.

2

MANEJO DE DATOS EN EXCEL

En este capítulo aprenderá a:

- Introducir diversos tipos de datos.
- Usar el controlador de relleno.
- Aplicar formato a los números.
- Trabajar con filas y columnas.
- Aplicar bordes.

Para completar los ejercicios en este capítulo, necesita los archivos de práctica que se encuentran en la carpeta "Capítulo 2".

2.1 INTRODUCIR DATOS

Excel 2016 permite introducir diferentes tipos de datos, aunque su especialidad son los números, también puede insertar texto, fórmulas, fechas y horas y otros tipos de datos más.

Para introducir cualquier dato basta con hacer clic en la celda de destino y empezar a agregar su contenido. Tenga en cuenta que en este tipo de acciones la barra de estado es un buen aliado. Por ejemplo, cuando selecciona la celda donde meterá sus datos la barra de estado muestra el texto ***Listo***. Esto indica que puede agregar contenido con total normalidad. Cuando ya va escribiendo más datos, el texto que muestra la barra de estado es ***Introducir***. La siguiente lista explica brevemente sobre estos estados:

- **Listo:** Esta información aparece cuando selecciona una celda para luego ingresar datos dentro de la misma.
- **Introducir:** Solo aparece cuando ingresa datos en una celda vacía.
- **Modificar:** Aparece cuando edita los datos en una celda.
- **Señalar:** Esta información solo es mostrada cuando se selecciona una celda o rango mientras usa fórmulas.

2.1.1 Los valores numéricos

Al utilizar o revisar algunos trabajos hechos en Excel, encontrará gran variedad de datos numéricos, como edades, sueldos, descuentos, bonificaciones, etc. Excel trata a los números con total flexibilidad ya que permite realizar diferentes operaciones y cálculos. Al ingresar un valor numérico, este se alinea a la derecha de la celda.

2.1.2 Los textos

Al diseñar una plantilla, recibos o cuadros estadísticos, siempre necesitará de los textos para brindar una mejor presentación y que esta sea entendible. Los textos nos ayudan a que sepamos dónde ingresar los datos o por qué los agregamos en ese lugar.

Cada celda es independiente y puede albergar gran cantidad de texto, cada texto que inserte en una celda y no sobrepase el ancho de la misma se alinea a la izquierda. Si el texto es demasiado largo, aparentará sobrepasar la celda de lado, pero recuerde que el texto sigue estando en la celda donde escribió.

Modificar el contenido de una celda

Sabemos que cada celda es independiente y que pueden aceptar números, textos y fórmulas. Cuando necesite cambiar el valor completo de la celda, seleccione la celda donde desea cambiar el valor y vuelva a escribir el dato, y no se olvide de pulsar ***Enter*** para completar la operación.

Por otro lado, cuando desea modificar el contenido de la celda, pulse la tecla **F2** y agregue o cambie lo que necesite.

2.1.3 Aplicar formatos a las celdas

Como ya sabe, Excel muestra una gran variedad de herramientas para aplicar formatos. Una buena aplicación de formato a sus cuadros hablará muy bien de usted y hará saber que su trabajo es impecable y que tuvo mucho esmero al hacerlo. Por lo general, las opciones de formato se encuentran en la ficha **Inicio**, dentro del grupo **Fuente**.

En la siguiente tabla se muestran los diferentes botones del grupo Fuente para aplicar formatos a los valores y a las celdas.

Botón	Nombre	Descripción
	Fuente	Cambia la fuente.
	Tamaño de fuente	Cambia el tamaño de fuente.
	Negrita	Aplica el formato de negrita al texto seleccionado
	Cursiva	Aplica el formato de cursiva al texto seleccionado
	Subrayado	Aplica el formato de subrayado al texto seleccionado
	Color de fuente	Cambia el color del texto.
	Color de relleno	Colorea el fondo de las celdas seleccionadas.
	Bordes	Aplica bordes a las celdas seleccionadas.

EJERCICIO

En el siguiente ejercicio aprenderá a introducir datos numéricos y de texto, y a aplicar formatos.

> ⓘ **NOTA**
> Antes de comenzar, inicie Excel con un libro en blanco.

1. Doble clic en Hoja1 y ponga como nombre **"Ganancias – Enero".**
2. Clic en A1, escriba "**Resumen de Ganancias"** y pulse *Enter*.
3. En A2 introduzca el texto "**Ingresos**".
4. En B2 agregue el texto "**Gastos**".
5. En C2 escriba el texto "**Ganancias**".
6. Seleccione A1 y desde la ficha **Inicio**, en el grupo **Fuente**, clic en **Negrita**.

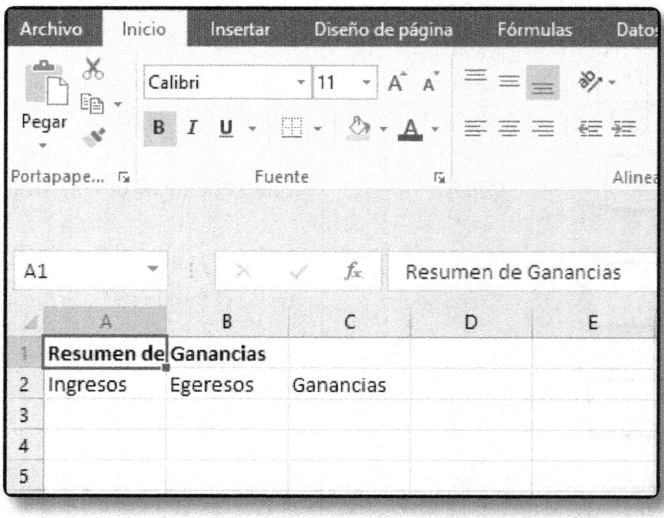

7. Clic en la flecha del desplegable **Fuente**, y seleccione **Segoe UI**.

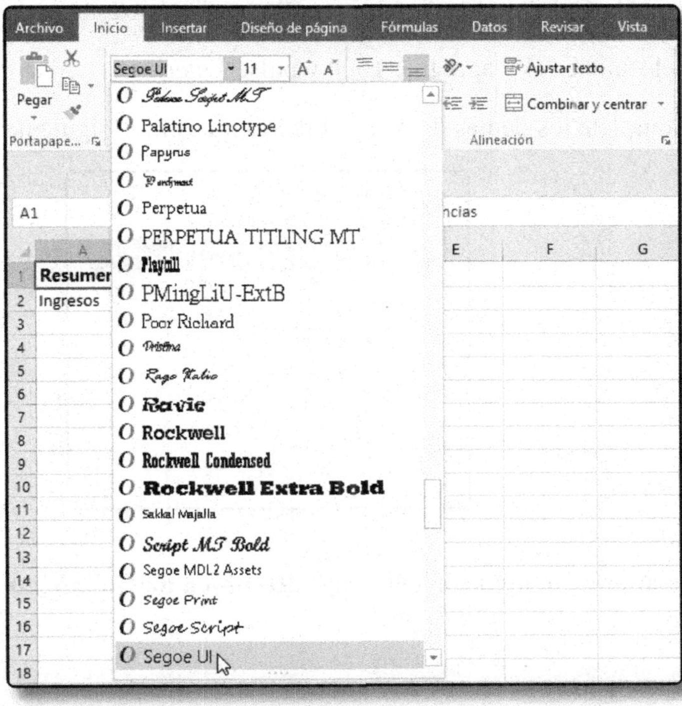

8. Clic en la flecha de **Color de fuente**, y seleccione **Azul, Énfasis 1, Oscuro 25%.**

9. Seleccione A2:C2 y clic en la flecha de **Color de relleno.**

10. Seleccione el color **Verde, Énfasis 6, Oscuro 25%.**

11. Usando Color de fuente, aplique **Blanco, Fondo1**.

12. Seleccione A3 y agregue: **1500** y pulse *Enter*.

13. Complete los demás datos tal como lo muestra la siguiente imagen.

	A	B	C
1	Resumen de Ganancias		
2	Ingresos	Egresos	Ganancias
3	1500	120	
4	1320	250	
5	2200	145	
6	1800	223	
7	1750	221	
8	950	68	
9	1678	200	
10	2250	450	

14. Guarde su archivo con el nombre **Resumen de Ganancias.**

> **NOTA**
> No cierre Excel, lo usará en el próximo ejercicio.

2.1.4 Insertar fórmulas

A Excel se le llama hoja de cálculo gracias a la inserción de fórmulas. Incluso, estas fórmulas pueden utilizar textos (funciones) para realizar diferentes acciones.

Las fórmulas pueden ser simples expresiones matemáticas, o pueden ser fórmulas muy potentes llegando a utilizar diversas funciones que posee Excel. Una fórmula debe comenzar por el signo *igual* (=) seguidamente de la expresión, por ejemplo: **=20+50** permite sumar el número 20 con el número 50. Otro ejemplo es: **=20-(5*2)** que resta el número 20 a la multiplicación de 5 y 2.

Las fórmulas pueden utilizar datos constantes (números fijos) como los ejemplos anteriores, o referencias de celda, de esta manera las operaciones serán más flexibles. Cuando escribe una fórmula y pulsa ***Enter***, el resultado aparecerá en la celda. Si selecciona la celda que contiene el resultado podrá ver la fórmula correspondiente en la barra de fórmulas. La siguiente tabla muestra algunos ejemplos de fórmulas:

Ejemplo	Descripción
=150*0.18	Esta multiplicación que pretende obtener el IGV es buena, sin embargo, siempre devolverá el mismo valor, no es flexible.
=A1+A2	Esta fórmula usa referencias de celda, si se cambia el valor de las celdas, el resultado también cambiará.
=Ingresos-Gastos	Resta la celda Ingresos con Gastos.
=SUMA(A1:A10)	Esta fórmula usa una función que suma los valores del rango A1 hasta A10.
=A1=A2	Compara el valor de A1 y A2, si son iguales devuelve *Verdadero* caso contrario devuelve *Falso*.

A continuación, vamos a agregar fórmulas a nuestro ejercicio anterior.

> **NOTA**
> Continuará con el libro del ejercicio anterior.

1. Clic en la celda **C3** y escriba el signo igual: =.
2. Clic en la celda **A3,** el cual equivale al primer dato de la columna Ingresos.
3. Agregue el signo menos (-).
4. Ahora, clic en la celda B3, el cual equivale al primer dato de la columna Gastos.
5. La fórmula se muestra así: **=A3-B3**, si es correcto pulse *Enter*.

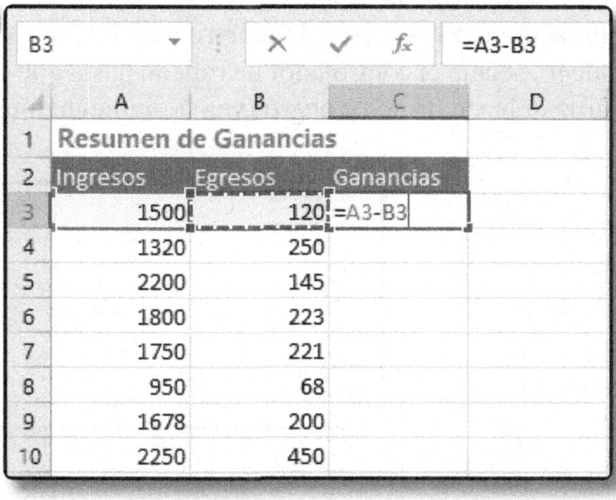

> ⓘ **NOTA**
> No cierre el libro, lo usará en el próximo ejercicio.

2.2 USAR EL CONTROLADOR DE RELLENO

Para completar rápidamente una fórmula o una serie de datos en un rango de celdas, puede usar el controlador de relleno. Por ejemplo, si se le pide ingresar números de 1 a 200, escribirlos celda por celda le tomaría mucho tiempo, pero si usa el controlador de relleno, con un simple arrastre podrá completar los 200 números de manera muy fácil.

Vamos a practicar un poco:

> ⓘ **NOTA**
> Antes de comenzar, cree un nuevo libro.

1. En A1 agregue el signo #.
2. En B1 escriba "**Meses**".
3. En B2, escriba "**Enero**".
4. Para agregar los meses de febrero a diciembre, seleccione la celda **B2**, y luego, señale el controlador de relleno hasta que el cursor cambie por una cruz delgada de color negro (vea la siguiente imagen).

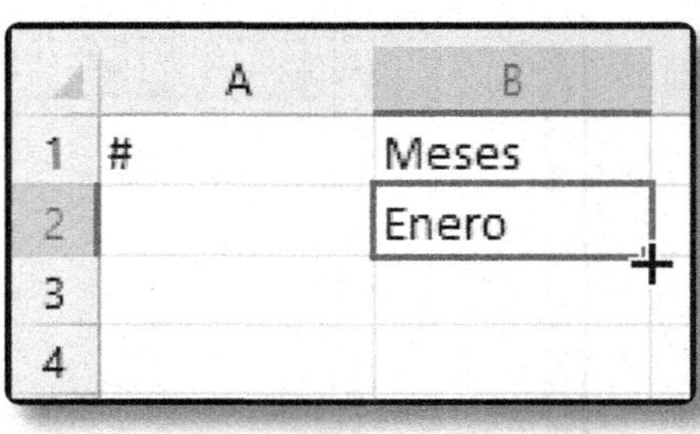

5. Clic sin soltar y arrastre lentamente hacia B3.

   Observe que aparece una etiqueta indicando el mes de febrero.

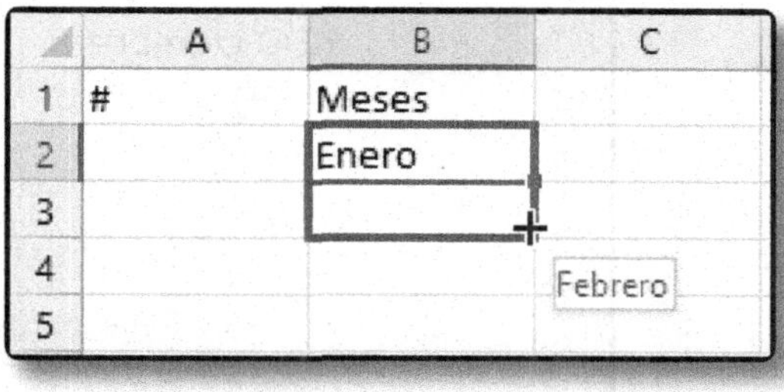

6. Continúe arrastrando hasta llegar a diciembre.
7. En A2, agregue el número **1**.
8. Realice un arrastre con el controlador de relleno hasta la celda A13 coincidiendo paralelamente con la celda de diciembre (vea la imagen).

9. Al final de las celdas rellenadas aparece una pequeña etiqueta, clic sobre ella y seleccione **Serie de relleno**.

Los números cambian en una serie del 1 al 12.

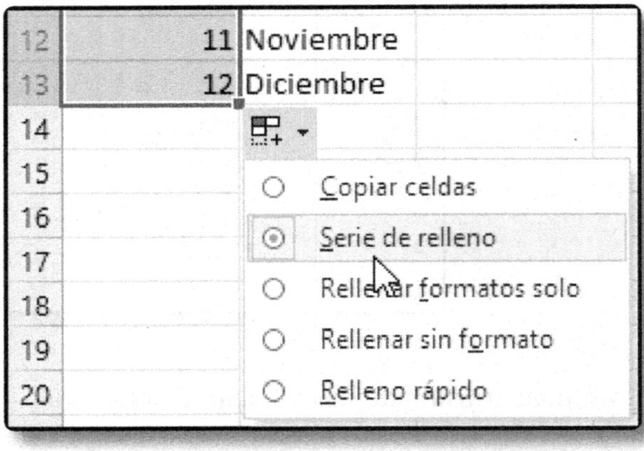

10. Guarde con el nombre "**Meses**" y cierre el libro.

2.3 INTRODUCIR FECHAS Y HORAS

Excel acepta fechas y horas sin ningún problema, estos tipos de datos son simplemente valores numéricos. Generalmente, a estos valores se le aplica un formato para que se vean como fechas y horas haciéndolo más entendible para el usuario. (Vea el capítulo 7, "Trabajar con fechas y horas")

2.3.1 Introducir fechas

Las fechas ingresadas en las celdas de Excel son series de números empezando por **1** que en fecha equivale al **01 de enero de 1900**, el número **2** equivale a **02 de enero de 1900,** etc. Quizá le parezca complicado introducir una serie de números, pero puede ingresar fechas utilizando un simple formato como **01/01/2016**.

2.3.2 Introducir horas

Cuando se está trabajando con horas, solo debe aumentar los decimales a los números de serie que utiliza para las fechas. Por ejemplo, el número de serie del **01 de junio de 2007** es **39234**. Si ingresa el número **39234.5**, equivale al **01 de junio de 2007** al mediodía. Al igual que las fechas, puede escribir un valor de hora con un formato permitido: **13:05**.

2.4 APLICAR FORMATOS A LOS NÚMEROS

Excel puede aplicar diferentes formatos a los números introducidos en las celdas. Puede aplicar estos formatos desde la ficha **Inicio**, grupo **Número** o utilizando el cuadro de diálogo **Formato de Celda**.

La siguiente tabla describe los comandos en el grupo Número:

Comando	Descripción
	**Formato de número:** Permite seleccionar en una lista desplegable los diversos formatos de números que posee Excel, como los porcentajes, fechas, fracciones y más.
	**Formato de número de contabilidad:** Permite cambiar el formato de un número a moneda. Dependiendo de su configuración regional, aparecerá el símbolo de moneda adecuado.
	**Estilo porcentual:** Aplica el formato de porcentaje a un número. En especial el número debe ser un decimal.
	**Estilo millares:** Agrega una coma para separar los millares.
	**Aumentar decimales:** Permite aumentar los decimales de un valor.
	**Disminuir decimales:** Permite disminuir los decimales de un valor. Si el decimal es 5 o más, el número entero se redondea en la celda.

Dentro del cuadro de diálogo **Formato de celda**, activando la ficha Número, encontrará los diferentes formatos que puede aplicar a un valor numérico.

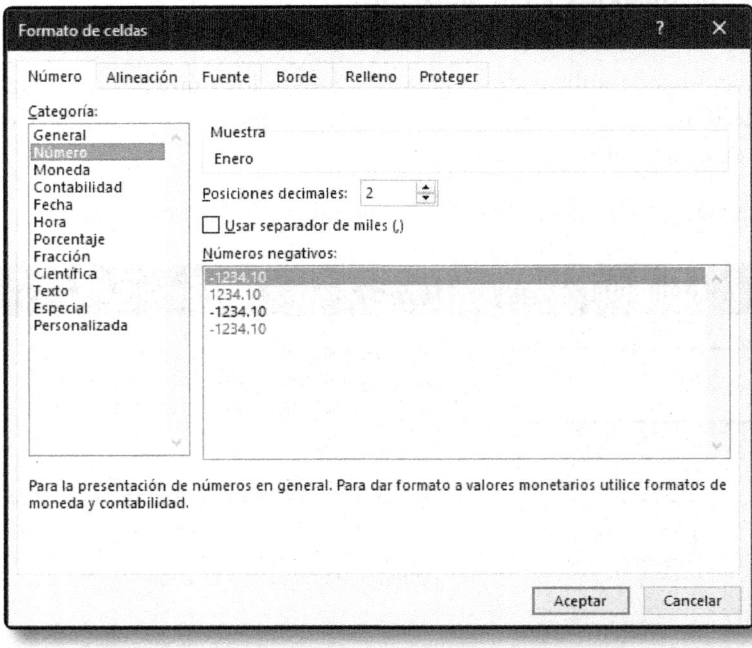

EJERCICIO

En el siguiente ejercicio aprenderá a modificar el formato de algunos números.

> **NOTA**
>
> Active nuevamente el libro **Resumen de Ganancias**.

1. Para obtener los resultados en las celdas que faltan (C4:C10), use el controlador de relleno para completarla.

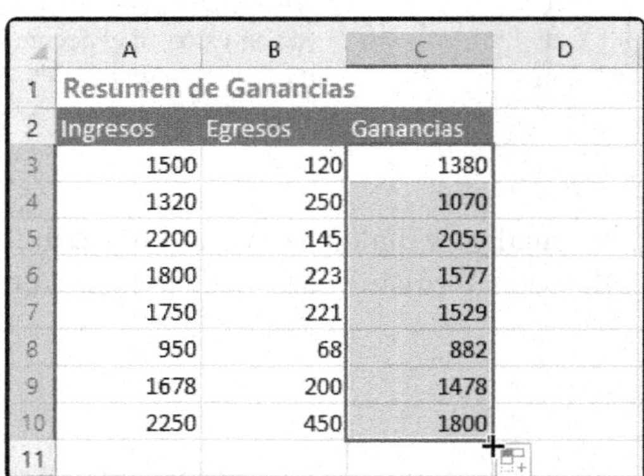

2. En D2, escriba el texto "**Fechas**" y pulse ***Enter***.
   Observe que no solo se agrega el texto, sino también el formato de la celda.

> ⓘ **NOTA**
>
> En caso Excel no haya reconocido el formato de celda, aplique manualmente ese formato.

3. En D3 escriba **01-01-2016** y pulse ***Enter***.
4. Use el controlador de relleno para completar la columna **Fechas**.

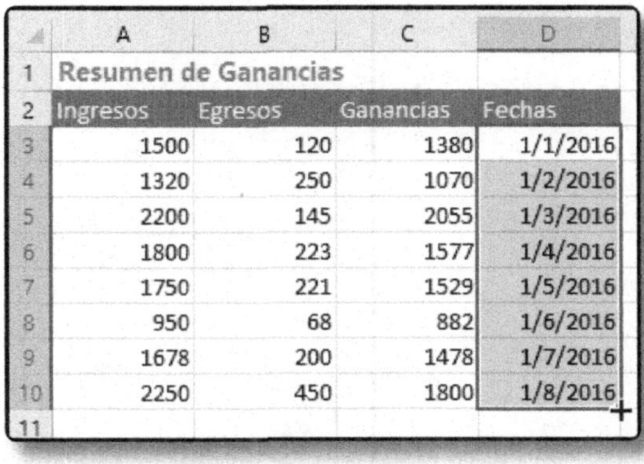

	A	B	C	D
1	Resumen de Ganancias			
2	Ingresos	Egresos	Ganancias	Fechas
3	1500	120	1380	1/1/2016
4	1320	250	1070	1/2/2016
5	2200	145	2055	1/3/2016
6	1800	223	1577	1/4/2016
7	1750	221	1529	1/5/2016
8	950	68	882	1/6/2016
9	1678	200	1478	1/7/2016
10	2250	450	1800	1/8/2016
11				

5. Seleccione el rango **A3:C10**.
6. En la ficha Inicio, en el grupo Número, haga clic en el comando **Formato de número de contabilidad**.
   Los números han cambiado su formato a monedas.

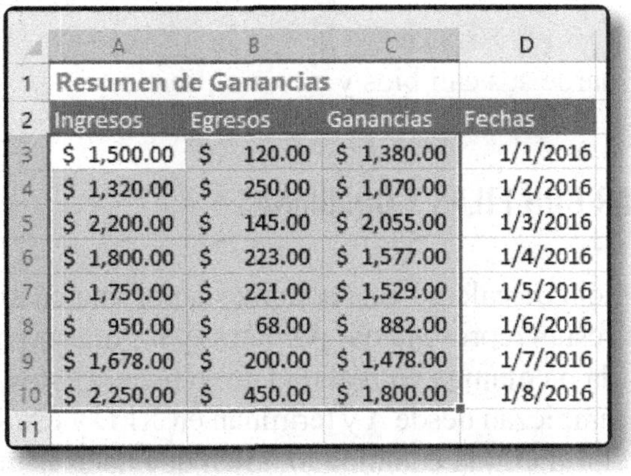

	A	B	C	D
1	Resumen de Ganancias			
2	Ingresos	Egresos	Ganancias	Fechas
3	$ 1,500.00	$ 120.00	$ 1,380.00	1/1/2016
4	$ 1,320.00	$ 250.00	$ 1,070.00	1/2/2016
5	$ 2,200.00	$ 145.00	$ 2,055.00	1/3/2016
6	$ 1,800.00	$ 223.00	$ 1,577.00	1/4/2016
7	$ 1,750.00	$ 221.00	$ 1,529.00	1/5/2016
8	$ 950.00	$ 68.00	$ 882.00	1/6/2016
9	$ 1,678.00	$ 200.00	$ 1,478.00	1/7/2016
10	$ 2,250.00	$ 450.00	$ 1,800.00	1/8/2016
11				

7. Seleccione todos los datos de la columna **Fechas**.

8. En la ficha Inicio, en el grupo Número, haga clic en la flecha **Formato de número** y seleccione **Fecha larga**.

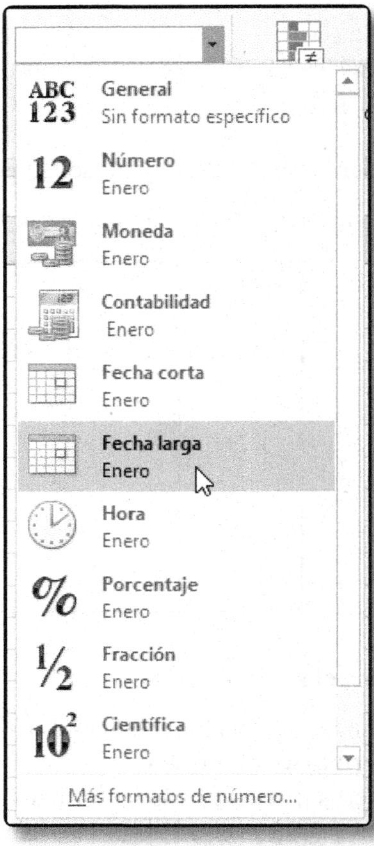

9. Guarde sus cambios y cierre el libro.

2.5 TRABAJAR CON FILAS Y COLUMNAS

Una hoja de cálculo está compuesta por una cuadrícula de filas y columnas. Las columnas están representadas por letras y las filas por números. Cuando inserta o elimina una fila o columna en realidad no lo hace. ¿Esto qué significa? Por ejemplo, las columnas empiezan desde A y terminan en XFD y ese sería su límite, por lo tanto, al insertar o eliminar una columna lo único que hace es mover o trasladar las demás columnas a nuevas posiciones.

2.5.1 Insertar filas o columnas

Si ya está trabajando en una tabla o lista de datos, agregar una nueva columna o fila es sumamente sencillo. Las nuevas columnas son añadidas a la izquierda de la selección, mientras que las filas son añadidas arriba de la selección

Para insertar filas y/o columnas:

1. Seleccione la celda, rango o encabezado de columna o fila desde donde quiere insertar una nueva columna y/o fila.
2. Realice alguna de estas acciones:
   - Seleccione Inicio, grupo Celdas, clic en la flecha **Insertar** y clic en **Insertar columnas de hoja**.
   - Seleccione Inicio, grupo Celdas, clic en la flecha **Insertar** y clic en **Insertar filas de hoja**.

O

1. Clic con el botón derecho en una celda o rango desde donde quiere insertar una nueva columna y/o fila.
2. Clic en **Insertar**.

   Se abre el cuadro de diálogo **Insertar**.
3. Dentro del cuadro de diálogo Insertar, realice alguna de estas acciones:
   - Seleccione en **Insertar toda una fila** y haga clic en **Aceptar**.
   - Seleccione en **Insertar toda una columna** y haga clic en **Aceptar**.

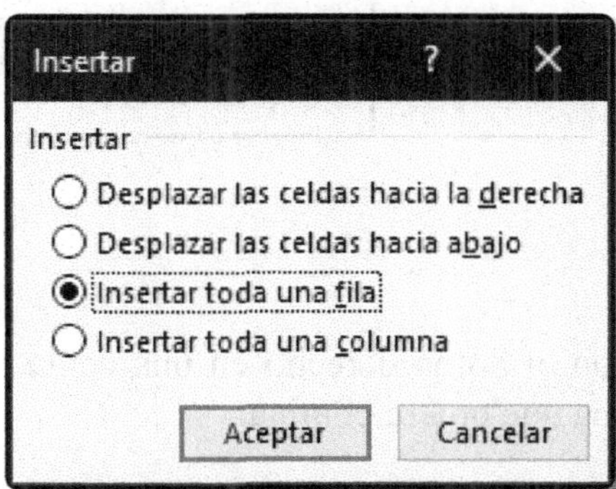

O

1. Clic con el botón derecho en el encabezado de una fila o columna.
2. Clic en **Insertar**.

2.5.2 Eliminar filas o columnas

Así como puede insertar filas y columnas también puede eliminarlas. El método que debe seguir para realizar esta acción es casi idéntico al de inserción.

Para eliminar filas y/o columnas:

1. Seleccione la celda, rango o encabezado de fila y/o columna que quiera eliminar.
2. Realice alguna de estas acciones:
   - Seleccione Inicio, grupo Celdas, clic en la flecha **Eliminar** y clic en **Eliminar columnas de hoja**.
   - Seleccione Inicio, grupo Celdas, clic en la flecha **Eliminar** y clic en **Eliminar filas de hoja**.

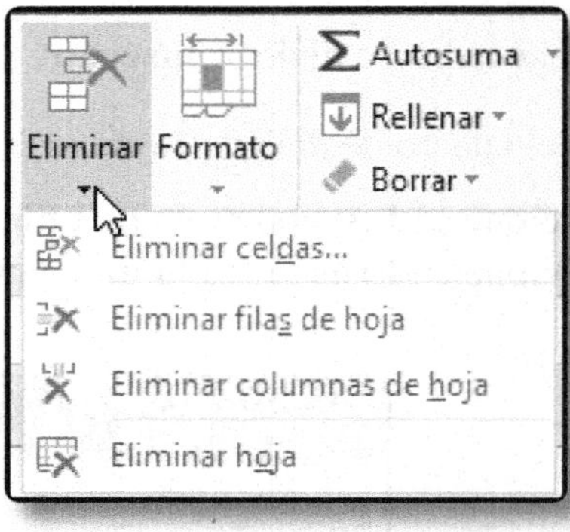

O

1. Clic con el botón derecho en una celda, rango o encabezado de fila o columna que quiera eliminar.
2. Clic en **Eliminar**.

   Se abre el cuadro de diálogo **Eliminar**.

3. Dentro del cuadro de diálogo Eliminar, realice alguna de estas acciones:
   - Seleccione en **Toda la fila** y clic en **Aceptar**.
   - Seleccione en **Toda la columna** y clic en **Aceptar**.

O

1. Clic con el botón derecho en el encabezado de una fila o columna.
2. Clic en **Eliminar**.

2.5.3 Cambiar el ancho de las columnas y el alto de las filas

A menudo, querrá cambiar el ancho de una columna o el alto de una fila. Cuando crea sus tablas de datos estos pueden tener diferentes diseños o estructuras, algunas columnas quizás tengan más información que otras, así que tendrá que ajustarlas para que los datos puedan mostrarse correctamente.

> ⓘ **NOTA**
> Si nota que los valores numéricos de una columna se presentan como **######** es porque el ancho de columna es muy angosto.

EJERCICIO

En el siguiente ejercicio trabajará con filas y columnas:

> ⓘ **NOTA**
> Abrir el libro **Resumen de Ganancias_por_país**.

1. Empezará insertando una nueva columna para las *sedes*. Clic en el botón derecho en el encabezado de la **columna A** y clic en **Insertar**.

   Como puede notar, se agrega una nueva columna a la izquierda.

> ⓘ **NOTA**
>
> Aunque parezca que se insertó una nueva columna, lo que acaba de hacer es mover todas las demás columnas una posición a la derecha. Es por ello que sigue existiendo la ***columna A,*** aunque ahora sin datos.

2. En A2 escriba "**Sedes**".
3. A partir de A3 agregue los siguientes nombres de países:
   - Estados Unidos
   - México
   - Perú
   - Colombia
   - Argentina
   - Ecuador
   - Brasil
   - España
4. Clic en la celda B2 y seleccione **Inicio**, **Portapapeles**, **Copiar formato**.

5. Ahora, clic en A2.

   Observe como A2 acaba de heredar el formato de B2.

   Como puede notar, en la columna **Sedes**, Estados Unidos no se puede mostrar completamente. Deberá ajustar la columna a continuación.

6. Sitúe el puntero del ratón en la intersección de las columnas A y B hasta que el puntero cambie su forma. (Vea la siguiente imagen como referencia).

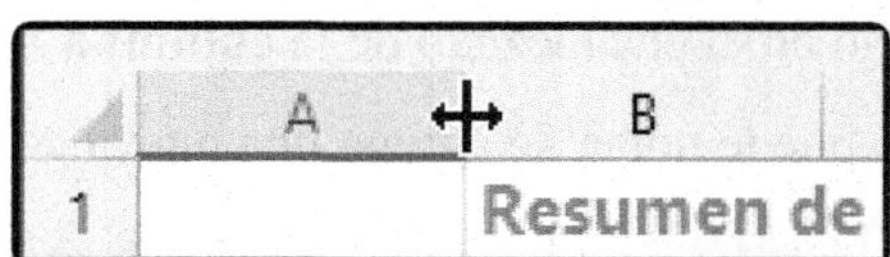

7. Una vez situado en la intersección, haga doble clic.

   La columna A se ajusta para que muestre el contenido completo.

   Algo muy parecido sucede en la columna **Fechas**. En este caso, aparece el símbolo de almohadilla (*hash*) indicando que el contenido no se puede mostrar porque la columna no es lo suficientemente amplia.

8. Sitúe el puntero entre la intersección de los encabezados de E y F y haga doble clic. La columna se ajusta para mostrar todo el contenido.

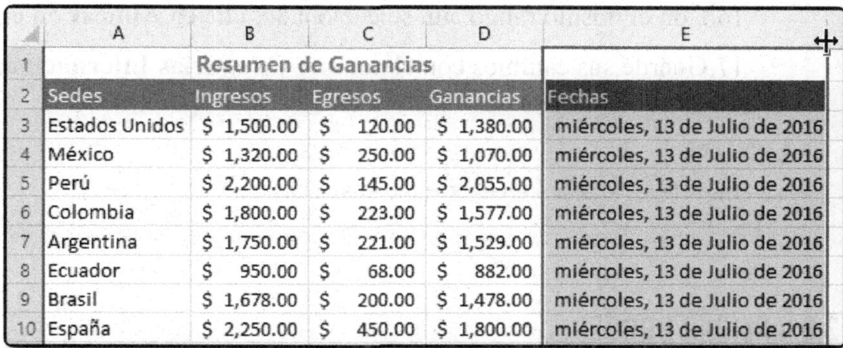

	A	B	C	D	E
1		Resumen de Ganancias			
2	Sedes	Ingresos	Egresos	Ganancias	Fechas
3	Estados Unidos	$ 1,500.00	$ 120.00	$ 1,380.00	miércoles, 13 de Julio de 2016
4	México	$ 1,320.00	$ 250.00	$ 1,070.00	miércoles, 13 de Julio de 2016
5	Perú	$ 2,200.00	$ 145.00	$ 2,055.00	miércoles, 13 de Julio de 2016
6	Colombia	$ 1,800.00	$ 223.00	$ 1,577.00	miércoles, 13 de Julio de 2016
7	Argentina	$ 1,750.00	$ 221.00	$ 1,529.00	miércoles, 13 de Julio de 2016
8	Ecuador	$ 950.00	$ 68.00	$ 882.00	miércoles, 13 de Julio de 2016
9	Brasil	$ 1,678.00	$ 200.00	$ 1,478.00	miércoles, 13 de Julio de 2016
10	España	$ 2,250.00	$ 450.00	$ 1,800.00	miércoles, 13 de Julio de 2016

9. Señale el encabezado de la columna **B** hasta que el puntero cambie su forma por una flecha apuntando hacia abajo.

10. Clic sin soltar en el encabezado de la columna B y arrastre hasta el encabezado de la columna D.

    Todas las columnas han sido seleccionadas.

11. Seleccione **Inicio**, **Celdas**, **Formato**, **Ancho de columna**.

    Se abre el cuadro de diálogo **Ancho de columna**.

12. En el cuadro de diálogo Ancho de columna, agregue **12.57** y clic en **Aceptar**.

    Como puede notar, las tres columnas sufrieron cambios.

13. Seleccione la fila 2, y luego ir a Inicio, Celdas, Formato, y clic en **Alto de fila**.

    Se abre el cuadro de diálogo **Alto de fila**.

14. En el cuadro de diálogo **Alto de fila**, agregue **26.25** y clic en **Aceptar**.

Ancho de columna

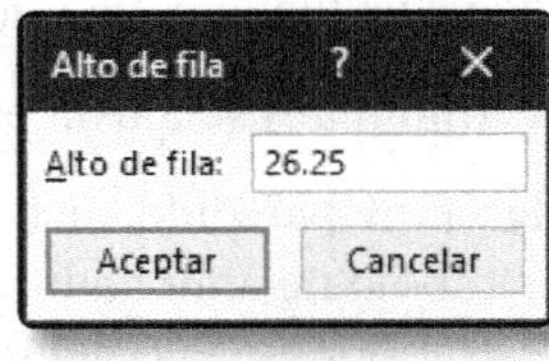

Alto de fila

15. Seleccione el rango **A2:E2** y luego ir a Inicio, Alineación y clic en **Centrar**.
16. Con el mismo rango aún seleccionado, clic en **Alinear en el medio**.
17. Guarde sus cambios con el nombre **Ganancias Internacionales**.

> **NOTA**
> No cierre el libro, lo usará en el próximo ejercicio.

2.6 APLICAR BORDES

Los bordes se pueden aplicar alrededor de un grupo de celdas ayudando a mejorar visualmente sus tablas de datos. Los bordes a menudo son usados para agrupar un rango de celdas similares o para delinear filas o columnas. Excel ofrece trece estilos preestablecidos de bordes desde el desplegable del botón Bordes, en el grupo Fuente de la ficha Inicio.

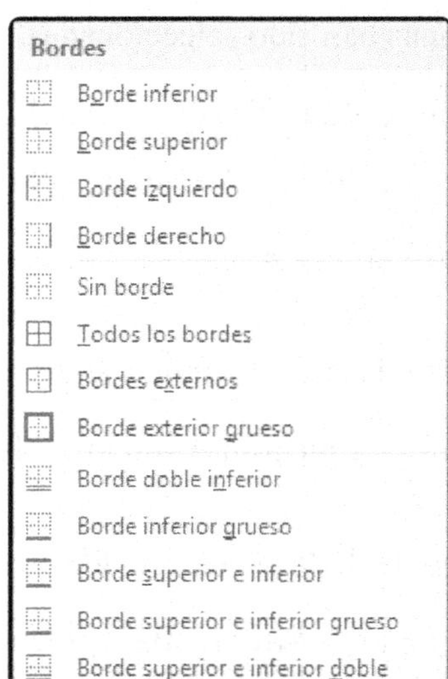

Otra forma de aplicar bordes es usando la ficha **Borde** del cuadro de diálogo **Formato de celdas** (vea la siguiente imagen). Para ingresar a este cuadro de diálogo seleccione la opción **Más bordes** desde la lista desplegable **Bordes**. Una vez dentro, seleccione un estilo de línea, seguido de un color si es necesario, y a continuación elija la posición del borde haciendo clic en los iconos de bordes.

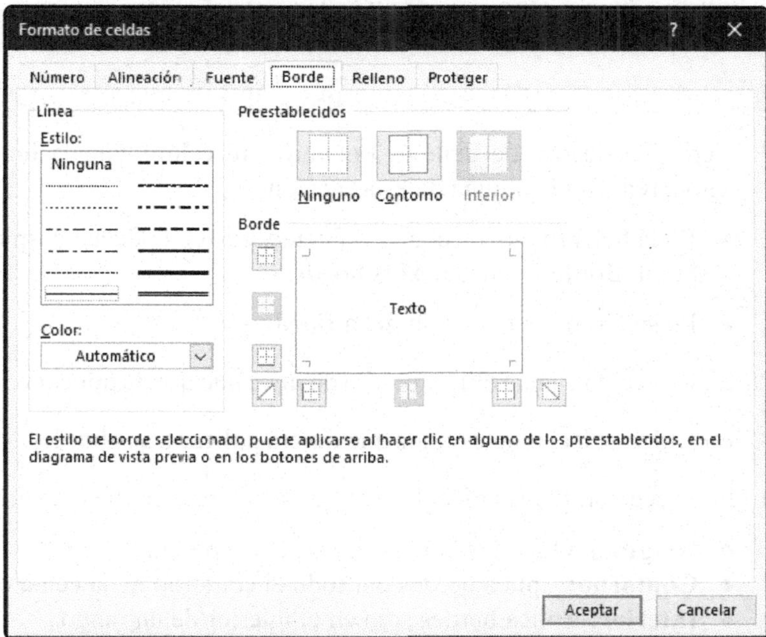

ⓘ **NOTA**

Usar el cuadro de diálogo Formato de celda con la ficha Borde activa puede requerir alguna experimentación de su parte hasta dominarlo.

Si lo prefiere, puede dibujar bordes en lugar de usar los estilos preestablecidos. Para ello, use el comando **Dibujar borde** o **Dibujar cuadrícula de borde**, ubicado en la misma lista desplegable del comando Bordes; al hacerlo Excel entra al modo dibujar borde. Después, use su ratón para dibujar el borde en la celda o rango. Utilice los comandos **Color de línea** y **Estilo de línea** para cambiar el color y el estilo del borde. Cuando haya finalizado de dibujar bordes, pulse **Esc** para cancelar el modo **dibujar borde**.

Para aplicar bordes preestablecidos de la lista desplegable Bordes:

1. Seleccione una celda o rango.
2. En la ficha Inicio, en el grupo Fuente, clic en la flecha desplegable del botón **Bordes**.
3. Clic en alguno de los trece estilos de bordes.

Para aplicar bordes preestablecidos desde el cuadro de diálogo Bordes:

1. Active el cuadro de diálogo **Formato de celdas** con la ficha Bordes activa realizando alguna de estas acciones:
   - En la ficha Inicio, en el grupo Fuente, clic en la flecha desplegable del botón Bordes y clic en **Más bordes**.
   - Pulse **Ctrl+1** y clic en la ficha **Borde**.
2. En la sección Línea, elija un estilo de línea que quiera aplicar como borde.
3. En Color, seleccione el color que quiera aplicar a sus bordes.
4. En la sección Preestablecidos seleccione alguna de estas opciones:
   - **Ninguno:** Quita los bordes de una celda o rango.
   - **Contorno:** Aplica bordes por todo el contorno de la celda o rango.
   - **Interior:** Aplica bordes solo en el interior de un rango.
5. En la sección Borde, use los pequeños botones para personalizar la ubicación de cada línea de borde.

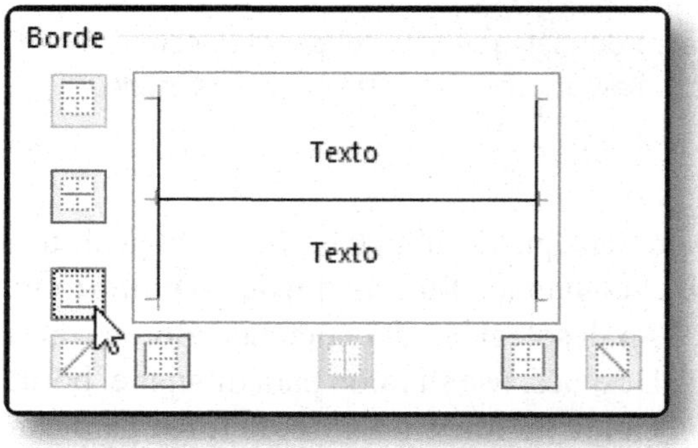

6. Clic en **Aceptar**.

Para dibujar bordes:

1. En la ficha **Inicio**, en el grupo **Fuente**, clic en la flecha desplegable del botón **Bordes**.
2. En la sección Dibujar bordes, clic en **Dibujar borde**.

   El puntero cambia por la forma de un lápiz.

3. Clic sin soltar sobre el borde de la celda y arrastre hacia los bordes de las demás celdas.

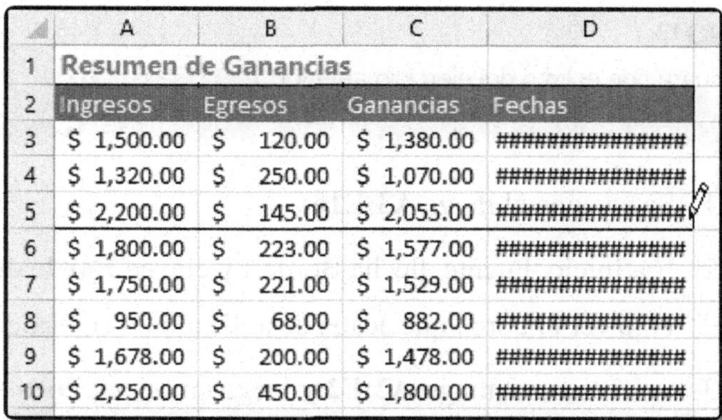

	A	B	C	D
1	Resumen de Ganancias			
2	Ingresos	Egresos	Ganancias	Fechas
3	$ 1,500.00	$ 120.00	$ 1,380.00	################
4	$ 1,320.00	$ 250.00	$ 1,070.00	################
5	$ 2,200.00	$ 145.00	$ 2,055.00	################
6	$ 1,800.00	$ 223.00	$ 1,577.00	################
7	$ 1,750.00	$ 221.00	$ 1,529.00	################
8	$ 950.00	$ 68.00	$ 882.00	################
9	$ 1,678.00	$ 200.00	$ 1,478.00	################
10	$ 2,250.00	$ 450.00	$ 1,800.00	################

Para dibujar cuadrícula de borde:

1. En la ficha **Inicio**, en el grupo **Fuente**, clic en la flecha desplegable del botón **Bordes**.
2. En la sección Dibujar bordes, clic en **Dibujar cuadrícula de borde**.

   El puntero cambia por la forma de un lápiz.

3. Clic sin soltar sobre el borde de la celda y arrastre hacia los bordes de las demás celdas para formar la cuadrícula.

Para dibujar bordes con un color y estilo de línea personalizado:

1. Realice alguna de estas acciones:
   - En la ficha Inicio, en el grupo Fuente, clic en la flecha desplegable del botón Bordes. En la sección Dibujar bordes, señale Estilo de línea y clic en el estilo de línea que desee.

- En la ficha Inicio, en el grupo Fuente, clic en la flecha desplegable del botón Bordes. En la sección Dibujar bordes, señale Color de línea y clic en el color que desee.

2. Dibuje el borde.

EJERCICIO

En el siguiente ejercicio aplicará bordes a su tabla.

> **NOTA**
> Continuará con el libro del ejercicio anterior.

1. Seleccione el rango **A3:E10**.
2. Ir a Inicio, Fuente, flecha Bordes, y clic en **Borde doble inferior**.

   Para ver el borde que acaba de aplicar, clic en cualquier otra celda.
3. Seleccione el rango **A2:E2** y luego en Inicio, Fuente, flecha Bordes, clic en **Más bordes**.
4. Dentro de la ficha Borde, en la sección Línea, clic en el estilo de línea grueso (vea la siguiente imagen).

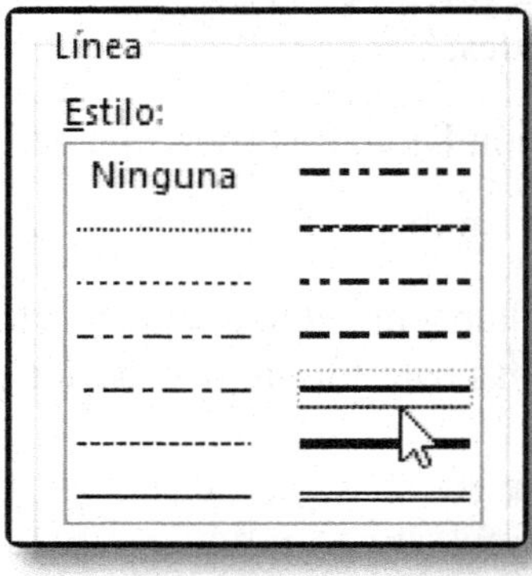

5. En la sección Borde, clic en los iconos **Borde superior** y **Borde inferior**.

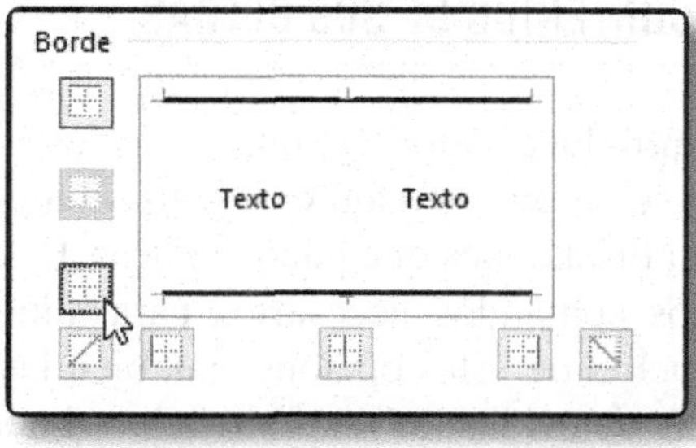

6. Clic en **Aceptar**.

   Se ha aplicado un estilo diferente de borde a su rango seleccionado.

7. Seleccione nuevamente el rango **A3:E10**. Luego, entre al cuadro de diálogo Formato de celdas desde la opción Más bcrdes.

8. En la sección Línea elija la **segunda línea discontinua**. (Vea la siguiente imagen)

9. Dentro de la sección Borde, en la vista previa de los bordes, clic en el medio del gráfico para ver una línea vertical discontinua.

10. Clic en **Aceptar**.

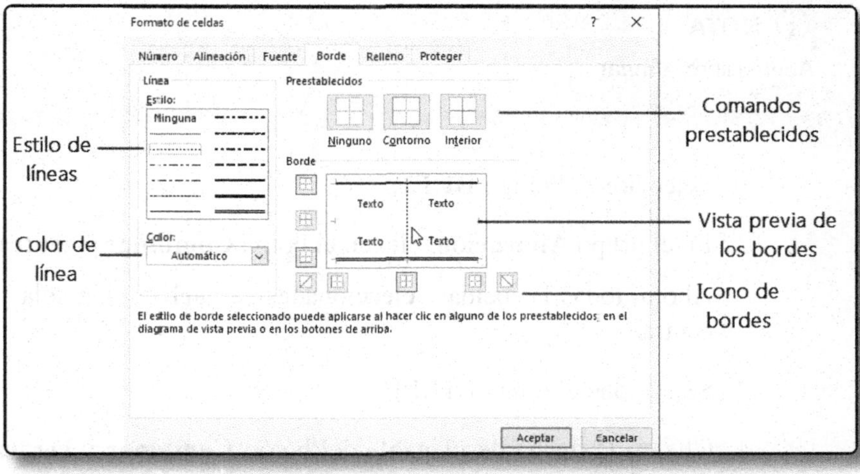

11. Para ver mejor los bordes aplicados, diríjase a la ficha Vista, grupo Mostrar, y desactive la casilla **Líneas de cuadrícula**.

12. Guarde los cambios y cierre el libro.

2.7 ALINEAR EL CONTENIDO DE SUS CELDAS

Cuando introduce datos en una celda estas se alinean por defecto, por ejemplo, un texto se alinea a la izquierda y los números a la derecha. Sin embargo, hay muchas otras alineaciones que puede aplicar. El grupo Alineaciones, en la ficha Inicio, muestra los comandos necesarios para alinear su contenido horizontal o verticalmente. Muchas de estas opciones también las puede encontrar en el cuadro de diálogo Formato de celda, activando la ficha Alineación.

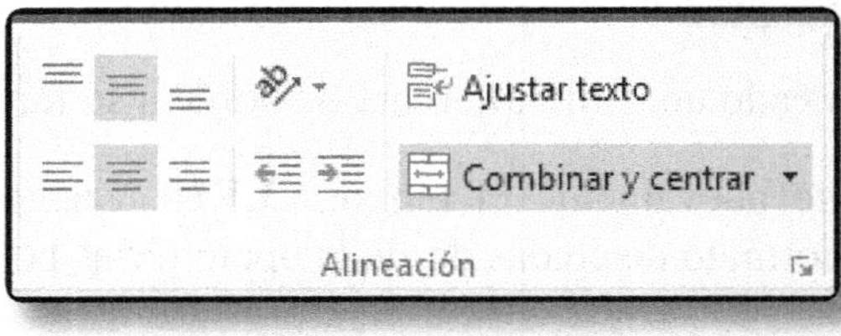

EJERCICIO

En el siguiente ejercicio usted aprenderá a utilizar los comandos de alineaciones.

> **NOTA**
> Abrir el libro **Alinear**.

1. Seleccione el rango **B1:F1**.
2. En el grupo **Alineación**, clic en el botón **Combinar y centrar**.

   Ahora, todas las celdas seleccionadas se vuelven una sola y el texto se centra.
3. Seleccione el rango B11:F11.
4. Clic en la flecha desplegable del botón **Combinar y centrar** y clic en **Combinar celdas**.

   Las celdas se combinan y el texto permanece alineado al lado izquierdo.
5. Seleccione el rango A3:A10.

6. Clic en el botón **Combinar y centrar**.

   Las celdas se combinan, sin embargo, el texto no se llega a mostrar completamente.

7. Clic en el botón **Ajustar texto.**

   El texto se ajusta para caber en la celda y mostrarse completamente.

8. Clic en el botón **Alinear en el medio**.

   El texto se ha distribuido tanto vertical como horizontalmente en la celda.

9. Seleccione el rango B2:F2.

10. Clic en el botón **Alinear en el medio** y luego clic en el botón **Centrar**.

11. Seleccione la celda **A3**.

    Esta celda es más grande debido a que ha combinado en el paso 6.

12. Clic en el botón desplegable **Orientación** y clic en **Girar texto hacia arriba**.

    El texto se ve mejor con esta nueva orientación.

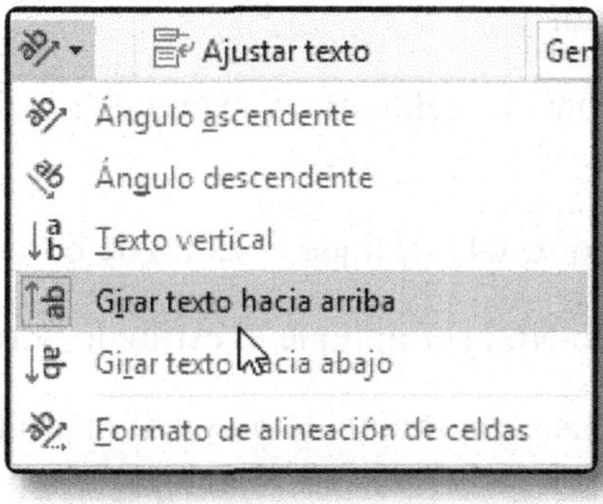

13. Guarde los cambios y cierre el libro.

EJERCICIO PROPUESTO 1

Abrir el libro **Presupuesto** y realice las siguientes acciones:

1. Seleccione B1 e ingrese el texto **ValentinBook**.

2. Aplique los siguientes formatos al texto de la celda B1:
   - Fuente **Arial.**
   - Tamaño de fuente **22.**
   - Atributo **Negrita.**
3. En la celda D2 introduzca la fecha: **05/08/2016**.
4. Cambie el formato de la celda D2 a **Fecha larga**.
5. Combine y centre el contenido del rango D2:F2.
6. En D3 escriba **VARIACIÓN DEL PROYECTO**.
7. Combine y centre el contenido del rango D3:L3.
8. En el rango C6:C17 ingrese los meses de enero a diciembre.
9. Al rango D6:G17 aplique el formato moneda con los siguientes atributos:
   - Símbolo **Euro**.
   - Posiciones decimales **0**.
   - Números negativos **segunda opción**.
10. Ajuste el ancho de la columna N para que se muestre el contenido completo.
11. Seleccione la celda B4 y cambie la orientación a **Girar texto hacia arriba**.
12. Al rango I6:L17 aplique el estilo de borde **Todos los bordes**.
13. Al rango N6:N17 aplique el estilo de borde **Borde exterior grueso**.
14. Dibuje una cuadrícula de borde al rango D6:G17.
15. Guarde el libro con el nombre “Mi presupuesto” y cierre Excel.

3

TRABAJAR CON FÓRMULAS Y FUNCIONES

En este capítulo aprenderá a:

- Conocer el trabajo de las fórmulas.
- Usar referencias de celdas.
- Comprender los argumentos de las funciones.
- Insertar funciones básicas.

Para completar los ejercicios en este capítulo, necesita los archivos de práctica que se encuentran en la carpeta "Capítulo 3".

3.1 LAS FÓRMULAS EN EXCEL

Las fórmulas hacen que una hoja de cálculo sea útil. Puede usar fórmulas para calcular y obtener resultados desde los datos almacenados en la hoja. Cuando los datos cambian, las fórmulas calculadas actualizan los resultados sin nada de esfuerzo de su parte. En este capítulo aprenderemos sobre el maravilloso mundo de las fórmulas y funciones en Excel.

> **NOTA**
>
> En el capítulo anterior ya pudo ver parte del poder de las fórmulas. Para tener una idea más clara puede darle un vistazo a Insertar fórmulas en el capítulo 2, "Manejo de datos en Excel".

3.2 OPERADORES EN LAS FÓRMULAS

Los operadores son símbolos que indican la operación matemática que usted desea que realicen las fórmulas, de esta manera puede idearse para crear fórmulas complejas que ayuden al buen funcionamiento de sus datos.

La siguiente tabla muestra algunos ejemplos de fórmulas con operadores:

Fórmula	Qué hace
="Cod-"&"101A"	Une (concatena) las dos cadenas de texto para mostrar: Cod-101A.
=A1&A2	Concatena el contenido de la celda A1 y A2. La concatenación trabaja con datos numéricos al igual que los textos. Si la celda A1 contiene 198 y la celda A2 contiene 456, el resultado debe ser 198456.
=5^3	Eleva el 5 a la tercera potencia, como resultado es 125.
=216^(1/3)	Eleva 216 a la potencia 1/3. Esto es matemáticamente equivalente a calcular la raíz cúbica de 216, el cuál es 6.
=A1<A2	Devuelve **VERDADERO** si el valor de la celda A1 es menor que el valor en la celda A2. En caso contrario, devolverá **FALSO**. Si en cambio estos datos fueran textos, por ejemplo, en A1 es **Handz** y en A2 es **Mary**, el resultado sería **VERDADERO** porque **Handz** llega antes que **Mary** en orden alfabético.
=A1<=A2	Devuelve **VERDADERO** si el valor en la celda A1 es menor o igual que el valor de la celda A2. Caso contrario, será **FALSO**.
=A1<>A2	Devuelve **VERDADERO** si el valor en la celda A1 no es igual al valor en la celda A2, caso contrario será **FALSO**.

3.2.1 Operadores aritméticos

La siguiente tabla muestra los operadores aritméticos más usados.

Operador	Explicación	Ejemplo	Resultado
+	Suma	=30+15	45
-	Resta	=30-15	15
-	Negativo	=-30-15	-45
*	Multiplicación	=10*5	50
/	División	=10/5	2
^	Exponente	=2^2	4
%	Porcentaje	=19%	19%

3.2.2 Operadores de texto y comparación

La siguiente tabla muestra los operadores de texto y comparación:

Operador	Nombre
&	Unión
=	Igual que
>	Mayor que
<	Menor que
>=	Mayor o igual que
<=	Menor o igual que
<>	Diferente que

EJERCICIO

En el siguiente ejercicio se trabajará con una tabla de datos de presupuesto dividido en trimestres, rellenará datos y aplicará fórmulas.

> ⓘ **NOTA**
> En este capítulo usaremos los archivos de práctica que se encuentran en la carpeta **Capítulo 3**.

1. Abrir el archivo **Proyectos.**
   Observe cómo están estructurados los datos.

2. Seleccione A18 y escriba "**Octubre**".
   Mientras escribe, observe que en la Barra de fórmulas aparece el mismo texto.

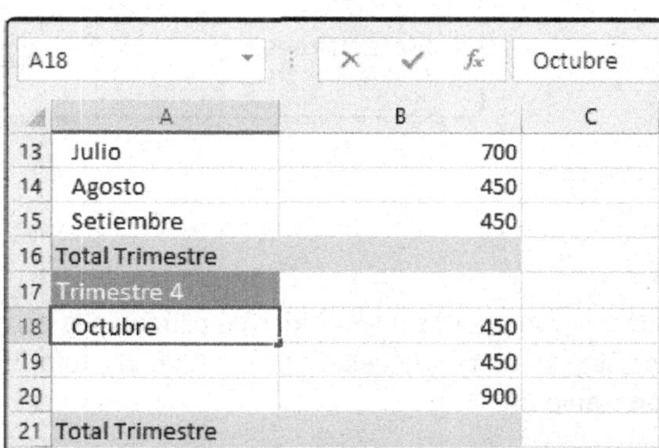

3. En la Barra de fórmulas, clic en el botón **Introducir**.

   El texto queda insertado en la celda.

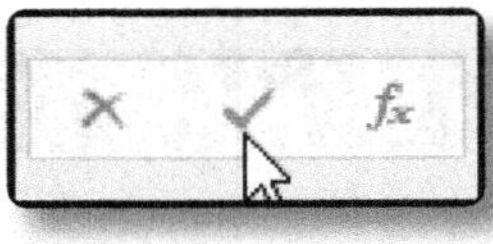

4. Clic sin soltar en el controlador de relleno de la celda A18 y arrastre hacia abajo hasta llegar a la celda A20.

   De esta manera se ha rellenado *Noviembre* y *Diciembre* sin necesidad de escribirlo en su respectiva celda.

5. Clic en B3, escriba **356** y pulse ***Enter***.

   El dato se agrega en B3 y ahora la celda activa es B4.

6. En la celda B4 escriba **356** y pulse **Ctrl** + ***Enter***.

   Cuando pulsa esta combinación de teclas, el dato se introduce y B4 sigue siendo la celda activa.

7. En B5 escriba **400**.

8. En B6 escriba **=B3+B4+B5 y** pulse **Ctrl** + ***Enter*** para obtener el resultado.

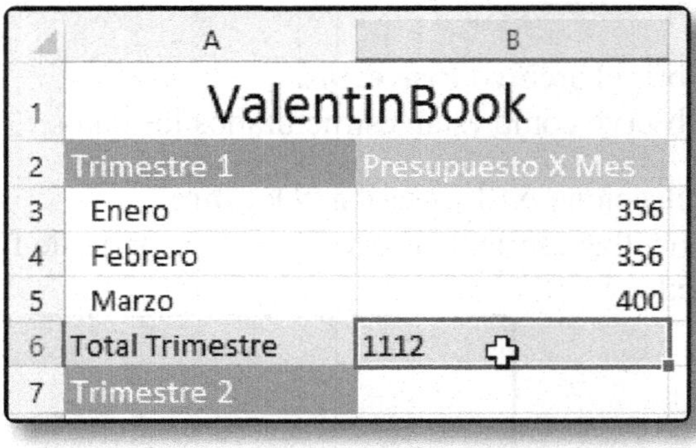

NOTA

Todos los números agregados a las celdas se alinean a la derecha, sin embargo, en B6 no pasa eso. Esto es porque la celda del resultado de Total Trimestre tiene un formato de alineación izquierda.

9. Seleccione la celda B11 y agregue **+B8+B9+B10** y pulse ***Enter***. Aparece el resultado de la operación sin utilizar el signo igual.

10. Complete los resultados en B16 y B21.

11. Guarde su archivo con el nombre **"Presupuesto por mes"** y cierre el libro.

3.3 USAR REFERENCIAS DE CELDAS

La mayoría de las fórmulas que usted crea incluyen referencias hacia las celdas o rangos. Estas referencias les permiten a sus fórmulas trabajar de forma dinámica con los datos. Por ejemplo, si su fórmula tiene una referencia a la celda A1 y usted cambia el valor contenido en esa celda, el resultado de la fórmula cambia para reflejar el nuevo valor. Si no usa referencias en sus fórmulas, necesitará editar las fórmulas manualmente con el fin de reflejar los resultados correctos.

Usar referencias relativas, absolutas y mixtas

Cuando usa una referencia de celda o rango en una fórmula, puede usar tres tipos de referencias:

- **Relativas:** Las referencias de las filas y columnas pueden cambiar cuando copia la fórmula a otra celda debido a que las referencias son realmente desplazadas desde la fila o columna actual. Por defecto, Excel crea referencias de celdas relativas en las fórmulas.
- **Absolutas:** Las referencias de filas y columnas no cambian cuando copia la fórmula debido a que la referencia es para una dirección de celda en concreto. Una referencia absoluta utiliza dos signos de dólar en la dirección: una para la letra de columna y una para el número de fila, por ejemplo, $B$6.
- **Mixtas:** Alguna referencia de fila o columna es relativa mientras que la otra es absoluta, por ejemplo: $B6 o B$6.

> ⓘ **NOTA**
>
> En los ejercicios anteriores se ha utilizado fórmulas con referencias de celdas relativas. Puede darse cuenta de esto cuando usa el controlador de relleno y la fórmula se copia a las demás celdas para obtener los resultados automáticamente

El tipo de referencia de celda es importante solo si usted planea copiar la fórmula a otras celdas.

EJERCICIO

En el siguiente ejercicio usted usará fórmulas con referencias relativas, absolutas y mixtas.

> **ⓘ NOTA**
>
> Abrir el libro **Referencia de celdas**.

1. Si es necesario, active la hoja **Relativas** y luego seleccione la celda **C3**.
2. Agregue la siguiente fórmula: **=A3*B3** y pulse ***Enter***.
3. Use el controlador de relleno hasta C10 para copiar la fórmula aplicada en C3.

   Como ha usado referencias relativas, al usar el controlador de relleno, la fórmula se copia y cambia los resultados basados en los valores de las celdas.

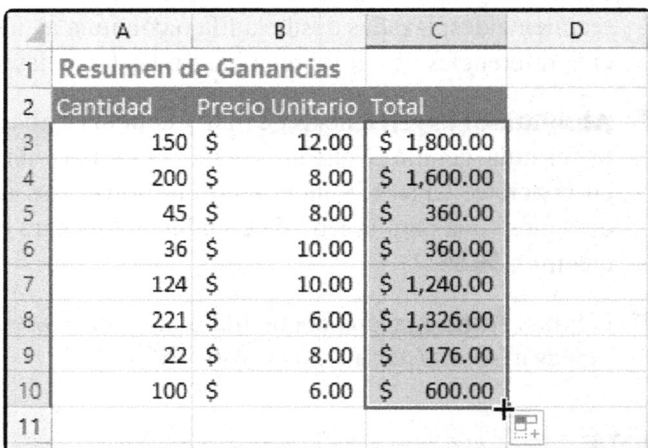

	A	B	C	D
1	Resumen de Ganancias			
2	Cantidad	Precio Unitario	Total	
3	150	$ 12.00	$ 1,800.00	
4	200	$ 8.00	$ 1,600.00	
5	45	$ 8.00	$ 360.00	
6	36	$ 10.00	$ 360.00	
7	124	$ 10.00	$ 1,240.00	
8	221	$ 6.00	$ 1,326.00	
9	22	$ 8.00	$ 176.00	
10	100	$ 6.00	$ 600.00	
11				

4. Active la hoja **Absolutas** y seleccione la celda **B3**.
5. Escriba la siguiente fórmula: **=A3*E3**, pero aún no pulse ***Enter***.

Si usa esta fórmula provocará un error ya que se está usando referencias relativas. Tenga en cuenta que la *tasa de impuesto* solo aparece en una sola celda (*E3*) y la fórmula solo debe apuntar a esa celda, por lo tanto, es una referencia absoluta. A continuación, completará el ejercicio con esta referencia de celda.

6. Como aún no ha pulsado ***Enter***, en su lugar pulse la tecla **F4** al final de la referencia E3.

   Puede notar que aparece el signo de dólar al inicio de la letra de columna y el número de fila.

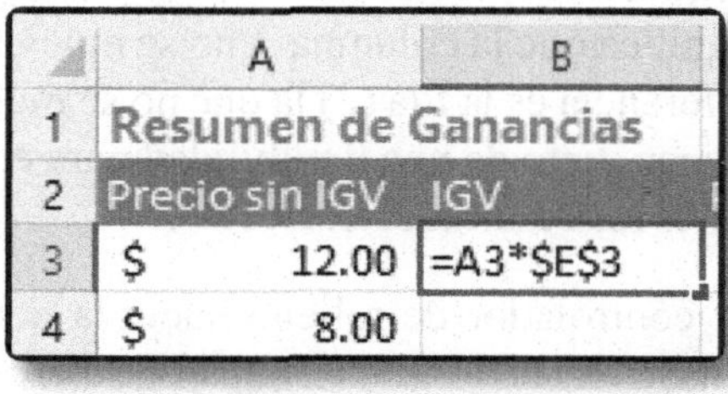

7. Ahora sí, pulse ***Enter*** y use el controlador de relleno para copiar la fórmula hasta B10.

   Si usted revisa la fórmula aplicada celda por celda, notará que la primera es una referencia relativa mientras que la otra es una referencia absoluta, esta última es una dirección de celda fija.

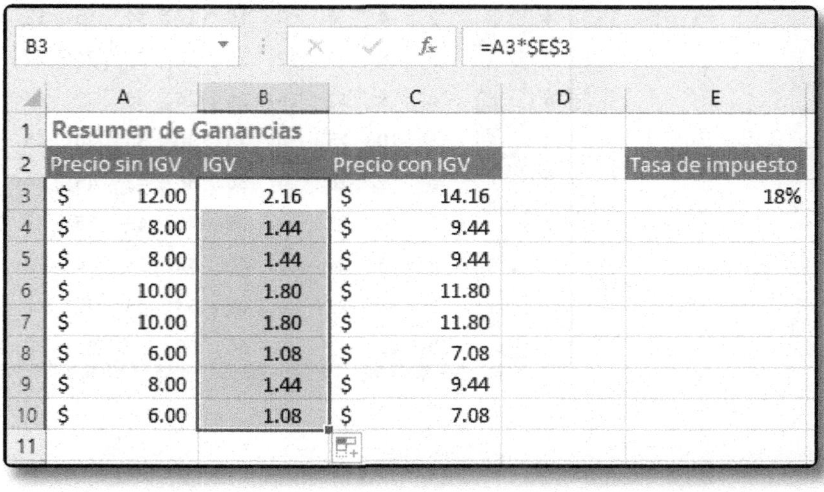

8. Active la hoja **Mixtas** y seleccione la celda **B3**.

9. Para completar la tabla de multiplicar con una sola fórmula escriba la siguiente sintaxis: **=A3*B2** y aún no pulse *Enter*.

10. Mientras aún está editando la fórmula, haga clic en la referencia **A3** (no en la celda) y pulse la tecla **F4** al menos tres veces hasta que la referencia cambie por **$A3**.

11. Clic en la referencia **B2** y pulse la tecla **F4** al menos dos veces hasta que la referencia cambie por **B$2**.

    La fórmula sería: **=$A3*B$2**. El signo dólar delante de la letra de columna (A) significa que la columna A no se mueve mientras que las filas sí. En la otra referencia es la fila (2) la que no se mueve mientras que las columnas sí lo hacen. Esto da una flexibilidad para copiar la fórmula sin problemas y obtener los resultados correctos.

12. Use el controlador de relleno hacia la derecha hasta **K3** y luego hacia abajo hasta **K10**.

13. Guarde con el nombre "Mis referencias". Luego cierre el libro.

	A	B	C	D	E	F	G	H	I	J	K
1											
2		1	2	3	4	5	6	7	8	9	10
3	1	1	2	3	4	5	6	7	8	9	10
4	2	2	4	6	8	10	12	14	16	18	20
5	3	3	6	9	12	15	18	21	24	27	30
6	4	4	8	12	16	20	24	28	32	36	40
7	5	5	10	15	20	25	30	35	40	45	50
8	6	6	12	18	24	30	36	42	48	54	60
9	7	7	14	21	28	35	42	49	56	63	70
10	8	8	16	24	32	40	48	56	64	72	80
11	9	9	18	27	36	45	54	63	72	81	90
12	10	10	20	30	40	50	60	70	80	90	100

3.4 UTILIZAR FUNCIONES EN LAS FÓRMULAS

Las funciones son muy útiles a la hora de crear fórmulas complejas, por ejemplo, si usted utiliza una fórmula ordinaria como **=A1+A2+A3+A4+A5+A6**, el resultado será el correcto, pero tuvo que emplear algún tiempo para crear la fórmula. Ahora imagínese que tenga 100 celdas a la cual usted tiene que sumar, ¿piensa crear la misma fórmula? Las funciones le ayudarán a simplificar el trabajo, por ejemplo: **=SUMA(A1:A100)**. Usando una función ahorra tiempo a la hora de operar una suma de rangos. Excel posee diferentes funciones para textos, fechas y horas, lógicas, de referencias, matemáticas, trigonométricas, etc.

Entre las funciones básicas tenemos:

- SUMA
- PROMEDIO
- MAX
- MIN
- CONTAR

3.4.1 Ejemplos de fórmulas que usan funciones

Una función puede simplificar una fórmula significativamente. Si desea calcular el promedio de los valores en ocho celdas (A1:A8) sin usar una función, tendría que crear la siguiente fórmula:

=(A1+A2+A3+A4+A5+A6+A7+A8)/8

Complicado, ¿no? La buena noticia es que usted puede reemplazar esa fórmula con una función, **PROMEDIO**.

=PROMEDIO(A1:A8)

Si le piden el valor más alto dentro de un rango de celdas usted no podrá usar una fórmula común, pero sí una función predefinida, **MAX**. Aquí una fórmula que usa la función **MAX** para devolver el valor más alto en el rango A1:A100.

=MAX(A1:A100)

Las funciones también le pueden ahorrar mucho tiempo ante una edición manual. Imagínese que tiene una lista de datos que contiene 500 nombres de empleados en las celdas A1:A500, y todos estos nombres aparecen en mayúsculas como **HANDZ VALENTIN.** Le piden hacer una combinación de correspondencia y el formato exige que la primera letra sea mayúscula como **Handz Valentín**. La forma más rápida y apropiada es usar una función, **NOMPROPIO**. Si la lista de nombres está en la columna A, usted debe escribir la fórmula en la columna B y luego usar el controlador de relleno para copiar la fórmula en las demás celdas.

=NOMPROPIO(A1)

Y para terminar de convencerlo. Suponga que usted está calculando las comisiones de ventas. Si el vendedor sobrepasa los $3000 dólares en venta al día, la comisión será de 7%; por otro lado, será solo del 4%. Si ha pensado dar una solución sin usar funciones, pues sí, la hay, pero deberá usar al menos dos fórmulas minuciosamente trabajadas para lograr los resultados correctos. Como sé que a usted le gusta ahorrar tiempo, entonces use la función **SI**.

=SI(A1<3000,A1*4%,A1*7%)

Esta fórmula realiza algunas simples acciones. La fórmula verifica el valor de la celda A1. Si este valor es menor a 3000, la fórmula devuelve la celda A1 multiplicado por 4%. En caso haya sobrepasado los 3000, la fórmula devuelve la celda A1 multiplicado por 7%. Este ejemplo usa tres argumentos separados por comas (o por punto y coma).

> ⓘ **NOTA**
>
> Los separadores de argumentos pueden ser configurados con una coma o un punto y coma. Este ajuste lo debe hacer en la Configuración regional y de idioma dentro del Panel de Control.

3.4.2 Argumentos de las funciones

Como habrá notado en el tema anterior, todas las funciones usan un conjunto de paréntesis. La información que está dentro del paréntesis es la lista de argumentos. Las funciones pueden variar en el uso de estos argumentos dependiendo de la acción que hacen. Una función puede usar:

- Ningún argumento.
- Un argumento.
- Un número fijo de argumentos.
- Un número indeterminado de argumentos.
- Argumentos opcionales.

Un ejemplo de una función que no usa ningún argumento es la función **AHORA**, que devuelve la fecha y hora actual. Tenga en cuenta que, aunque una función no use argumentos, usted aún debe agregar un conjunto de paréntesis en blanco, como el siguiente ejemplo:

=AHORA()

Si una función usa más de un argumento, deberá separar cada argumento con una coma (o punto y coma). Las funciones por lo general usan referencias de celdas para sus argumentos, sin embargo, Excel es bastante flexible con ellos. Un argumento puede consistir de una referencia de celda, de valores literales, cadenas de texto, expresiones, y hasta otras funciones. La siguiente lista muestra algunos ejemplos de tipos de argumentos:

- **Referencia de celda: =SUMA(A1:A100)**
- **Valor literal: =RAIZ(121)**
- **Cadena de texto literal: =NOMPROPIO("handz valentin")**
- **Expresión: =ABS(45-12)**
- **Otras funciones: =RAIZ(ABS(-9))**

3.5 FUNCIONES BÁSICAS

Las funciones básicas de Excel son las que se utilizan más a menudo y se encuentran en Inicio, Modificar, flecha **Autosuma**. Entre las funciones básicas encontrará SUMA, CONTAR, MIN, MAX y PROMEDIO.

3.5.1 Función SUMA

=SUMA(número1,número2, ...)

Realiza una suma de números o rangos de celda. El argumento *número1* puede ser un número, una celda o un rango. Pude agregar hasta 255 argumentos más.

EJERCICIO

En el siguiente ejercicio aprenderá a usar la función SUMA.

> **NOTA**
> Abrir el libro Resumen de **Ganancias_Funciones**.

1. Para agregar una columna nueva delante de las demás, clic con el botón derecho en el encabezado de columna A y seleccione **Insertar**.
2. En A11 escriba el texto "**Totales**".
3. En B11 escriba **=SU**.

   Observe que aparece una lista desplegable de funciones predeterminadas que comienzan con la palabra escrita.

4. Doble clic en **SUMA**.

   Se agrega el nombre de la función completa incluido el paréntesis abierto.
5. Seleccione el rango B3:B10, cierre el paréntesis y pulse ***Enter***.

   Acaba de obtener el total de la columna Ingresos.
6. Seleccione la celda C11, y en Inicio, Modificar, clic en **Autosuma**.

   La función SUMA se inserta detectando el rango que contiene los valores a sumar.
7. Pulse ***Enter*** para obtener el resultado.
8. Complete el total de la columna Ganancias.
9. Guarde sus cambios con el nombre "**Mis Ganancias**".

> ⓘ **NOTA**
>
> No cierre el libro, lo usará en el próximo ejercicio.

3.5.2 Función PROMEDIO

=Promedio(número1,número2...)

Esta función permite obtener el promedio, o también llamado media aritmética, de ciertos valores o celdas. Los argumentos pueden ser números, nombres, rangos o referencias de celda que contengan números.

La función suma todos los valores y luego los divide entre el número de sumandos. Para entender mejor la explicación, aquí va un ejemplo: obtener el promedio de los valores 10, 7 y 15. Su representación sería:

$$\text{Sea} = \frac{10+7+15}{3} = 10.66$$

> ⓘ **NOTA**
>
> Esta media es muy sensible a los valores excéntricos, es decir, a los valores que se desvían mucho del promedio. Por ejemplo, en una aldea donde vive gente mayoritariamente pobre, si solo un individuo gana 10 veces más que el resto, el promedio se alzará demasiado sin reflejar la verdadera media aritmética de esa aldea. Si desea obtener la media real de esta aldea, puede usar la función MEDIANA.

EJERCICIO

En el siguiente ejercicio usará la función **PROMEDIO**. Anteriormente había escrito una función (**SUMA**), ahora agregará la función **PROMEDIO** de otra manera.

> ⓘ **NOTA**
> Continuará con el libro del ejercicio anterior.

1. En A12 escriba el texto "**Promedios**".
2. Seleccione B12 y en la ficha Fórmulas, en el grupo Biblioteca de funciones, clic en la flecha de **Autosuma**.
3. Seleccione **Promedio**.

   Se agrega la función **PROMEDIO** a la celda B12. Al agregar la función desde las opciones desplegables de Autosuma, Excel detecta los valores numéricos automáticamente, posiblemente incluyendo la celda que contiene el resultado de los totales, y esto no debe ser así. A continuación, elegirá el rango correcto.

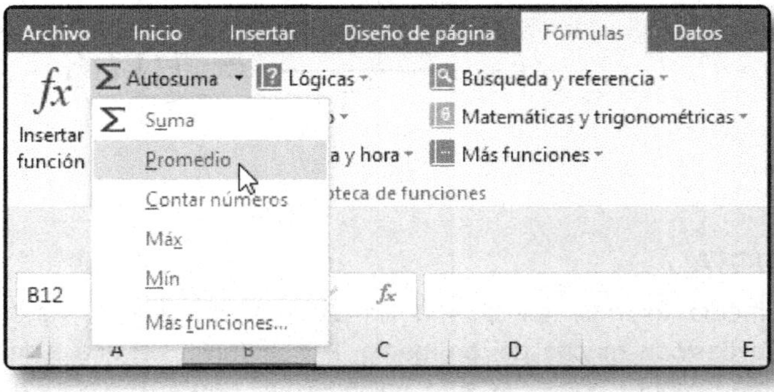

4. Seleccione B3:B10 y pulse ***Enter***.

   Ahora ya tiene el promedio de la columna Ingresos.

5. Obtenga los promedios de Gastos y Ganancias.
6. Guarde los cambios.

> ⓘ **NOTA**
> No cierre el libro, lo usará en el próximo ejercicio.

3.5.3 Función MAX

=MAX(número1,número2, ...)

Esta función devuelve el valor más alto de una lista o rango. Cuando utiliza **MAX**, tiene hasta 255 argumentos que puede agregar. Si usa **=MAX(1,10,7,9,15,6)** el resultado sería 15 por ser el valor más alto; si todos esos datos los colocamos a partir de A1, la fórmula sería: **=MAX(A1:A6)**, el resultado sigue siendo el mismo solo que esta vez ha usado un argumento.

EJERCICIO

En el siguiente ejercicio usará la función MAX.

> **NOTA**
> Continuará con el libro del ejercicio anterior.

1. En A13 escriba el texto "**Valor más alto**".
2. Clic en B13, y en la ficha Fórmulas, en el grupo Biblioteca de funciones, clic en **Insertar función**.
   Se abre el cuadro de diálogo **Insertar función**.
3. Dentro del cuadro de diálogo Insertar función, escriba "**MAX**" en el campo **Buscar una función** y clic en **Ir**.
   Excel comenzará a buscar la función que coincida con el texto escrito, en este caso, la función **MAX**.

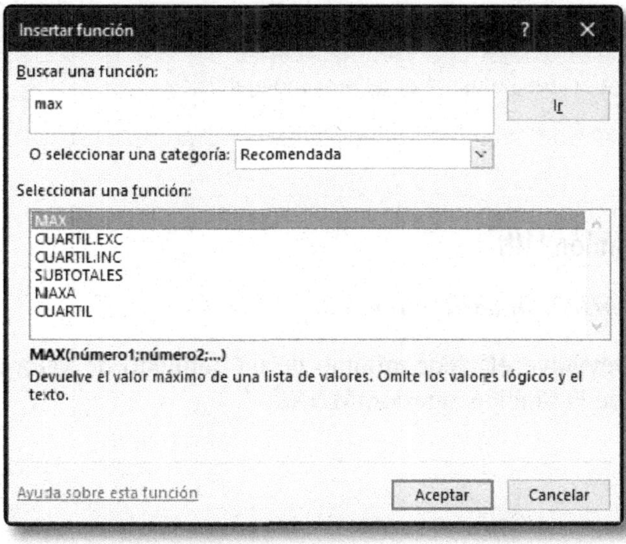

4. En Seleccionar una función, clic en **MAX** y luego clic en **Aceptar**.

   Se abre el cuadro de diálogo **Argumentos de función**.

5. Con el argumento Número1 ya activo, seleccione el rango **B3:B10** y clic en **Aceptar**.

   Ahora puede ver el resultado del valor más alto.

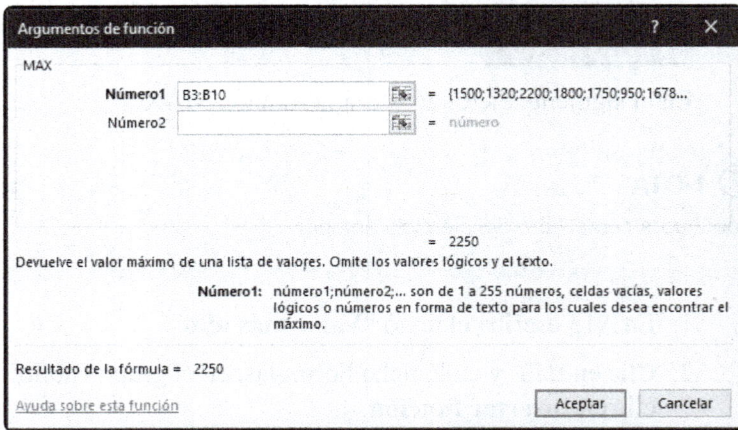

6. Obtenga los resultados para Gastos y Ganancias.

7. Guarde sus cambios.

> **ⓘ NOTA**
>
> No cierre el libro, lo usará en el próximo ejercicio.

3.5.4 Función MIN

=MIN(número1;número2; ...)

Devuelve el valor mínimo de un conjunto de valores. Esto funciona a la inversa que la función anterior, **MAX**.

EJERCICIO

En el siguiente ejercicio usted usará la función **MIN**.

> ⓘ **NOTA**
>
> Continuaremos con el libro del ejercicio anterior.

1. En A14 agregue el texto "**Valor más bajo**".
2. En B14 escriba: **=MIN(B3:B10)** y pulse ***Enter***.
3. Complete los resultados para la columna Gastos y Ganancias.
4. Guarde sus cambios y cierre el libro.

3.5.5 Función CONTAR

=CONTAR(valor1; [valor2],...)

La función CONTAR cuenta la cantidad de celdas que contienen números. Por ejemplo, puede escribir la fórmula **=CONTAR(A1:A20)** para saber cuántas celdas contienen valores numéricos en el rango A1:A20.

> ⓘ **NOTA**
>
> Los argumentos pueden contener o hacer referencia a una variedad de diferentes tipos de datos, pero sólo se cuentan los números.

EJERCICIO

En el siguiente ejercicio un usuario desea saber la cantidad de descargas que se han hecho de su e-book entre las 9 y 11 de la mañana. Se usa el número 1 para indicar la descarga y #N/A para indicar que no se ha descargado nada.

> ⓘ **NOTA**
>
> Abrir el libro **Descargas ebook**.

1. Clic en la celda E7 y escriba lo siguiente: **=CONTAR(**
2. El primer argumento que nos pide es un valor, en este caso, seleccionaremos el rango **C7:C127**.
3. Cierre paréntesis y pulse ***Enter***.

   El total de actividad de descargas fue de 51 en el rango de 9 a 11 de la mañana.

> ⓘ **NOTA**
>
> La función CONTAR solo ha contado los valores numéricos más no el texto #N/A.

4. Guarde con el nombre "**Mis Descargas eBooks**" y cierre el libro.

3.6 ERRORES DE FÓRMULAS

Si está trabajando con muchas fórmulas en sus hojas, lo más probable es que en algún momento aparezca un código de error. Algunos de estos códigos se describen en la siguiente lista:

- **#¡DIV/0!:** Este error aparece cuando se intenta realizar alguna división entre cero o una celda vacía. Por ejemplo, si usted desea realizar la siguiente operación: **=10/0** el resultado será **#¡DIV/0!**
- **#N/A:** Este error es muy común, indica que no está disponible el valor deseado y que la fórmula no podrá mostrar el resultado correcto. Algunos usuarios utilizan la función **NOD** a propósito para indicar que faltan datos (véase el ejercicio de la Función **CONTAR** anteriormente en este capítulo).
- **#¿NOMBRE?:** Este error indica que está mal escrito el nombre de una función, o porque ha incluido el nombre de un rango sin ser todavía creado. Generalmente este traspié es un error de sintaxis. Para poder resolverlo, deberá revisar la fórmula detenidamente.

- **#¡NULO!:** Este error puede aparecer cuando no existe o no se utiliza correctamente los separadores de lista **(,)** o **(;)** de una función (véase "Argumentos de las funciones" anteriormente en este capítulo).
- **#¡NUM!:** Este error indica que algún valor numérico no funciona como argumento en nuestra fórmula. Por ejemplo, si en la celda B3 hay un negativo y desea usar la función RAIZ el resultado es el error **#¡NUM!**, ya que la función raíz no puede operar ante un número negativo, para solucionarlo puede utilizar la siguiente fórmula: **=RAIZ(ABS(-4)).**
- **#¡REF!:** Este error indica que la fórmula presenta una referencia de celda no válida, por ejemplo: **=A1*B1.** Devuelve el error **#¡REF!** si se eliminara la columna **A** o la columna **B**.
- **#¡VALOR!:** Este error aparece cuando no se ha utilizado un argumento correctamente, esto suele suceder cuando ingresa un texto cuando la función pide un número. **=RAIZ("Mary")** Esta función devuelve el error **#¡VALOR!**, ya que la función **RAIZ** pide como argumento un número, sin embargo, en este ejemplo se ha introducido un texto.

EJERCICIO PROPUESTO 2

Abrir el libro "**Hoteles**" y realizar las siguientes acciones:

1. Obtener los totales de todos los trimestres en el rango B10:E10.
2. En H3 obtener los ingresos del primer semestre.
3. En H4 obtener los ingresos del segundo semestre.
4. En H2 obtener el total general de ingresos.
5. Obtener el promedio de ingresos por ciudad en el rango H7:H13.
6. En H16 obtener el ingreso más alto para la central.
7. En H17 obtener el ingreso más bajo para la central.
8. Guarde los cambios y cierre Excel.

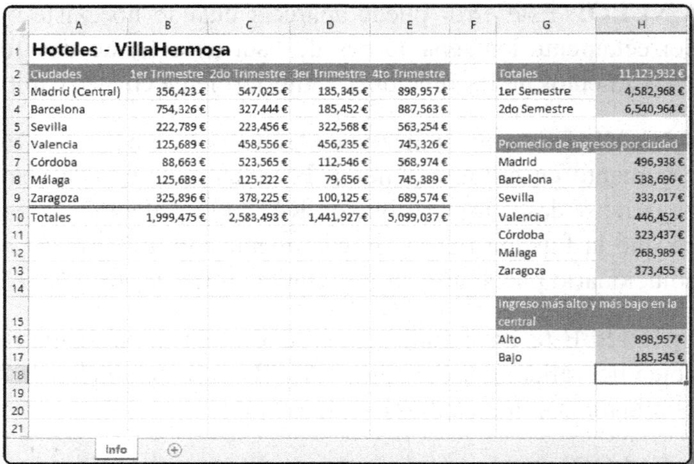

Hoteles - VillaHermosa

Ciudades	1er Trimestre	2do Trimestre	3er Trimestre	4to Trimestre
Madrid (Central)	356,423 €	547,025 €	185,345 €	898,957 €
Barcelona	754,326 €	327,444 €	185,452 €	887,563 €
Sevilla	222,789 €	223,456 €	322,568 €	563,254 €
Valencia	125,689 €	458,556 €	456,235 €	745,326 €
Córdoba	88,663 €	523,565 €	112,546 €	568,974 €
Málaga	125,689 €	125,222 €	79,656 €	745,389 €
Zaragoza	325,896 €	378,225 €	100,125 €	689,574 €
Totales	1,999,475 €	2,583,493 €	1,441,927 €	5,099,037 €

Totales	11,123,932 €
1er Semestre	4,582,968 €
2do Semestre	6,540,964 €

Promedio de ingresos por ciudad	
Madrid	496,938 €
Barcelona	538,696 €
Sevilla	333,017 €
Valencia	446,452 €
Córdoba	323,437 €
Málaga	268,989 €
Zaragoza	373,455 €

Ingreso más alto y más bajo en la central	
Alto	898,957 €
Bajo	185,345 €

Info

EJERCICIO PROPUESTO 3

Abrir el libro "**Alquiler** "y realizar las siguientes acciones:

1. Obtener el total de horas jugadas por cada hora en el rango C13:Q13.
2. Obtener la cantidad de horas jugadas por máquina en el rango S3:S12.
3. Obtener los ingresos por máquina en el rango T3:T12.
4. Obtener el total de ganancia por día en la celda T13.

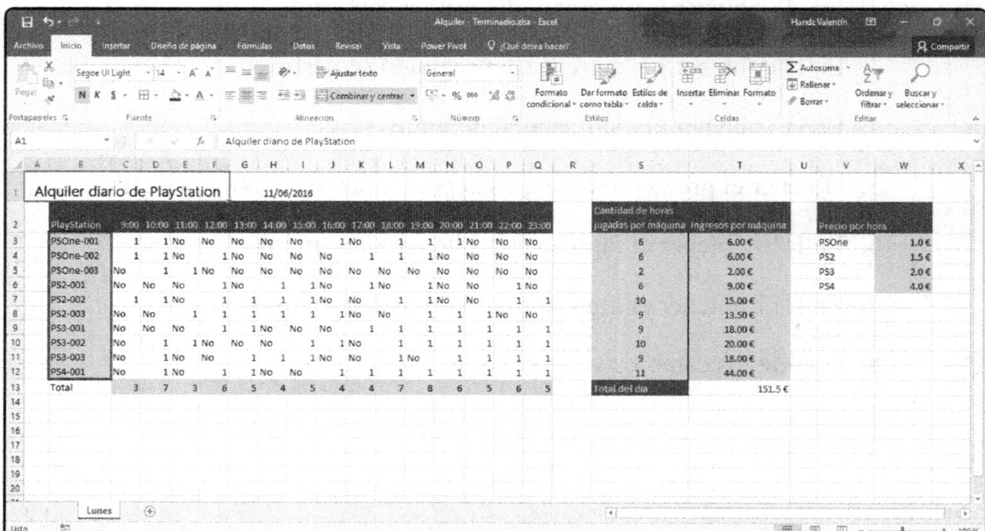

Alquiler diario de PlayStation 11/06/2016

PlayStation	9:00	10:00	11:00	12:00	13:00	14:00	15:00	16:00	17:00	18:00	19:00	20:00	21:00	22:00	23:00
PSOne-001	1	1	No	No	No	No	No	1	No	1	1	1	No	No	No
PSOne-002	1	1	No	1	No	No	No	No	1	1	1	No	No	No	No
PSOne-003	No	1	1	No	No	No	No	No	No	No	No	No	No	No	No
PS2-001	No	No	No	1	No	1	1	No	1	No	1	No	No	1	No
PS2-002	1	1	No	1	1	1	1	No	No	1	1	No	No	1	1
PS2-003	No	No	1	1	1	1	1	1	No	No	1	1	1	No	No
PS3-001	No	No	No	1	1	No	No	No	1	1	1	1	1	1	1
PS3-002	No	1	1	No	No	No	1	1	No	1	1	1	1	1	1
PS3-003	No	1	No	No	1	1	1	No	No	1	No	1	1	1	1
PS4-001	No	1	No	1	1	No	No	1	1	1	1	1	1	1	1
Total	3	7	3	6	5	4	5	4	4	7	8	6	5	6	5

Cantidad de horas jugadas por máquina	Ingresos por máquina
6	6.00 €
6	6.00 €
2	2.00 €
6	9.00 €
10	15.00 €
9	13.50 €
9	18.00 €
10	20.00 €
9	18.00 €
11	44.00 €
Total del día	151.5 €

Precio por hora	
PSOne	1.0 €
PS2	1.5 €
PS3	2.0 €
PS4	4.0 €

Lunes

4

USANDO FUNCIONES QUE CUENTAN Y SUMAN

En este capítulo aprenderá a:

- Usar la función ABS.
- Usar la función MODA.UNO.
- Usar la función RAIZ, PI y NÚMERO.ROMANO.
- Usar las funciones de cuentas.
- Usar las funciones de sumas.

Para completar los ejercicios en este capítulo, necesita los archivos de práctica que se encuentran en la carpeta "Capítulo 4".

4.1 FUNCIÓN ABS

=ABS(número)

Devuelve el valor absoluto de un número. El valor absoluto de un número es el mismo número independientemente de su signo, por lo que siempre será un valor positivo.

Ejemplo:

	A	B
1	Número	Valor absoluto
2	30	30
3	50	50
4	-15	15

suma r. numeros negativos
vamos a anidar 2 formulas
= Suma (abs(rango))

...(A2) que devuelve el valor absoluto ... lda **A3**. En la celda **B4** se obtiene el ... será también 15.

4.2 FUNCIÓN MODA.UNO

=MODA.Uno(número1,número2, ...)

Devuelve el valor que se repite con más frecuencia en un rango de celdas.

Ejemplo:

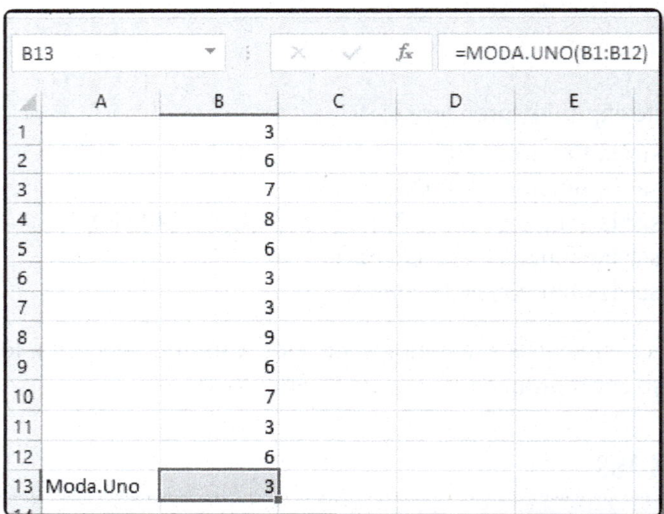

B13 =MODA.UNO(B1:B12)

	A	B	C	D	E
1		3			
2		6			
3		7			
4		8			
5		6			
6		3			
7		3			
8		9			
9		6			
10		7			
11		3			
12		6			
13	Moda.Uno	3			

En la celda **B13** se utiliza la función **=MODA.UNO(B1:B12)** y el resultado es 3. El número tres es el que más se repite en el rango a diferencia de los demás números. Si hay un número menor que se repite la misma cantidad de veces, el resultado no varía.

4.3 FUNCIÓN PI

=PI()

Devuelve el número **3,14159265358979** o la constante matemática **pi,** con una exactitud de 15 dígitos. Esta función no utiliza argumentos.

Ejemplo:

Si escribes la función **=PI( )** obtendrás el número **3,14159265358979**, el cual puede ser redondeado. En el siguiente ejemplo se obtiene el área de un círculo en base a la fórmula: $A = \pi r^2$

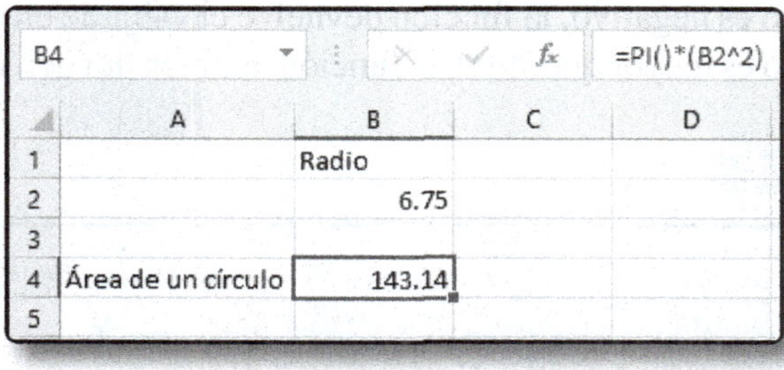

En la celda **B4** se utiliza **=PI()*(B2^2)** para obtener el área de un círculo.

4.4 FUNCIÓN RAIZ

=RAIZ(número)

Devuelve la raíz cuadrada de un número. Si el número es negativo, **RAIZ** devuelve el valor de error **#¡NUM!.**

Ejemplo:

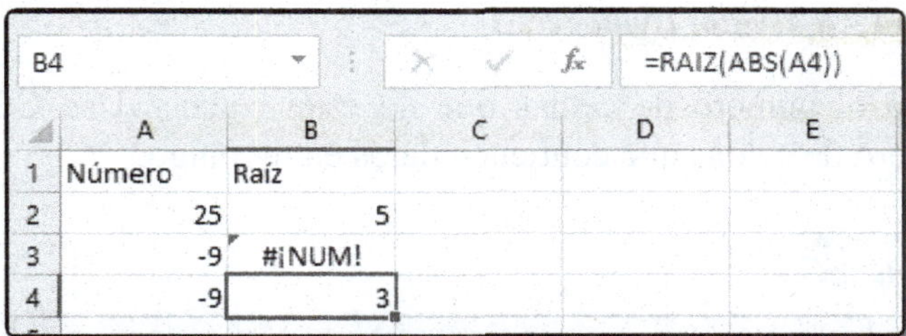

- En la celda **B2** se utiliza la fórmula **=RAIZ(2)** para obtener la raíz cuadrada de 25, el resultado es 5.
- En la celda **B3** el resultado es un error porque es un número negativo (-9).
- En la celda **B4** se obtiene un resultado correcto utilizando la fórmula **=RAIZ(ABS(A4)).** Recuerde que la función ABS convierte el número en positivo.

[illegible]
Que te salga la suma de nº Romanos y si quieres q te ~~salga~~ a suma también el nº negativos
=NUMEROS ROMANOS(suma(abs(trans

4.5 F

nano con formato de texto. Si el argu valor de error **#¡VALOR!** Si el argu bién devuelve el mismo error.

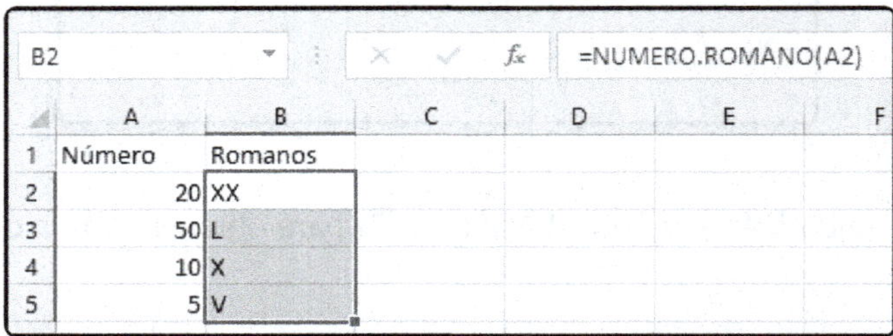

B2 =NUMERO.ROMANO(A2)

	A	B	C	D	E	F
1	Número	Romanos				
2	20	XX				
3	50	L				
4	10	X				
5	5	V				

En el rango **A2:A5** se encuentran algunos números que serán convertidos en romanos en el rango **B2:B5** usando la función **NUMERO.ROMANO(A2).** Use el controlador de relleno para completar las demás celdas.

4.6 FUNCIÓN CONTARA

=CONTARA(valor1,valor2,...)

Cuenta el número de celdas que no están vacías. Use **CONTARA** para contar el número de celdas que contienen datos en un rango.

Ejemplo:

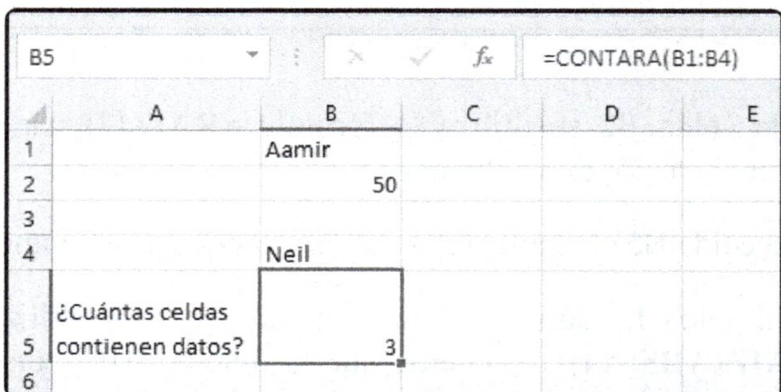

B5 =CONTARA(B1:B4)

	A	B	C	D	E
1		Aamir			
2		50			
3					
4		Neil			
5	¿Cuántas celdas contienen datos?	3			
6					

Usando **=CONTARA(B1:B4),** en la celda **B5** da como resultado 3, ya que esta función reconoce textos, números y cualquier dato introducido en una celda a excepción de celdas en blanco.

4.7 FUNCIÓN CONTAR.BLANCO

=CONTAR.BLANCO(rango)

Cuenta el número de celdas en blanco dentro de un rango.

Ejemplo:

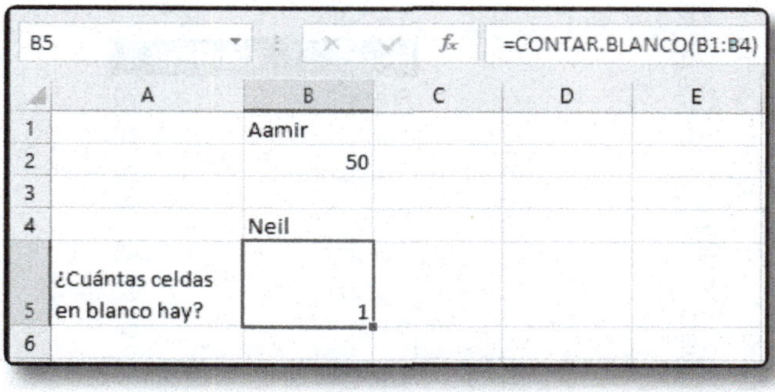

Usando **=CONTAR.BLANCO(B1:B4),** la celda **B5** muestra como resultado 1 ya que solo una celda está vacía. Si en el rango existen dos celdas aparentemente vacías y el resultado sigue siendo 1, es posible que una de las celdas tenga un espacio en blanco al pulsar la barra espaciadora; esta acción contará como un dato agregado a la celda.

4.8 FUNCIÓN CONTAR.SI

=CONTAR.SI(rango,criterio)

Cuenta las celdas dentro del rango que no están en blanco y que cumplen los criterios especificados.

El argumento **rango** es la celda o celdas que se van a contar y deben contener números o textos. Los valores en blanco no se tomarán en cuenta. El argumento **criterio** son las expresiones que se desean contar, por ejemplo, un criterio puede ser *manzanas* o *números mayores a 32*, etc.

> **ⓘ NOTA**
>
> En los criterios se pueden utilizar los caracteres signo de interrogación *(?)* y asterisco *(*)*. El signo de interrogación corresponde a un solo carácter cualquiera y el asterisco equivale a cualquier secuencia de caracteres. Si deseas buscar un signo de interrogación o un asterisco reales, escribe el símbolo *(~)* delante del carácter que deseas buscar.

Ejemplo:

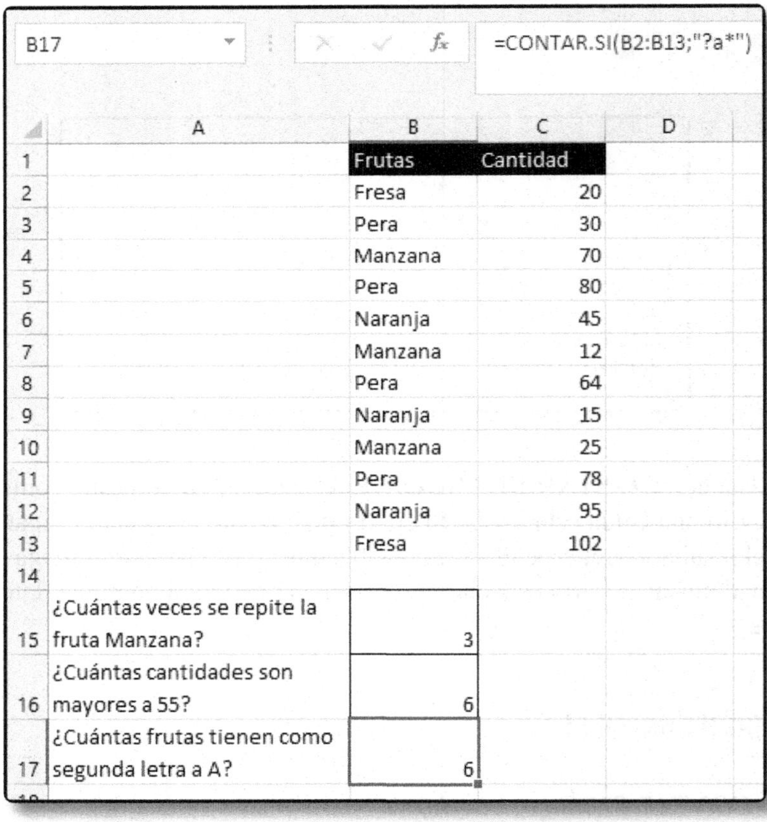

B17 =CONTAR.SI(B2:B13;"?a*")

	A	B	C	D
1		Frutas	Cantidad	
2		Fresa	20	
3		Pera	30	
4		Manzana	70	
5		Pera	80	
6		Naranja	45	
7		Manzana	12	
8		Pera	64	
9		Naranja	15	
10		Manzana	25	
11		Pera	78	
12		Naranja	95	
13		Fresa	102	
14				
15	¿Cuántas veces se repite la fruta Manzana?	3		
16	¿Cuántas cantidades son mayores a 55?	6		
17	¿Cuántas frutas tienen como segunda letra a A?	6		

- En la celda **B15** usará la fórmula **=CONTAR.SI(B2:B13,"Manzana")** para determinar cuántas veces se repite la fruta manzana. El resultado indica que en el rango B2:B13 hay tres veces la fruta manzana.
- En la celda **B16** el resultado es 7 usando **=CONTAR.SI(C2:C13,">55").** El resultado indica que en el rango **C2:C13** existen 7 números mayores a 55.

OJO!! Nota, para formula =CONTAR.SI.CONJUNTO =SUMAR.SI.CONJUNTO.
En los criterios, hay que escribirlos con las comillas y las tildes. Si no NO LO COGE

... **ONTAR.SI(B2:B13;"?a*").**
... 13 existen 5 palabras cuya
...).

4.9 FU...

=CONTAR.SI.CONJUNTO(rango_criterios1,criterio1,[rango_criterios2], [criterio2])

A diferencia de la función **CONTAR.SI** donde existe un solo argumento para criterio, en **CONTAR.SI.CONJUNTO** tienes hasta 255 nuevos rangos para seleccionar y 255 criterios que usar. Esta función es muy útil cuando trabaja con tablas más extensas y necesita realizar consultas entre varias columnas.

Ejemplo:

	A	B	C
1		Frutas	Cantidad
2		Fresa	20
3		Pera	30
4		Manzana	70
5		Pera	80
6		Naranja	45
7		Manzana	12
8		Pera	64
9		Naranja	15
10		Manzana	25
11		Pera	78
12		Naranja	95
13		Fresa	102
14			
15	¿Cuántas veces se repite la fruta Pera que supere las 55 unidades?	3	
16	¿Cuántas frutas tienen como segunda letra a A y son mayores a 50 unidades?	2	

En B15 se pide saber cuántas veces se repite la fruta **Pera** pero que a su vez sean mayores a 55 unidades. Como puede ver, los nombres de las frutas se encuentran en la columna B y las cantidades en la columna C. Puede usar esta fórmula:

=CONTAR.SI.CONJUNTO(B2:B13,"Pera",C2:C13,">55")

CRITERIO, si es palabra hay que ponerlo entre comillas.

de saber cuántas frutas tienen como segunda letra A y son s. Use la siguiente fórmula:

I.CONJUNTO(B2:B13,"?A*",C2:C13,">50")

R.SI

(rango,criterio,rango_suma)

das de un rango que coinciden con el argumento criterio. El las celdas que se desean evaluar, los cuales puede ser números ado, el argumento *rango_suma* son las celdas, con valores sumados si cumplen con el argumento criterio. Cuando no se utiliza el argumento *rango_suma*, entonces el argumento rango será sumado.

Ejemplo:

	A	B	C
1		Frutas	Cantidad
2		Fresa	20
3		Pera	30
4		Manzana	70
5		Pera	80
6		Naranja	45
7		Manzana	12
8		Pera	64
9		Naranja	15
10		Manzana	25
11		Pera	78
12		Naranja	95
13		Fresa	102
14			
15	¿Cuántas unidades se tiene de la fruta "Manzana"?	107	
16	¿Cuál es la suma de las cantidades que son mayores a 55?	489	

Dentro de la celda **B15** el resultado es 107 ya que se está utilizando la fórmula **=SUMAR.SI(B2:B13,"manzana",C2:C13)**. La fórmula solicita que se sumen las cantidades del rango **C2:C13** si en las celdas B2:B13 está la palabra "**Manzana**".

IMPORTANTE
siempre poner simbolos
> MAYOR
< MENOR
] CRITERIO

En la celda **B15** el resultado ...
La fórmula indica que del rango **C2:** ...

4.11 FUNCIÓN SUMAR.SI.CONJUNTO

=SUMAR.SI.CONJUNTO(r ... ***[rango_criterios2],[crterio2])***

A diferencia de la función **S** ... rango de criterios y un criterio, en **SUMAR.SI.CONJUNTO**, tienes hasta 255 nuevos rangos de criterios que seleccionar y 255 criterios que usar. Esta función es muy útil cuando se trabaja con tablas más extensas y necesita realizar consultas entre cada columna.

Ejemplo:

	A	B	C	D
1		Frutas	Cantidad	Fecha de Pedido
2		Fresa	20	01/01/2016
3		Pera	30	10/01/2016
4		Manzana	70	11/02/2016
5		Pera	80	15/02/2016
6		Naranja	45	22/02/2016
7		Manzana	12	24/02/2016
8		Pera	64	26/02/2016
9		Naranja	15	10/03/2016
10		Manzana	25	12/03/2016
11		Pera	78	19/03/2016
12		Naranja	95	22/03/2016
13		Fresa	102	25/03/2016
14				
15	Sumar las cantidades de Manzanas del mes de marzo	25		
16	Sumar las cantidades de Peras del mes de febrero	144		

En B15 se pide sumar las cantidades para Manzanas solo a partir del mes de marzo. Así que puede realizar la siguiente fórmula:

=SUMAR.SI.CONJUNTO(C2:C13,B2:B13,"Manzana",D2:D13,"> 01/03/2016")

El rango **C2:C13** son los datos que se sumarán mientras que el rango B2:B13 contienen los datos que formarán parte del criterio. La expresión "Manzana" es el primer criterio. El rango D2:D13 es el segundo rango de datos que formarán parte del segundo criterio. Y por supuesto, la expresión ">01/03/2016" es el segundo criterio.

En B16 se está usando la siguiente fórmula:

=SUMAR.SI.CONJUNTO(C2:C13,B2:B13,"Pera",D2:D13,">=01/02/2016",D2:D13,"<01/03/2016")

Aquí se pide sumar las cantidades para Pera solo si pertenecen al mes de febrero. Ya sabe que C2:C13 es el rango que sumará, y que B2:B13 es el rango de primer criterio que será "Pera".

Para las fechas, se deben usar dos criterios. D2:D13 es el rango de las fechas y se debe usar dos veces. El criterio que es ">=01/02/2016" y luego "<01/03/2016". ¿Por qué? En primer lugar, febrero empieza desde el 01/02/2016, por ello el mayor o igual; y como febrero en ocasiones tiene año bisiesto y de seguro usted no tiene tiempo para averiguar si el 2016 lo será, entonces se usa <01/03/2016, para que tome los datos que están antes del primero de marzo.

EJERCICIO PROPUESTO 4

En el siguiente ejercicio se desea analizar el desarrollo nutricional de los alumnos del 2° grado de primaria de la sección "C". Abrir el libro "Estaturas" y resuelva las siguientes preguntas:

- ¿Cuál es la estatura promedio de los alumnos?
- ¿Cuál es la estatura media de los alumnos?
- ¿Cuál es la estatura que más se repite?
- ¿Cuál es la estatura mínima y máxima?
- ¿Cuántos alumnos han sido consultados?

1. Obtener los siguientes resultados.
2. Guarde con el nombre "**Mis Estaturas**" y cierre el libro.

EJERCICIO PROPUESTO 5

En el siguiente ejercicio se desea consultar en la celda H5 la cantidad de compras que cada cliente tuvo en los primeros 25 días del mes de marzo del 2013. También se pide saber cuántas veces se ha vendido más de 10 unidades y cuántas veces no se ha vendido nada. Abrir el libro "**VentasPorPedido**" y realice las siguientes acciones:

1. Para la celda H5 use **CONTAR.SI** para obtener la cantidad de veces que un cliente ha hecho un pedido. El nombre del cliente se encuentra en G5.
2. **Sin ventas:** Use **CONTAR.SI** para obtener el número de veces que no se ha vendido nada.
3. **Más de 10:** Use **CONTAR.SI** para obtener el número de veces que se ha vendido más de 10 unidades.
4. **Unidades de los clientes:** Utilice la función **SUMAR.SI** para obtener la cantidad total de unidades por cada cliente.

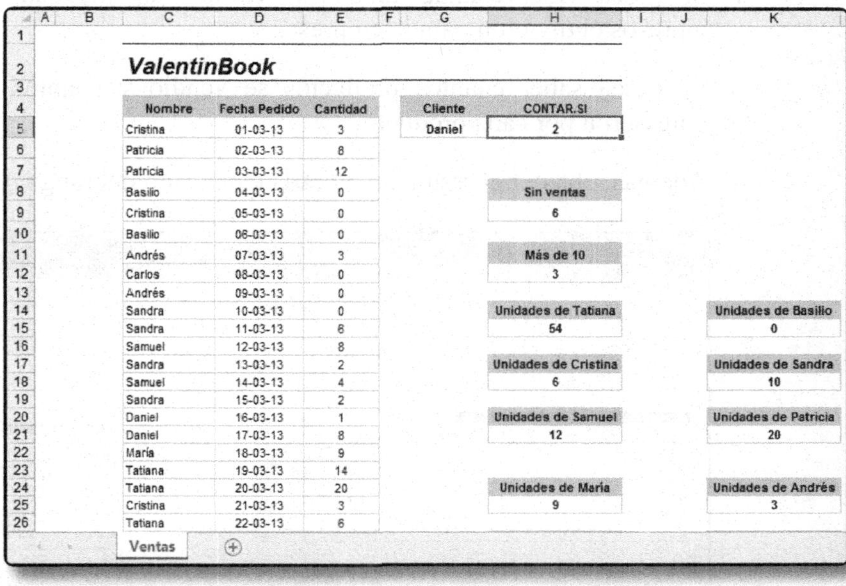

ValentinBook

Nombre	Fecha Pedido	Cantidad
Cristina	01-03-13	3
Patricia	02-03-13	8
Patricia	03-03-13	12
Basilio	04-03-13	0
Cristina	05-03-13	0
Basilio	06-03-13	0
Andrés	07-03-13	3
Carlos	08-03-13	0
Andrés	09-03-13	0
Sandra	10-03-13	0
Sandra	11-03-13	6
Samuel	12-03-13	8
Sandra	13-03-13	2
Samuel	14-03-13	4
Sandra	15-03-13	2
Daniel	16-03-13	1
Daniel	17-03-13	8
María	18-03-13	9
Tatiana	19-03-13	14
Tatiana	20-03-13	20
Cristina	21-03-13	3
Tatiana	22-03-13	6

Cliente	CONTAR.SI
Daniel	2

Sin ventas	Más de 10
6	3

Unidades de Tatiana	Unidades de Cristina	Unidades de Samuel	Unidades de María
54	6	12	9

Unidades de Basilio	Unidades de Sandra	Unidades de Patricia	Unidades de Andrés
0	10	20	3

Ventas

5. Guarde con el nombre "**MisPedidos**" y cierre el libro.

EJERCICIO PROPUESTO 6

En el siguiente ejercicio un canal de televisión desea obtener un resumen trimestral de los ingresos por publicidad en sus dos espacios más competitivos (Noticias y Deportes). Abrir el libro "**CorporaciónTelevisiva**" y realice las siguientes acciones:

1. Para **T1**, **T2**, **T3**, **T4**: Utilice la función **SUMAR.SI** para obtener los resultados de cada trimestre. El criterio se encuentra en la celda B6.
2. Guarde con el nombre "**MiTV**" y cierre el libro.

EJERCICIO PROPUESTO 7

En el siguiente ejercicio una tienda dedicada a vender maquillaje desea saber datos descriptivos de las ventas y unidades a través de sus vendedores. Abrir el libro "**VentaMaquillaje**" y realice las siguientes acciones:

1. Se desea saber cuántas unidades vendió cada trabajador y cuántos ingresos obtuvieron para la empresa.
2. Se desea saber cuántos productos se vendió y cuántos ingresos se obtuvieron por cada producto.
3. Además, obtener el resultado de cada enunciado del rango A16:A26.

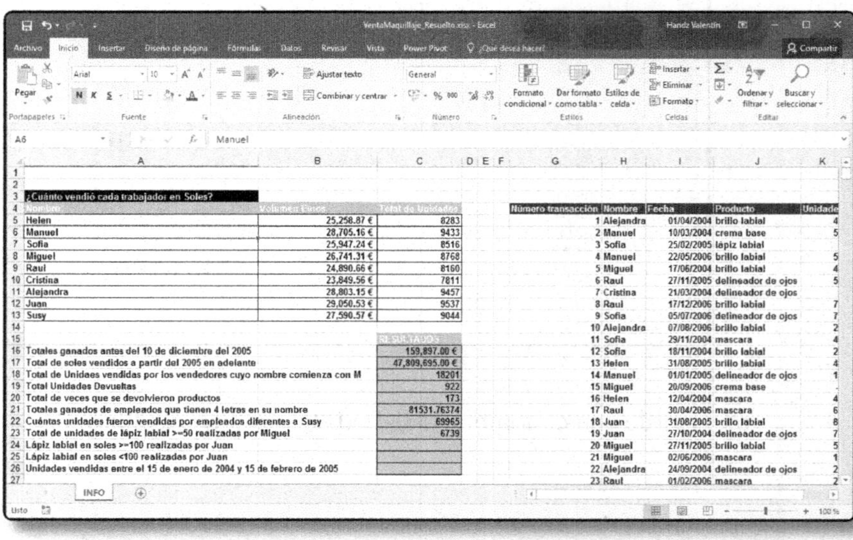

5

FUNCIONES LÓGICAS

En este capítulo aprenderá a:

- Usar la función SI.
- Usar la función SI Anidado.
- Usar la función Y.
- Usar la función O.

Para completar los ejercicios en este capítulo, necesita los archivos de práctica que se encuentran en la carpeta "Capítulo 5".

5.1 FUNCIÓN SI

=SI(prueba_lógica,valor_si_verdadero,valor_si_falso)

Devuelve un valor si la condición especificada es **VERDADERA** y otro valor si es **FALSA**. Utilice **SI** para realizar pruebas condicionales en valores y fórmulas.

El argumento **Prueba_lógica** es cualquier valor o expresión que pueda evaluarse como **VERDADERO** o **FALSO**. Por ejemplo, **A10=100** es una expresión lógica; si el valor de la celda **A10** es igual a 100, la expresión se evalúa como **VERDADERO**, de lo contrario, se evaluará como **FALSO**. Este argumento puede utilizar cualquier operador de comparación.

- **Valor_si_verdadero** es el valor que se devuelve si el argumento **prueba_lógica** es **VERDADERO**.

e devuelve si el argumento **prueba_**

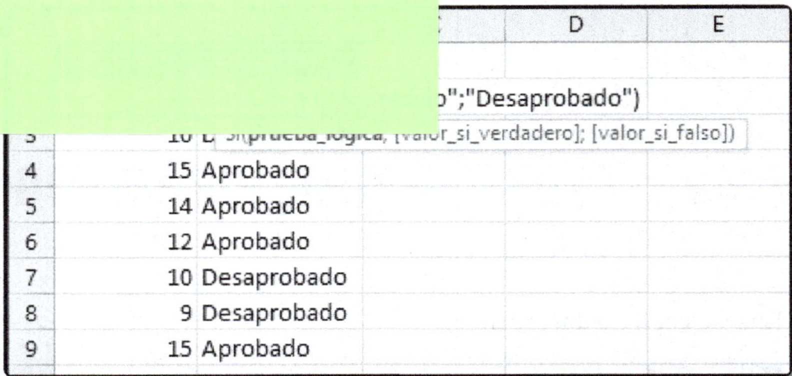

El rango **B2:B9** muestra una serie de resultados usando la siguiente fórmula **=SI(A2>=11,"Aprobado","Desaprobado").** La función indica que si el valor de la celda **A2** es mayor o igual a 11 entonces aparecerá la palabra "**Aprobado**" y si no es así, aparecerá la palabra "**Desaprobado**". La celda **A2** es mayor que 10, por lo que "**Aprobado**" es el resultado. En cambio en la celda A3 el número es menor que 11, por lo que aparece "**Desaprobado**".

5.1.1 Ejemplos con la función SI

EJERCICIO

En el siguiente ejercicio se pondrá en práctica la función **SI**.

> **NOTA**
> Abrir el archivo **FunciónLogica**.

1. Activar la hoja **Alumnos**.

En esta hoja se pide obtener el estado de un alumno. Si el alumno tiene una nota mayor o igual a 11 entonces será aprobado, caso contrario desaprobado.

2. Clic en la celda **C3** y escriba: **=SI(B3>=11,"Aprobado","Desaproba do").**

   En esta fórmula le está preguntando a B3 si contiene un valor mayor o igual a 11, si es así, el resultado verdadero sería el texto **Aprobado**, y el resultado falso sería **Desaprobado**.

3. Pulse **Ctrl** + ***Enter*** y luego use el controlador de relleno para completar la función en las demás celdas.

	A	B	C
1			
2	Alumnos	Promedio de Notas	Estado
3	Juan	15	Aprobado
4	Miguel	16	Aprobado
5	Rosa	10	Desaprobado
6	Lilian	11	Aprobado
7	Marcos	17	Aprobado
8	Julio	19	Aprobado
9	Gilberto	05	Desaprobado
10	Renata	07	Desaprobado

4. Clic en la hoja **Género 1**.

   En esta hoja se pide obtener el estado basado en: Si es **M** significa **Masculino**, caso contrario **Femenino**.

5. Clic en la celda **C3** y escribe: **=SI(B3="M","Masculino","Femenino")**

6. Pulse **Ctrl** + ***Enter*** y use el controlador de relleno para completar los resultados en las demás celdas.

	A	B	C
1			
2	Personas	Género	Estado
3	Juan	M	Masculino
4	Miguel	M	Masculino
5	Rosa	F	Femenino
6	Lilian	F	Femenino
7	Marcos	M	Masculino
8	Julio	M	Masculino
9	Gilberto	M	Masculino
10	Renata	F	Femenino

7. Clic en la hoja **Comisiones**.

   En esta hoja se pide obtener el sueldo más la comisión basado en: Si es **Casado**, recibirá 100 euros más, caso contrario 30 euros más.

8. Clic en la celda **D2**, y escriba: **=SI(B2="Casado",C2+100,C2+30)**

9. Pulse **Ctrl** + ***Enter*** y use el controlador de relleno para completar los resultados en las demás celdas.

	A	B	C	D
1	Personas	Estado Civil	Sueldo	Sueldo + Comisión
2	Juan	Soltero	1500	1530
3	Miguel	Casado	1200	1300
4	Rosa	Casado	1350	1450
5	Lilian	Casado	1600	1700
6	Marcos	Soltero	1800	1830
7	Julio	Soltero	1500	1530
8	Gilberto	Casado	1200	1300
9	Renata	Casado	1000	1100

10. Clic en la hoja **Notas**.

    En esta hoja se pide obtener el promedio de un alumno; si ha pagado su matrícula tendrá nota, caso contrario aparecerá el texto **Sin nota**.

11. Clic en **G3** y agregue: **=SI(F3="Pagó",PROMEDIO(B3:E3),"Sin Nota").**

    En la fórmula le está pidiendo a la función **SI** que busque el texto **Pagó** en la celda F3, si lo encuentra, aparecerá el resultado del promedio de notas, por eso se usa como segundo argumento **PROMEDIO(B3:E3)**. En caso hay un alumno que no ha pagado, aparece el texto "**Sin Nota**".

12. Complete la tabla.

	A	B	C	D	E	F	G
1							
2	Alumnos	Nota 1	Nota 2	Nota 3	Nota 4	Estado Deuda	Promedio Final
3	Juan	15	14	11	16	Pagó	14
4	Miguel	16	17	16	11	No Pagó	Sin Nota
5	Rosa	10	11	13	15	Pagó	12.25
6	Lilian	11	14	11	17	Pagó	13.25
7	Marcos	17	11	11	18	No Pagó	Sin Nota
8	Julio	19	16	18	11	No Pagó	Sin Nota
9	Gilberto	05	10	11	17	No Pagó	Sin Nota
10	Renata	07	11	13	17	Pagó	12

13. Guarde con el nombre "**Mis Funciones Lógicas**" y cierre el libro.

5.1.2 Anidar la función SI

La función SI solo tiene un argumento condicional, sin embargo, muchas veces tendrá que usar más de una condición y por supuesto obtener más de una respuesta verdadera. La solución más fácil es juntar varios **SI** en una fórmula un poco más larga que lo habitual.

EJERCICIO

En el siguiente ejercicio se usará la función SI para obtener resultados basados en varias condiciones lógicas.

> **ⓘ NOTA**
> Abrir el archivo **Si_Anidado.**

1. Activar la hoja **Género 1**.

   En esta hoja se pide que, si es **M** aparezca **Masculino**, **F** es **Femenino** y cualquier otra letra que se escriba en las celdas debe aparecer el texto **No Procede**.

2. En C3 escriba lo siguiente: **=si(B3=”M”,”Masculino”,**

   Hasta ahí solo se ha dicho que, si en B3 se encuentra la letra **M** aparecerá el texto **Masculino**.

3. Continúe la fórmula escribiendo lo siguiente: **si(B3=”F”,”Femenino”,**

   En el argumento valor_si_falso ha agregado un nuevo **SI** para preguntarle a B3 si de casualidad encuentra la letra **F**, entonces aparecerá **Femenino**.

4. Por último escriba: **“No Procede”))**

   Al final debe cerrar un paréntesis para el segundo **SI**, y uno más para el primer **SI**. Su fórmula debe ser igual a lo siguiente:

   =SI(B3=”M”,”Masculino”,SI(B3=”F”,”Femenino”,”No Procede”))

5. Use el controlador de relleno para completar la tabla.

	A	B	C
1			
2	**Personas**	**Género**	**Estado**
3	Juan	M	Masculino
4	Miguel	M	Masculino
5	Rosa	F	Femenino
6	Lilian	F	Femenino
7	Marcos	M	Masculino
8	Julio	H	No Procede
9	Gilberto	M	Masculino
10	Renata	F	Femenino

6. Active la hoja **Estado Civil.** En esta hoja se pide lo siguiente:

   - Si es Soltero será de 1400.
   - Si es Casado será 1800.
   - Si es Viudo será 1700.
   - Si es Divorciado será 1600.
   - Si no existe ninguna de estas opciones, aparecerá una celda en blanco.

7. Clic en **C3** y agregue la siguiente fórmula:

   =SI(B3=”Soltero”,1400,SI(B3=”Casado”,1800,SI(B3=”Viudo”,1700,SI (B3=”Divorciado”,1600,” ”))))

8. Use el controlador de relleno para completar la tabla.

	A	B	C
1			
2	**Personas**	**Estado Civil**	**Sueldo**
3	Juan	Soltero	1400
4	Miguel	Casado	1800
5	Rosa	Viudo	1700
6	Lilian	Divorciado	1600
7	Marcos	Casado	1800
8	Julio	Soltero	1400
9	Gilberto	Soltero	1400
10	Renata	Casado	1800

9. Active la hoja **Goles**.

   En esta hoja se pide obtener el resultado de los encuentros deportivos. Si están empatados aparece el texto **Empate**, si algún equipo gana, aparece el texto **Ganador-[Nombre del equipo]**.

10. En **E3** la fórmula es la siguiente:

    =SI(B3=D3,"Empate",SI(B3>D3,"Ganador"&"-"&A3,SI(D3>B3, "Ganador"&"-"&C3,"")))

11. Use el controlador de relleno para completar la tabla.

	A	B	C	D	E
1					
2	Equipo 1	Goles	Equipo 2	Goles	Resultado
3	Bolivia	3	Ecuador	3	Empate
4	Uruguay	2	Colombia	0	Ganador-Uruguay
5	Venezuela	3	Perú	2	Ganador-Venezuela
6	Paraguay	2	Argentina	5	Ganador-Argentina

12. Guarde el libro con el nombre "**Mi Si_Anidado**" y cierre el libro.

5.2 FUNCIÓN Y

=Y(valor_lógico1,valor_lóg

Devuelve la palabra **Verda**
Falso si uno o más argumentos son

FUNCION Y-Y la
FUNCION O

Resultado es
verdadero y Falso

Ejemplo:

En este ejemplo se pide co ... entrega de sus documentos siempre y cuando esté aprobado y tenga un certificado.

	A	B	C	D	E
1					
2					
3		ESTUDIANTE	CONDICION	DIPLOMA	ENTREGA
4					
5		Hugo, Torres Mancilla	Aprobado	Certificado	VERDADERO
6		Luis, Vera Torres	Desaprobado	Constancia	FALSO
7		Ana, Torres Vivavldi	Aprobado	Constancia	FALSO
8		Jennifer,Peraldo Lopez	Aprobado	Constancia	FALSO
9		Claudia, Torres Esquen	Aprobado	Certificado	VERDADERO
10		Ernesto, Tadeo Galiano	Desaprobado	Certificado	FALSO
11		Rúben, Torrealva Tadeo	Desaprobado	Certificado	FALSO
12		Santos, Vergara Ugaz	Aprobado	Constancia	FALSO
13		Carlos, Lopez Guerra	Desaprobado	Certificado	FALSO
14		Julio, Ccari Guerra	Aprobado	Constancia	FALSO
15		Dayana, Torres Quiroz	Aprobado	Certificado	VERDADERO

Usando la fórmula **=Y(C5="Aprobado",D5="Certificado")** en E5 el resultado es **Verdadero** porque se cumplen ambas condiciones para el estudiante *Hugo*, ya que está aprobado y tiene un certificado, en cambio para *Santos*, aunque está aprobado, este tiene constancia pero no certificado y por ello el resultado es **Falso**.

5.3 FUNCIÓN O

=O(valor_lógico1;valor_lógico2; ...)

Devolverá la palabra **Verdadero** si al menos uno de sus argumentos es verdadero, y la palabra **Falso** si todos los argumentos son falsos.

Ejemplo:

En este ejemplo se pide comprobar si un estudiante podrá recibir la entrega de sus documentos siempre y cuando pueda estar aprobado o al menos tenga un certificado.

Usando la fórmula **=O(I5="Aprobado",J5="Certificado")** en K5 el resultado es **Verdadero** porque al menos se cumple una de las condiciones para el estudiante *Hugo*, ya que, aunque está desaprobado al menos tiene un certificado, en cambio para *Ernesto*, el resultado es **Falso** ya que no está aprobado y ni siquiera tiene el certificado.

	G	H	I	J	K
1					
2					
3		ESTUDIANTE	CONDICION	DIPLOMA	ENTREGA
4					
5		Hugo, Torres Mancilla	Desaprobado	Certificado	VERDADERO
6		Luis, Vera Torres	Desaprobado	Constancia	FALSO
7		Ana, Torres Vivavldi	Aprobado	Constancia	VERDADERO
8		Jennifer,Peraldo Lopez	Aprobado	Constancia	VERDADERO
9		Claudia, Torres Esquen	Aprobado	Certificado	VERDADERO
10		Ernesto, Tadeo Galiano	Desaprobado	Constancia	FALSO
11		Rúben, Torrealva Tadeo	Desaprobado	Constancia	FALSO
12		Santos, Vergara Ugaz	Aprobado	Constancia	VERDADERO
13		Carlos, Lopez Guerra	Desaprobado	Certificado	VERDADERO
14		Julio, Ccari Guerra	Aprobado	Constancia	VERDADERO
15		Dayana, Torres Quiroz	Aprobado	Certificado	VERDADERO

5.4 SUMAR EL TOTAL SI TODOS LOS DATOS ESTÁN COMPLETOS

En el siguiente ejemplo se tiene un informe de los gastos realizados en el periodo 2013 y 2014 y desea obtener un total. Lamentablemente, si no se ha hecho la proyección de alguno de los gastos, entonces aún no debería sumarlos para evitar resultados confusos, por ello va a utilizar una fórmula matricial para resolver este caso.

> ⓘ **NOTA**
>
> Abrir el libro **Gastos** para resolver el ejemplo.

	A	B
1		
2	GASTOS 2013	
3	Publicidad	4500
4	Reta	5430
5	Suministros	3245
6	Salarios	10500
7	Utilidades	500
8	TOTAL	24175
9		
10	GASTOS 2014	
11	Publicidad	4500
12	Reta	5430
13	Suministros	3245
14	Salarios	
15	Utilidades	500
16	TOTAL	

Por ejemplo, para el 2013 todos los gastos ya están agregados así que ya puede usar la función **SUMA** y obtener el total. Aunque podría esperar a que todos los gastos estén correctamente introducidos, puede usar una fórmula para ahorrar tiempo. En B8 use la siguiente fórmula:

=SI(Y(B11:B15>0),SUMA(B11:B15),””)

Sin embargo, si pulsa ***Enter*** aparecerá un error de fórmula. Esto se debe a que usa resultados de rango en la fórmula, y solo las matrices pueden aceptarla. Para resolver esto se debe pulsar **Ctrl+Mayus+*Enter***.

Es necesario utilizar **Y** para obligar a que se cumplan todas las condiciones del **SI**. Si no usa la función **Y**, la fórmula lo tomaría como la función **O** y esta es relativa. La siguiente fórmula en B16 devuelve una celda en blanco porque no se cumple al menos una condición.

=SI(Y(B11:B15>0),SUMA(B11:B15),” “)

EJERCICIO PROPUESTO 8

Abrir el libro **EstadosMaquillaje** y obtenga los siguientes resultados:

1. **Buena Venta**: Si es más de 130 euros aparecerá el texto *Buena Venta*, caso contrario aparecerá solo un guion (-).
2. **Buena Venta (2):** Si son unidades a partir de 40, aparecerá el texto **Buena Venta**, caso contrario aparecerá el texto **Regular**.
3. **Pérdida – Venta:** Si hay devoluciones aparecerá la palabra **Pérdida**, caso contrario aparecerá **Venta**.
4. **Comisiones:** Si las ventas superan los 199 euros, aparecerá 15% de comisión, caso contrario aparecerá el texto *No hay comisión*.

EJERCICIO PROPUESTO 9

Abrir el libro **Alumnos** y utilice los siguientes enunciados para obtener los resultados en el rango **C2:C12**.

PROMEDIO FINAL	CONDICION
0-10	Malo
11-14	Regular
15-17	Bueno
18-20	Excelente
Otros	En blanco

Vea la siguiente imagen como referencia a los resultados.

	A	B	C
1	Alumno	Promedio Final	Condición
2	Hugo, Torres Mancilla	18	Excelente
3	Luis, Vera Torres	10	Malo
4	Ana, Torres Vivavldi	15	Bueno
5	Jennifer,Peraldo Lopez	11	regular
6	Claudia, Torres Esquen	05	Malo
7	Ernesto, Tadeo Galiano	15	Bueno
8	Rúben, Torrealva Tadeo	18	Excelente
9	Santos, Vergara Ugaz	19	Excelente
10	Carlos, Lopez Guerra	14	regular
11	Julio, Ccari Guerra	14	regular
12	Dayana, Torres Quiroz	12	regular

Puede usar la siguiente fórmula:

=SI(Y(B2>0,B2<=10),"Malo",SI(Y(B2>10,B2<=14),"regular",SI(Y(B2>14,B2<=17),"Bueno",SI(Y(B2>17,B2<=20),"Excelente"," "))))

EJERCICIO PROPUESTO 10

Abrir el libro **Plantilla** y lea los enunciados de la hoja para obtener los resultados en las diferentes columnas.

- **AFP:** 12% del Básico solo para Contratados.
- **Dsctol:** 18% de la quinta parte del básico.
- **Dscto2:** 9% del Básico si el área es Almacén, caso contrario 0.
- **Bonl:** 40% del (Básico – suma de descuentos) solo para aquellos que sean Almacén y sean Estables.
- **Bon2:** El 50% del 80% del Básico si es Contratado.
- **Bon3:** El 40% del Básico si el Básico es mayor o igual a 1600 y es del área de Sistemas o Estable.
- **Total descuento:** Suma de todos los descuentos.
- **Total Bonificación:** Suma de todas las bonificaciones.
- **Neto a pagar:** (Total Bonificación – Total Descuento) + Básico.

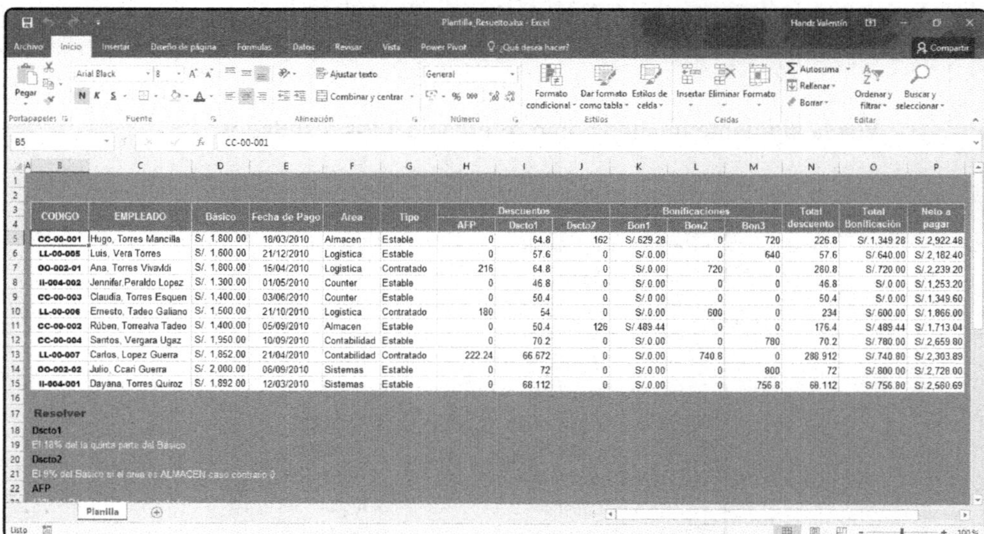

CODIGO	EMPLEADO	Básico	Fecha de Pago	Area	Tipo	Descuentos			Bonificaciones			Total descuento	Total Bonificación	Neto a pagar
						AFP	Dscto1	Dscto2	Bon1	Bon2	Bon3			
CC-00-001	Hugo, Torres Mancilla	S/. 1,800.00	18/03/2010	Almacen	Estable	0	64.8	162	S/.629.28	0	720	226.8	S/.1,349.28	S/.2,922.48
LL-00-005	Luis, Vera Torres	S/. 1,600.00	21/12/2010	Logistica	Estable	0	57.6	0	S/.0.00	0	640	57.6	S/.640.00	S/.2,182.40
OO-002-01	Ana, Torres Vivavldi	S/. 1,800.00	15/04/2010	Logistica	Contratado	216	64.8	0	S/.0.00	720	0	280.8	S/.720.00	S/.2,239.20
II-004-002	Jennifer Peraldo Lopez	S/. 1,300.00	01/05/2010	Counter	Estable	0	46.8	0	S/.0.00	0	0	46.8	S/.0.00	S/.1,253.20
CC-00-003	Claudia, Torres Esquen	S/. 1,400.00	03/06/2010	Counter	Estable	0	50.4	0	S/.0.00	0	0	50.4	S/.0.00	S/.1,349.60
LL-00-006	Ernesto, Tadeo Galiano	S/. 1,500.00	21/10/2010	Logistica	Contratado	180	54	0	S/.0.00	600	0	234	S/.600.00	S/.1,866.00
CC-00-002	Rúben, Torrealva Tadeo	S/. 1,400.00	05/09/2010	Almacen	Estable	0	50.4	126	S/.489.44	0	0	176.4	S/.489.44	S/.1,713.04
CC-00-004	Santos, Vergara Ugaz	S/. 1,950.00	10/09/2010	Contabilidad	Estable	0	70.2	0	S/.0.00	0	780	70.2	S/.780.00	S/.2,659.80
LL-00-007	Carlos, Lopez Guerra	S/. 1,852.00	21/04/2010	Contabilidad	Contratado	222.24	66.672	0	S/.0.00	740.8	0	288.912	S/.740.80	S/.2,303.89
OO-002-02	Julio, Ccari Guerra	S/. 2,000.00	06/09/2010	Sistemas	Estable	0	72	0	S/.0.00	0	800	72	S/.800.00	S/.2,726.00
II-004-001	Dayana, Torres Quiroz	S/. 1,892.00	12/03/2010	Sistemas	Estable	0	68.112	0	S/.0.00	0	756.8	68.112	S/.756.80	S/.2,560.69

Resolver
Dscto1
El 18% del la quinta parte del Básico
Dscto2
El 9% del Basico si el area es ALMACEN caso contrario 0
AFP

6

FUNCIONES DE TEXTO

En este capítulo aprenderá a:

- Usar las funciones MINUSC, MAYUSC y NOMPROPIO.
- Usar las funciones IZQUIERDA y DERECHA.
- Usar las funciones HALLAR y EXTRAE.
- Usar las funciones LARGO y REPETIR.

Para completar los ejercicios en este capítulo, necesita los archivos de práctica que se encuentran en la carpeta "Capítulo 6".

6.1 FUNCIÓN MINUSC

=MINUSC(texto)

Convierte todas las mayúsculas de una cadena de texto en minúsculas.

Ejemplo:

En este ejemplo se pide que los nombres en mayúsculas pasen a minúsculas en una nueva columna.

	A	B
1	Nombres en Mayúsculas	Nombres en Minúsculas
2	HUGO, TORRES MANCILLA	hugo, torres mancilla
3	LUIS, VERA TORRES	luis, vera torres
4	ANA, TORRES VIVAVLDI	ana, torres vivavldi
5	JENNIFER,PERALDO LOPEZ	jennifer,peraldo lopez
6	CLAUDIA, TORRES ESQUEN	claudia, torres esquen
7	ERNESTO, TADEO GALIANO	ernesto, tadeo galiano
8	RÚBEN, TORREALVA TADEO	rúben, torrealva tadeo
9	SANTOS, VERGARA UGAZ	santos, vergara ugaz
10	CARLOS, LOPEZ GUERRA	carlos, lopez guerra
11	JULIO, CCARI GUERRA	julio, ccari guerra
12	DAYANA, TORRES QUIROZ	dayana, torres quiroz

En el ejemplo todos los nombres del rango **A2:A12** están en mayúsculas. Utilizando la función **=MINUSC(A2)** y usando el controlador de relleno se puede convertir todos los nombres a minúsculas.

6.2 FUNCIÓN MAYUSC

=MAYUSC(texto)

Convierte todas las minúsculas de una cadena de texto a mayúsculas.

Ejemplo:

Este ejemplo es lo contrario al anterior. Hay una columna de nombres en minúscula y se pide que en una nueva columna aparezcan en mayúsculas.

	A	B
1	Nombres	Nombres en Mayúsculas
2	hugo, torres mancilla	HUGO, TORRES MANCILLA
3	luis, vera torres	LUIS, VERA TORRES
4	ana, torres vivavldi	ANA, TORRES VIVAVLDI
5	jennifer,peraldo lopez	JENNIFER,PERALDO LOPEZ
6	claudia, torres esquen	CLAUDIA, TORRES ESQUEN
7	ernesto, tadeo galiano	ERNESTO, TADEO GALIANO
8	rúben, torrealva tadeo	RÚBEN, TORREALVA TADEO
9	santos, vergara ugaz	SANTOS, VERGARA UGAZ
10	carlos, lopez guerra	CARLOS, LOPEZ GUERRA
11	julio, ccari guerra	JULIO, CCARI GUERRA
12	dayana, torres quiroz	DAYANA, TORRES QUIROZ

En el ejemplo todos los nombres del rango **A2:A12** están en minúsculas. Utilizando la función **=MAYUSC(A2)** y usando el controlador de relleno puedes convertir todos los nombres a mayúsculas.

6.3 FUNCIÓN NOMPROPIO

=NOMPROPIO(texto)

NOMPROPIO convierte la primera letra de una palabra en mayúscula y deja las demás en minúscula.

Ejemplo:

Se pide convertir los nombres con la primera letra en mayúscula.

	A	B
1	Nombres en Mayúsculas	Nombres Propios
2	hugo, torres mancilla	Hugo, Torres Mancilla
3	luis, vera torres	Luis, Vera Torres
4	ana, torres vivavldi	Ana, Torres Vivavldi
5	jennifer,peraldo lopez	Jennifer,Peraldo Lopez
6	claudia, torres esquen	Claudia, Torres Esquen
7	ernesto, tadeo galiano	Ernesto, Tadeo Galiano
8	rúben, torrealva tadeo	Rúben, Torrealva Tadeo
9	santos, vergara ugaz	Santos, Vergara Ugaz
10	carlos, lopez guerra	Carlos, Lopez Guerra
11	julio, ccari guerra	Julio, Ccari Guerra
12	dayana, torres quiroz	Dayana, Torres Quiroz

Use **=NOMPROPIO(A2)** y arrastre el controlador de relleno hasta **B12**.

6.4 FUNCIÓN IZQUIERDA

=IZQUIERDA(texto;núm_de_caracteres)

IZQUIERDA devuelve el primer carácter o caracteres de una cadena de texto, según el número de caracteres deseados.

- El argumento **Texto** es la cadena de texto que contiene los caracteres que se desea extraer.

- El argumento **Núm_de_caracteres** especifica el número de caracteres que se desea extraer con la función **IZQUIERDA.**

Ejemplo:

En este ejemplo se pide obtener los tres primeros caracteres del nombre de los empleados.

	A	B
1	Nombres en Mayúsculas	Número de caracteres desde la izquierda
2	Hugo, Torres Mancilla	Hug
3	Luis, Vera Torres	Lui
4	Ana, Torres Vivavldi	Ana
5	Jennifer,Peraldo Lopez	Jen
6	Claudia, Torres Esquen	Cla
7	Ernesto, Tadeo Galiano	Ern
8	Rúben, Torrealva Tadeo	Rúb
9	Santos, Vergara Ugaz	San
10	Carlos, Lopez Guerra	Car
11	Julio, Ccari Guerra	Jul
12	Dayana, Torres Quiroz	Day

En el rango B2:B12 el resultado son las tres primeras letras de los nombres del rango A2:A12 usando la fórmula **=IZQUIERDA(A2,3)** en B2.

6.5 FUNCIÓN DERECHA

=DERECHA(texto;núm_de_caracteres)

DERECHA devuelve el último carácter o caracteres de una cadena de texto, según el número de caracteres deseados.

- Donde **Texto** es la cadena de texto que contiene los caracteres que se desea extraer.
- Donde **Núm_de_caracteres** especifica el número de caracteres que se desea extraer con la función **DERECHA.**

Ejemplo:

A diferencia del ejemplo anterior, aquí se pide obtener las últimas tres letras de la cadena de texto.

	A	B
1	Nombres en Mayúsculas	Número de caracteres desde la izquierda
2	Hugo, Torres Mancilla	lla
3	Luis, Vera Torres	res
4	Ana, Torres Vivavldi	ldi
5	Jennifer,Peraldo Lopez	pez
6	Claudia, Torres Esquen	uen
7	Ernesto, Tadeo Galiano	ano
8	Rúben, Torrealva Tadeo	deo
9	Santos, Vergara Ugaz	gaz
10	Carlos, Lopez Guerra	rra
11	Julio, Ccari Guerra	rra
12	Dayana, Torres Quiroz	roz

En la celda B2 el resultado son las 3 últimas letras de los nombres del rango A2:A12 usando la función **=DERECHA(A2,3).**

6.6 FUNCIÓN HALLAR

=HALLAR(texto_buscado,dentro_del_texto,núm_inicial)

HALLAR permite especificar la posición del carácter que desea buscar.

- **Texto_buscado** es el texto que deseas encontrar.
- **Dentro_del_texto** es la cadena de texto completa en la que se basa la búsqueda.
- **Núm_inicial** es la posición del carácter donde desea iniciar la búsqueda.

Ejemplo:

Para obtener la posición de la *coma* en los textos del rango A2:A12, se usó la fórmula **=HALLAR(",",A2,1)** en B2.

	A	B
1	Nombres en Mayúsculas	Posición de la coma
2	Hugo, Torres Mancilla	5
3	Luis, Vera Torres	5
4	Ana, Torres Vivavldi	4
5	Jennifer,Peraldo Lopez	9
6	Claudia, Torres Esquen	8
7	Ernesto, Tadeo Galiano	8
8	Rúben, Torrealva Tadeo	6
9	Santos, Vergara Ugaz	7
10	Carlos, Lopez Guerra	7
11	Julio, Ccari Guerra	6
12	Dayana, Torres Quiroz	7

6.7 FUNCIÓN LARGO

=LARGO(texto)

LARGO devuelve el número de caracteres de una cadena de texto.

Ejemplo:

Basado en la columna A, se pide saber cuál es la longitud de caracteres en cada celda.

	A	B
1	Nombres en Mayúsculas	Número de caracteres
2	Hugo, Torres Mancilla	21
3	Luis, Vera Torres	17
4	Ana, Torres Vivavldi	20
5	Jennifer,Peraldo Lopez	22
6	Claudia, Torres Esquen	22
7	Ernesto, Tadeo Galiano	22
8	Rúben, Torrealva Tadeo	22
9	Santos, Vergara Ugaz	20
10	Carlos, Lopez Guerra	20
11	Julio, Ccari Guerra	19
12	Dayana, Torres Quiroz	21

Usando **=LARGO(A2)** y arrastrando el controlador de relleno, el rango **B2:B12** muestra el número de caracteres que hay en cada celda del rango A2:A12.

> ⓘ **NOTA**
>
> Los espacios en blanco al pulsar la ***barra espaciadora*** también se cuentan como caracteres.

6.8 FUNCIÓN EXTRAE

=EXTRAE (texto,posición_inicial,núm_de_caracteres)

EXTRAE nos ayuda a extraer caracteres que pertenecen a una cadena de texto. Lo único que se debe proporcionar es el número de caracteres que se desea extraer y su punto de inicio dentro de la cadena de texto.

- El argumento **Texto** es la cadena de texto que contiene los caracteres que se desean extraer.
- **Posición_inicial** es el número de posición que ocupa el primer carácter que desea extraer. El primer carácter del Texto tiene siempre la posición número 1.
- **Núm_de_caracteres** es el número de caracteres que se van a extraer del Texto a partir de la posición inicial.

Ejemplo:

Para extraer solo la coma de los textos que están en el rango A2:A12 se utilizó la siguiente fórmula en B2: **=EXTRAE(",",1,1)**.

	A	B
1	Nombres en Mayúsculas	Extraer la coma
2	Hugo, Torres Mancilla	,
3	Luis, Vera Torres	,
4	Ana, Torres Vivavldi	,
5	Jennifer,Peraldo Lopez	,
6	Claudia, Torres Esquen	,
7	Ernesto, Tadeo Galiano	,
8	Rúben, Torrealva Tadeo	,
9	Santos, Vergara Ugaz	,
10	Carlos, Lopez Guerra	,
11	Julio, Ccari Guerra	,
12	Dayana, Torres Quiroz	,

El primer argumento es la **coma** que va entre comillas (**“,”**) por ser un texto. Después debe agregar la posición inicial, en este caso es 1 ya que se pide que busque desde la primera letra de la cadena de texto. El último argumento también es 1 porque se pide extraer solo una letra o carácter.

6.9 FUNCIÓN REPETIR

=REPETIR(texto, número_de_veces)

Repite el texto un número determinado de veces.

6.9.1 Crear una mini gráfica con Repetir

Esta técnica usando la función **REPETIR** permite crear *minigráficos* directamente en sus celdas. En la siguiente imagen, se tiene una tabla de encuesta sobre qué versión de Windows utilizan las diversas personas, ya sean Jóvenes, Profesores o Profesionales de TI. En la tabla se encuestan por Windows 7, Windows 8 y Windows 10.

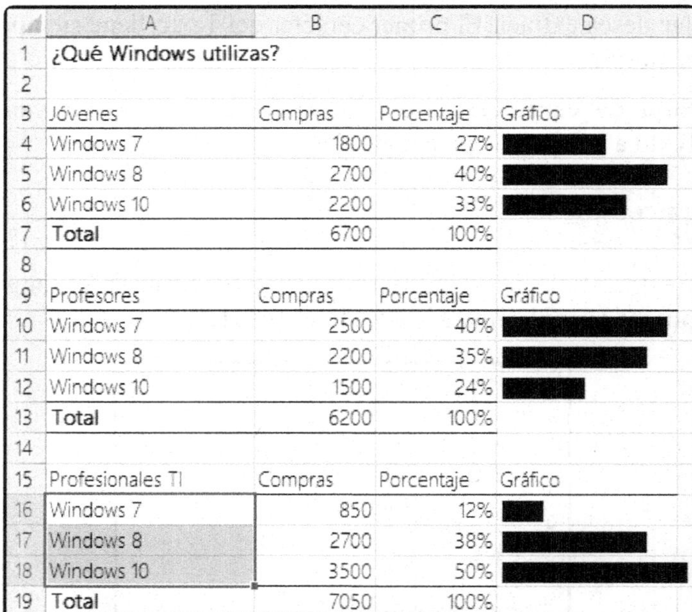

	A	B	C	D
1	¿Qué Windows utilizas?			
2				
3	Jóvenes	Compras	Porcentaje	Gráfico
4	Windows 7	1800	27%	
5	Windows 8	2700	40%	
6	Windows 10	2200	33%	
7	**Total**	6700	100%	
8				
9	Profesores	Compras	Porcentaje	Gráfico
10	Windows 7	2500	40%	
11	Windows 8	2200	35%	
12	Windows 10	1500	24%	
13	**Total**	6200	100%	
14				
15	Profesionales TI	Compras	Porcentaje	Gráfico
16	Windows 7	850	12%	
17	Windows 8	2700	38%	
18	Windows 10	3500	50%	
19	**Total**	7050	100%	

> ⓘ **NOTA**
>
> Desde la versión 2010, Excel permite crear minigráficas sin necesidad de usar la función REPETIR. Encuentre las minigráficas en la ficha Insertar, dentro del grupo Minigráficos.

La fórmula **=REPETIR("I",C4*100)** permite obtener una barra que se repite cierta cantidad de veces en la celda C4. C4 es multiplicado por 100 para obtener un número entero y no un porcentaje.

La fórmula **=REPETIR("g",(C4*100)/5)** utiliza "g" como texto. Sin embargo, utilizando la fuente **Webdings** el texto se convierte en un cuadro negro que al repetir da la vista de un gráfico de barras horizontal.

> **ⓘ NOTA**
>
> La expresión ***(C4*100)/5*** se ha dividido entre cinco para acortar las barras, haciéndolas más compactas a la celda.

EJERCICIO PROPUESTO 11

Abrir el libro **ParticipantesCódigo** y realice las siguientes acciones:

1. En la hoja **Participantes**, obtenga el código del trabajador con las dos primeras letras del apellido paterno, las dos últimas letras del apellido materno y la edad.
   Su cuadro debe quedar como la siguiente imagen:

	A	B	C	D	E
1	Código	Nombres	Apellido P.	Apellido M	Edad
2	Tola21	Hugo	Torres	Mancilla	21
3	Vees2	Luis	Vera	Torres	2
4	Todi32	Ana	Torres	Vivavldi	32
5	Peez35	Jennifer	Peraldo	Lopez	35
6	Toen22	Claudia	Torres	Esquen	22
7	Tano37	Ernesto	Tadeo	Galiano	37
8	Toeo26	Rúben	Torrealva	Tadeo	26
9	Veaz27	Santos	Vergara	Ugaz	27
10	Lora25	Carlos	Lopez	Guerra	25
11	Ccra28	Julio	Ccari	Guerra	28
12	Tooz32	Dayana	Torres	Quiroz	32

   Puede usar la siguiente fórmula en A2 para obtener su resultado:
   =IZQUIERDA(C2,2)&DERECHA(D2,2)&E2

> **ⓘ NOTA**
>
> Use el símbolo ***ampersand (&)*** o conocida como la "Y" comercial para anidar las funciones y celdas.

2. Active la hoja **Código Mayús** y obtenga el código del trabajador con las dos primeras letras del apellido paterno, las dos últimas letras del apellido materno y la edad, todo en mayúscula.

	A	B	C	D	E
1	Código	Nombres	Apellido P.	Apellido M	Edad
2	TOLA21	Hugo	Torres	Mancilla	21
3	VEES2	Luis	Vera	Torres	2
4	TODI32	Ana	Torres	Vivavldi	32
5	PEEZ35	Jennifer	Peraldo	Lopez	35
6	TOEN22	Claudia	Torres	Esquen	22
7	TANO37	Ernesto	Tadeo	Galiano	37
8	TOEO26	Rúben	Torrealva	Tadeo	26
9	VEAZ27	Santos	Vergara	Ugaz	27
10	LORA25	Carlos	Lopez	Guerra	25
11	CCRA28	Julio	Ccari	Guerra	28
12	TOOZ32	Dayana	Torres	Quiroz	32

Puede usar la siguiente fórmula en A2 para obtener el código en mayúsculas:

=MAYUSC(IZQUIERDA(C2,2)&DERECHA(D2,2)&E2)

3. Active la hoja **Fecha Nac**, y obtenga los dos primeros caracteres del apellido paterno, los dos primeros caracteres del apellido materno y los dos últimos caracteres de la fecha de nacimiento.

	A	B	C	D	E
1	Código	Nombres	Apellido P.	Apellido M	Fecha de Nac
2	ToMa92	Hugo	Torres	Mancilla	01/03/1992
3	VeTo11	Luis	Vera	Torres	07/05/2011
4	ToVi81	Ana	Torres	Vivavldi	12/11/1981
5	PeLo78	Jennifer	Peraldo	Lopez	09/07/1978
6	ToEs91	Claudia	Torres	Esquen	05/03/1991
7	TaGa76	Ernesto	Tadeo	Galiano	17/02/1976
8	ToTa87	Rúben	Torrealva	Tadeo	22/05/1987
9	VeUg86	Santos	Vergara	Ugaz	08/10/1986
10	LoGu88	Carlos	Lopez	Guerra	12/12/1988
11	CcGu85	Julio	Ccari	Guerra	10/01/1985
12	ToQu81	Dayana	Torres	Quiroz	28/03/1981

Puede usar la fórmula:

=IZQUIERDA(C2,2)&IZQUIERDA(D2,2)&DERECHA(AÑO(E2),2)

4. Active la hoja **Código 2** y obtenga los dos primeros caracteres del apellido paterno, los dos primeros caracteres del apellido materno y los dos últimos caracteres del año.

   Puede usar una fórmula como la siguiente:

   =IZQUIERDA(C2,2)&EXTRAE(C2,HALLAR(" ",C2,1)+1,2)&DERECHA(AÑO(D2),2)

   Los resultados deben verse como la siguiente imagen:

	A	B	C	D
1	Código	Nombres	Apellidos	Fecha de Nac
2	ToMa92	Hugo	Torres Mancilla	01/03/1992
3	VeTo11	Luis	Vera Torres	07/05/2011
4	ToVi81	Ana	Torres Vivavldi	12/11/1981
5	PeLo78	Jennifer	Peraldo Lopez	09/07/1978
6	ToEs91	Claudia	Torres Esquen	05/03/1991
7	TaGa76	Ernesto	Tadeo Galiano	17/02/1976
8	ToTa87	Rúben	Torrealva Tadeo	22/05/1987
9	VeUg86	Santos	Vergara Ugaz	08/10/1986
10	LoGu88	Carlos	Lopez Guerra	12/12/1988
11	CcGu85	Julio	Ccari Guerra	10/01/1985
12	ToQu81	Dayana	Torres Quiroz	28/03/1981

5. Guarde con el nombre "**Mis Códigos**" y cierre el libro.

7

TRABAJAR CON FECHAS Y HORAS

En este capítulo aprenderá a:

- Comprender el manejo de los números de serie.
- Usar las funciones HOY y AHORA.
- Usar las funciones FECHA y FECHANUMERO.
- Usar las funciones MES, DIA, AÑO y DIAS.LAB.

Para completar los ejercicios en este capítulo, necesita los archivos de práctica que se encuentran en la carpeta "Capítulo 7".

7.1 CÓMO TRABAJA EXCEL CON FECHAS Y HORAS

Excel utiliza números de serie para representar fechas y horas específicas. Para obtener un número de serie para una fecha, Excel utiliza el 31 de diciembre de 1899 como un punto de inicio arbitrario y a continuación cuenta el número de días que ha pasado desde entonces. Por ejemplo, el número de serie para la fecha 1 de enero de 1900 es 1; para el 2 de enero de 1900 es 2, y así sucesivamente. La siguiente tabla muestra algunos ejemplos de los números de serie para ciertas fechas.

Número de serie	Fecha
366	31 de diciembre de 1900
31694	09 de octubre de 1986
42369	31 de diciembre de 2015

Para conseguir un número de serie para las horas, Excel expresa tales horas como una fracción decimal de las 24 horas del día para obtener un número entre 0 y 1. El punto de inicio, la medianoche, se le da el valor 0, así que el mediodía, tiene un número de serie de 0.5. La siguiente tabla muestra algunos ejemplos de los números de serie para ciertas horas.

Número de serie	Hora	Número de serie redondeado
0.25	06:00:00 a.m.	0.25
0.375	09:00:00 a.m.	0.38
0.70833	05:00:00 p.m.	0.71
0.99999	11:59:59 p.m.	1

Puede combinar los dos tipos de números de serie si lo necesita. Por ejemplo, 42369.5 representa el mediodía del 31 de diciembre del 2015. La ventaja de usar números de serie de esta forma es que se pueden hacer cálculos con las fechas y horas muy fácilmente.

Una fecha u hora es realmente solo un número, de modo que cualquier operación matemática que puede realizar con un número, también lo puede hacer con una fecha. Esto es invaluable para hojas que dan seguimiento a tiempos de entrega, monitorean cuentas por cobrar o deudas, calculan fechas de descuentos facturadas y mucho más.

7.2 INGRESAR FECHAS Y HORAS

Aunque es verdad que los números de serie hacen más fácil que un ordenador manipule fechas y horas, lastimosamente usted y yo no somos ordenadores. Por ejemplo, el número 41802.70833 no tiene sentido, pero el momento que este número representa (12 de junio de 2014, a las 5:00:00 p.m.) es el inicio del primer partido en el mundial de futbol del 2014. Para buena suerte, Excel se encarga de la conversión entre estos formatos, de modo que no tenga que preocuparse por ello.

Para ingresar una fecha u hora, use cualquiera de los siguientes formatos mostrados en la siguiente tabla.

Formato	Ejemplo
m/d/yyyy	5/13/2015
d-mmm-yy	13-May-2015
d-mmm	13-May (Excel asume el año actual)
mmm-yy	May-15 (Excel asume el primer día del mes)
h:mm:ss AM/PM	10:35:10 p.m.
h:mm AM/PM	10:35 p.m.
h:mm:ss	22:35:10
h:mm	22:35
m/d/y h:mm	5/13/15 22:35

ⓘ **NOTA**

Existen un par de métodos abreviados que le ayudarán a introducir fechas y horas más rápidamente. Para ingresar la fecha actual en una celda, pulse ***Ctrl* + ;** (punto y coma). Para ingresar la hora actual, pulse ***Ctrl* + :** (dos puntos).

La tabla mostrada en este apartado representa los formatos preestablecidos en Excel, pero no es obligatorio seguirlas. Puede sentirse libre para mezclar y combinar estos formatos, siempre que tenga en cuenta las siguientes reglas:

- Puede usar la barra inclinada (/) o el guion (-) como separador de fecha. Y siempre use los dos puntos (:) como separador de horas.
- Puede combinar cualquier formato de fecha y hora, siempre que los separe con un espacio.
- Puede escribir valores de fechas y horas usando letras en mayúsculas o minúsculas. Excel automáticamente ajusta estas letras a su formato estándar.
- Para mostrar horas usando el reloj de 12 horas, incluya **am** (o solo **a**) o **pm** (o solo **p**). Si usted no lo incluye, Excel usa el reloj de 24 horas.

7.3 LOS AÑOS DE DOS DÍGITOS

Escribir años en dos dígitos (como 15 para el 2015 y 99 para 1999) es un problema en Excel porque varias versiones del programa los tratan de formas diferentes. En las versiones desde Excel 97, los años de dos dígitos desde el 00 hasta el 29 son interpretados como los años 2000 al 2029, mientras que el 30 hasta el 99 son interpretados como los años 1930 a 1999. Versiones anteriores trataron los años de dos dígitos desde el 00 hasta el 19 como los años 2000 a 2019, y el 20 hasta el 99 como 1920 a 1999.

Usar un año de dos dígitos como 25 podría causar problemas si esta hoja es cargada en Excel 95 o alguna versión anterior. Otro problema es que podría usar una fecha como 13/5/30 para 13 de mayo del 2030, pero Excel lo tratará como 13 de mayo de 1930.

La solución más sencilla para ambos problemas es siempre usar años de cuatro dígitos para evitar ambigüedad. Alternativamente, puede quitar el segundo problema cambiando el cómo Excel y Windows interpretan los años de dos dígitos. A continuación, podrá cambiar este comportamiento siguiendo estos pasos:

1. Abrir el Panel de control.
   - En Windows 10 y Windows 8 pulse Windows + X y clic en Panel de control.
   - En Windows 7 y Windows Vista, clic en Inicio y seleccione Panel de control.
2. Seleccione **Reloj, idioma y región**.
3. En la subcategoría Región, seleccione el enlace **Cambiar formato de fecha, hora o número**.

   Se abre el cuadro de diálogo Región.
4. En el cuadro de diálogo Región, en la ficha Formatos, clic en **Configuración adicional**.

   Se abre el cuadro de diálogo Personalizar formato.

> **NOTA**
>
> En Windows 7 el cuadro de diálogo se llama Configuración regional y de idioma.

5. Seleccione la ficha Fecha.

6. En el apartado **Los años escritos con dos dígitos se interpretan como años entre**, ajuste el año máximo en el cual los años de dos dígitos son interpretados como una fecha del siglo 21.

   Por ejemplo, si usted no usa fechas antes a 1960, podría cambiar el valor a 2059, esto significa que Excel interpreta los años de dos dígitos como fechas entre 1960 y 2059.

7. Clic en **Aceptar** del cuadro de diálogo Personalizar formato para regresar al cuadro de diálogo **Región**.

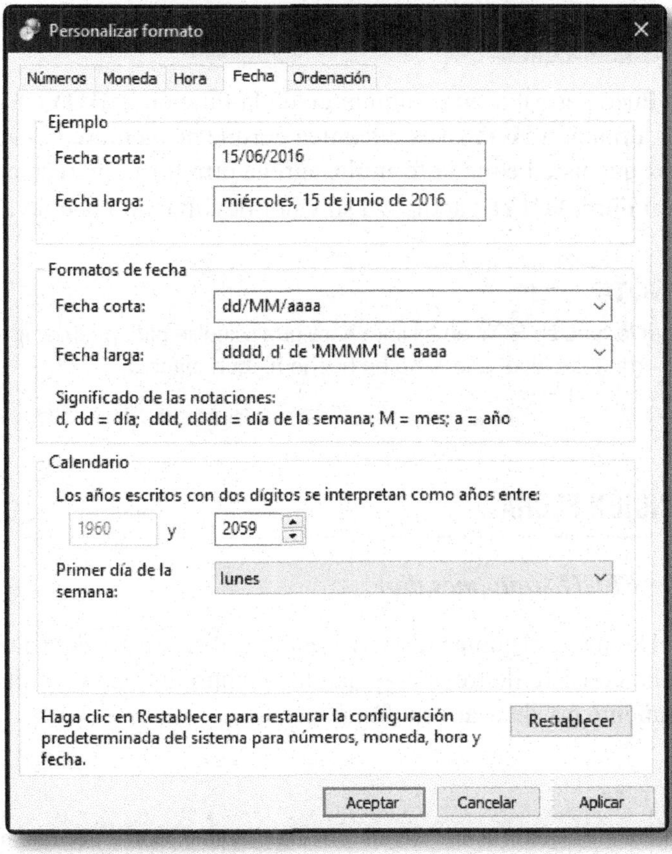

8. Clic en **Aceptar** del cuadro de diálogo Región para que los cambios surtan efecto.

7.4 FUNCIÓN HOY

=HOY( )

Devuelve el número de serie de la fecha actual, asumiendo como inicio la medianoche. Por ejemplo, si hoy es 21 de julio del 2015, la función **HOY( )** -aunque con un formato de dd/mm/aaaa- devolverá 42536.0

> **NOTA**
> Si desea ver el número de serie, cambie el formato de celda a General.

Ejemplo:

Puede escribir en cualquier celda la función: **=HOY( )** y devolverá la fecha actual. La función **HOY( )** es dinámica porque no siempre devuelve el mismo valor. Cada vez que usted edita la fórmula, agrega otra fórmula, recalcula la hoja, o vuelve a abrir su libro, **HOY( )** actualiza su valor devolviendo la nueva fecha actual.

> **NOTA**
> El tener la función HOY en su libro hará que Excel le pida guardar los cambios cada vez que cierra el archivo, aún si no ha hecho ningún cambio.

7.5 FUNCIÓN FECHA

=FECHA(año,mes,día)

Devuelve el número de serie secuencial que representa una fecha determinada. Una fecha consiste de tres componentes: el año, el mes y el día. Para armar fechas correctamente puede usar esta función.

> **NOTA**
> Las inconsistencias sobre fechas en Excel nuevamente se hacen presentes con la función ***FECHA***. Si escribe un año de dos dígitos (o incluso de tres dígitos), Excel convierte el número introducido a un valor de año de 1900. Por lo tanto, si agrega 16 como el argumento ***año*** le dará 1916 más no 2016. Para evitar problemas, siempre use un año de cuatro dígitos cuando utiliza el argumento ***año*** en la función ***FECHA***.

Ejemplo:

En el siguiente ejemplo se estructura una fecha de forma correcta para el día de Navidad del 2016. Se ha usado la expresión: **=FECHA(2016,12,25)**. Dependiendo de los datos agregados a los argumentos **mes** y **día** en la función FECHA, es posible que estos valores se ajusten incorrectamente. Por ejemplo, la siguiente expresión devuelve el número serial para el 1 de enero del 2017.

=FECHA(2016,12,32)

Aquí, la función FECHA agrega un día extra (solo hay 31 días en diciembre) devolviendo la fecha del día siguiente. Otro ejemplo puede ser la siguiente expresión que devuelve el 25 de enero del 2017.

=FECHA(2016,13,25)

7.6 FUNCIÓN FECHANUMERO

=FECHANUMERO(texto_de_fecha)

La función FECHANUMERO convierte una fecha almacenada como texto en un número de serie que Excel reconoce como fecha.

Use el argumento **texto_de_fecha** como referencia a una celda o agregue manualmente los datos usando comillas, por ejemplo: **=FECHANUMERO("22/8/2015")**.

Ejemplo:

Por ejemplo, en A1 se ha introducido un dato que parece ser una fecha, solo que tiene un formato de texto, por lo tanto, Excel no lo reconoce como una fecha válida. Use la expresión **=FECHANUMERO(A1)** para obtener el número de serie que luego podrá ser convertido a un formato de fecha válida.

> **NOTA**
>
> Sea cuidadoso cuando usa la función FECHANUMERO. Una cadena de texto que luce como una fecha en su país podría no ser vista de igual manera en otro país. Por ejemplo, la expresión =FECHANUMERO("22/8/2016") podría funcionar bien en muchos países latinoamericanos debido a su configuración de formato regional, pero en Estados Unidos podría devolver un valor de error ya que buscaría el octavo día del mes 22.

Si importa datos desde alguna base de datos o desde un servicio *online*, a menudo terminan con formatos de fecha que Excel no puede manipular. Un ejemplo común es: 20150513 (YYYYMMDD). Para convertir este valor en una fecha que Excel pueda reconocer, puede usar algunas funciones de texto como **IZQUIERDA**, **EXTRAE** y **DERECHA** (véase capítulo 6: "Funciones de texto"). Si la fecha que no ha sido reconocida está en la celda A1, **=IZQUIERDA(A1,4)** extrae los cuatro primeros caracteres del año, **=EXTRAE(A1,5,2)** extrae los dos caracteres del mes a partir de la posición 5, y por último **=DERECHA(A1,2)** para extraer los dos últimos caracteres para el día.

7.7 FUNCIÓN MES

=MES(núm_de_serie)

Devuelve el mes de una fecha representada por un número de serie. El mes se expresa como número entero comprendido entre 1 (enero) y 12 (diciembre).

El argumento **Núm_de_serie** es la fecha del mes que intenta buscar. Las fechas deben introducirse mediante la función FECHA o como resultado de otras fórmulas o funciones.

Ejemplo:

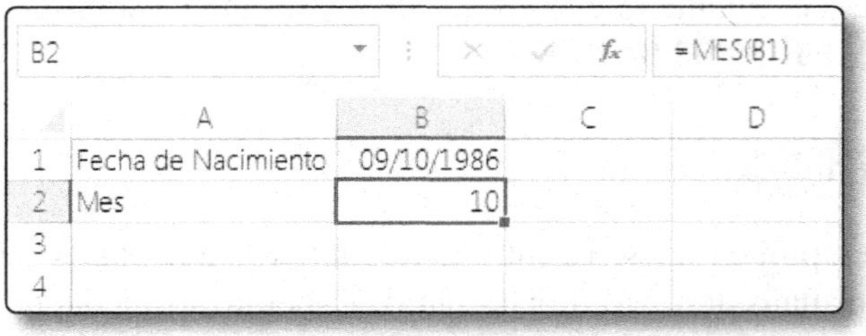

Si en A1 se ha ingresado una fecha como 09/10/1986, use la expresión **=MES(A1)** para obtener 10, esto equivale al mes de octubre.

7.8 FUNCIÓN DIA

=DIA(núm_de_serie)

Devuelve el día de una fecha representada por un número de serie. El día se expresa como un número entero comprendido entre 1 y 31.

Ejemplo:

Si en A1 se ha escrito una fecha como 09/10/1986, use la expresión **=DIA(A1)** para obtener 9.

7.9 FUNCIÓN AÑO

=AÑO(núm_de_serie)

Devuelve el año correspondiente a una fecha. El año se devuelve como número entero comprendido entre 1900 y 9999.

Ejemplo:

Si en A1 se ha ingresado una fecha como 09/10/1986 use la expresión **=AÑO(A1)** para obtener 1986.

7.10 FUNCIÓN DIAS.LAB

=DIAS.LAB(fecha_inicial;fecha_final;festivos)

Devuelve el número de días laborables entre **fecha_inicial** y **fecha_final**. Los días laborables no incluyen los fines de semana ni otras fechas que se identifiquen en el argumento **festivos**.

- **Fecha_inicial** es una fecha que representa la fecha inicial.
- **Fecha_final** es una fecha que representa la fecha final.
- **Festivos** es un rango opcional de una o varias fechas que deben excluirse del calendario laboral, como los días festivos nacionales y locales.

Ejemplo:

E2 =DIAS.LAB(A2;B2;D2:D5)

	A	B	C	D	E
1	Fecha Inicial	Fecha Final	Días	Días Festivos	Días Laborables
2	15/01/2015	15/01/2016	Día del trabajador	01/05/2015	258
3			Día de la Independencia (Perú)	28/07/2015	
4			Navidad	25/12/2015	
5			Víspera año nuevo	31/12/2015	

En este ejemplo se utiliza una fecha inicial desde el 15 de enero del 2015 hasta el 15 de enero del 2016, también puede observar los días festivos con sus respectivas fechas. La expresión **=DIAS.LAB(A2,B2,D2:D5)** devuelve el resultado 259, que significan los días laborables.

7.11 FUNCIÓN AHORA

=AHORA( )

Devuelve el número de serie de la fecha y hora actuales.

Ejemplo:

Pues escribir la función: **=AHORA()** en cualquier celda y obtendrá la fecha y hora actual.

EJERCICIO PROPUESTO 12

Abrir el libro **PlanProyecto** y realizar lo siguiente:

1. En D3 obtener la cantidad de días laborables.
2. Use el controlador de relleno para completar las demás celdas. Su tabla debe quedar parecida a la siguiente imagen:

	A	B	C	D	E	F	G
1	Plan de Proyecto					Días no laborables (U.S.A)	Fechas
2	Fase de Proyecto	Fecha de Inicio	Fecha de Finalización	Días laborables		Día del Presidente	15/02/2016
3	Investigación	01/02/2016	28/02/2016	19		Día de los caídos	30/05/2016
4	Diseño	01/03/2016	19/03/2016	14		Cuatro de Julio	04/07/2016
5	Prueba	20/03/2016	23/04/2016	25			
6	Revisión	24/04/2016	14/05/2016	15			
7	Capacitación	15/05/2016	24/05/2016	7			
8	Implementación	25/05/2016	09/07/2016	31			
9							

3. En D12 obtener el total de días que tiene el proyecto.

	A	B	C	D
10				
11	Proyecto	Fecha de Inicio	Fecha de Finalización	Total de días
12	Sistema de Suscripció	01/02/2016	09/07/2016	159

4. Guarde con el nombre "**Mi Plan**" y cierre el libro.

8

FUNCIONES DE BÚSQUEDA Y REFERENCIA

En este capítulo aprenderá a:

- Usar la función BUSCARV.
- Usar la función BUSCARH.

Para completar los ejercicios en este capítulo, necesita los archivos de práctica que se encuentran en la carpeta "Capítulo 8".

8.1 FUNCIÓN BUSCARV

=BUSCARV(valor_buscado,matriz_buscar_en,indicador_columnas, ordenado)

La función BUSCARV busca un valor dentro de una tabla a través de las columnas (verticalmente) y devuelve el valor correspondiente basado en una columna específica.

> **NOTA**
> La V de BUSCARV significa vertical. Utilice BUSCARV en lugar de BUSCARH si los valores de comparación se encuentran en columnas.

- **Valor_buscado.** Es el valor que se va a buscar en la primera columna de la matriz o tabla.
- **Matriz_buscar_en.** Es el rango completo donde se encuentran los datos. Los valores de la primera columna son los valores que busca el argumento **valor_buscado**. Estos valores pueden ser textos, números o valores lógicos. Las mayúsculas y minúsculas del texto son equivalentes.
- **Indicador_columnas.** Es un número de columna desde la cual debe devolverse el valor coincidente.
- **Ordenado.** Es un valor lógico (**VERDADERO** o **FALSO**) el cual permite la exactitud de la búsqueda.

EJERCICIO

En el siguiente ejercicio aprenderá a utilizar la función BUSCARV para buscar los datos de un empleado utilizando solo su código de empleado.

> **NOTA**
> Abrir el libro **Referencias**.

1. Seleccione el rango A1:G6 y observe el cuadro de nombres, la tabla tiene por nombre **tabla1**.
2. En la celda **B10** ingrese: **=BUSCARV($B$9,TABLA1,2)** y pulse ***Enter***.

   Esta expresión indica que el valor buscado será el valor que esté en la celda **B9**, este valor pertenece a **tabla1**, y la información que se busca es el apellido, y el apellido se encuentra en la columna 2.
3. En B11 escriba**: =BUSCARV($B$9,TABLA1,3)** y pulse ***Enter.***
4. En esta ocasión se busca el nombre del empleado y este se encuentra en la tercera columna.
5. En B12 escriba: **=BUSCARV($B$9,TABLA1,4)**.
6. En B13 escriba: **=BUSCARV($B$9,TABLA1,5)**.
7. En B14 escriba: **=BUSCARV($B$9,TABLA1,6)**.
8. En B15 escriba: **=BUSCARV($B$9,TABLA1,7)**.

9. Clic en la flecha desplegable de la celda **B9** y seleccione alguna de las opciones disponibles para ver cómo sus fórmulas cobran vida.

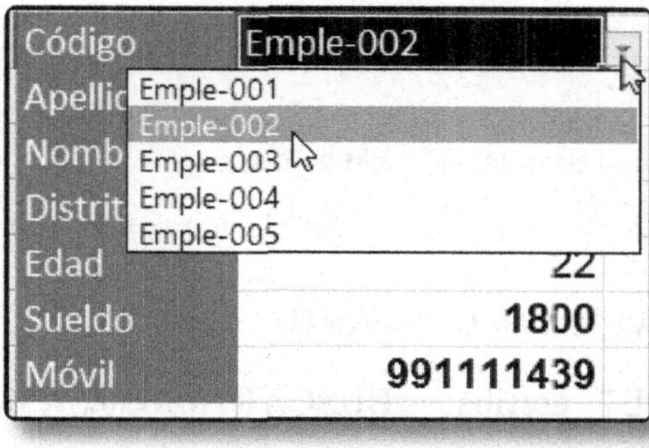

10. Seleccione otros códigos dentro de B9 para probar los resultados.

11. Guarde con el nombre "**Mis Referencias**".

> ⓘ **NOTA**
> No cierre el libro, lo usará en el próximo ejercicio.

8.2 FUNCIÓN BUSCARH

=BUSCARH(valor_buscado,matriz_buscar_en,indicador_filas, ordenado)

La función BUSCARH busca un valor dentro de una tabla a través de las filas (horizontalmente) y devuelve el valor correspondiente basado en una columna específica.

> ⓘ **NOTA**
> La H de BUSCARH significa horizontal. Utilice BUSCARH en lugar de BUSCARV si los valores de comparación se encuentran en filas.

El funcionamiento de los argumentos es idéntico a la función BUSCARV solo que deberá tomar en cuenta las filas pero no las columnas.

EJERCICIO

En el siguiente ejercicio aprenderá a utilizar la función BUSCARH.

> **NOTA**
> Continuará con el libro del ejercicio anterior.

1. Active la hoja **BUSCARH**.
2. En B7 escriba: **=BUSCARH($B$6,$A$1:$E$4,2,FALSO)** y pulse ***Enter***.

   Esta expresión indica que se va a buscar el contenido que está en B6, dentro del rango A1:E4, empezando desde el mes de enero y este se encuentra en la fila 2. **Falso** es para indicar que los valores sean exactos.
3. En B8 escriba: **=BUSCARH($B$6,$A$1:$E$4,3,FALSO)** y pulse ***Enter***.
4. En B9 escriba: **=BUSCARH($B$6,$A$1:$E$4,4,FALSO)** y pulse ***Enter***.
5. Clic en la flecha desplegable de D6 y seleccione **proyecto3.**

   Ahora puede ver los valores de todos los meses solo para el *Proyecto3*.

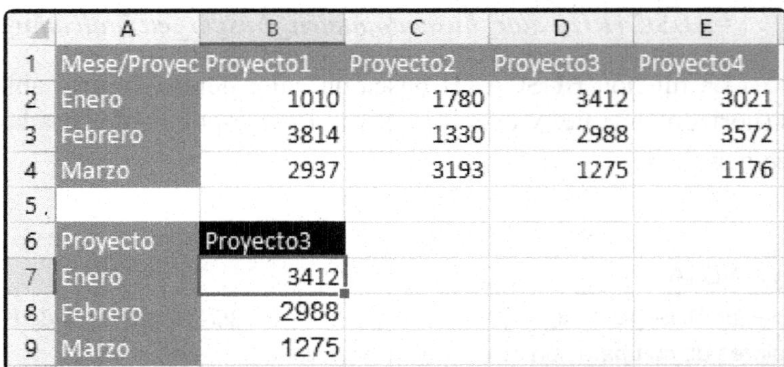

	A	B	C	D	E
1	Mese/Proyec	Proyecto1	Proyecto2	Proyecto3	Proyecto4
2	Enero	1010	1780	3412	3021
3	Febrero	3814	1330	2988	3572
4	Marzo	2937	3193	1275	1176
5					
6	Proyecto	Proyecto3			
7	Enero	3412			
8	Febrero	2988			
9	Marzo	1275			

6. Guarde su libro y cierre Excel.

EJERCICIO PROPUESTO 13

Abrir el libro **SelecciónCódigo** y realice las siguientes acciones:

1. Se pide obtener el nombre y los apellidos de los alumnos en base a su código tal como lo muestra la siguiente imagen.

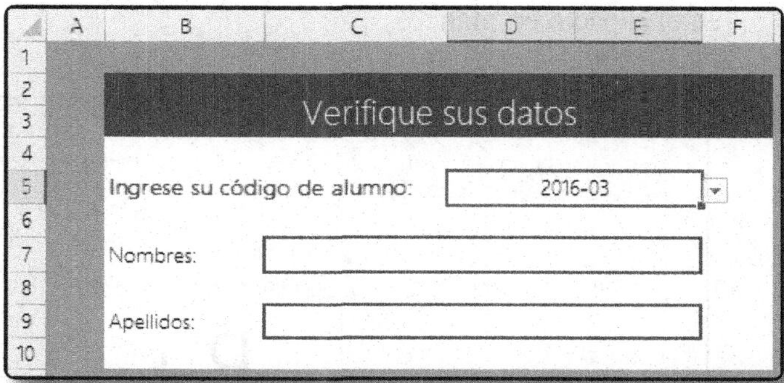

La tabla de datos se encuentra en el rango M3:O18.

Cod-Alumno	Nombres	Apellidos
2016-01	María	González Prada
2016-02	Jesús	Escolar Villa
2016-03	Pilar	Pinilla Gallego
2016-04	María	Jesús Cuesta
2016-05	Patricia	San Juan Tenorio
2016-06	Juan Carlos	Rivas Chávez
2016-07	Humberto	Acevedo Regina
2016-08	Luis	Bonifaz Cleb
2016-09	Francisco	Chaves Valencia
2016-10	Elva Paola	Salvador Chumacero
2016-11	Carmen	Pilco Gonzales
2016-12	Josue Caleb	Perales Cordero
2016-13	Jenny Helly	Espinoza Rivera
2016-14	Julio Cesar	Huillca Challco
2016-15	Maria Luz	Valdivia Salinas

2. Guarde con el nombre "**Mis Códigos**" y cierre el libro.

EJERCICIO PROPUESTO 14

Abrir el archivo **Puntaje** y realice las siguientes acciones:

1. Obtener su calificación en base a la tabla A3:C17.

   Si un usuario coloca en la celda F2 su puntaje, aparecerá su calificación en el espacio en blanco.

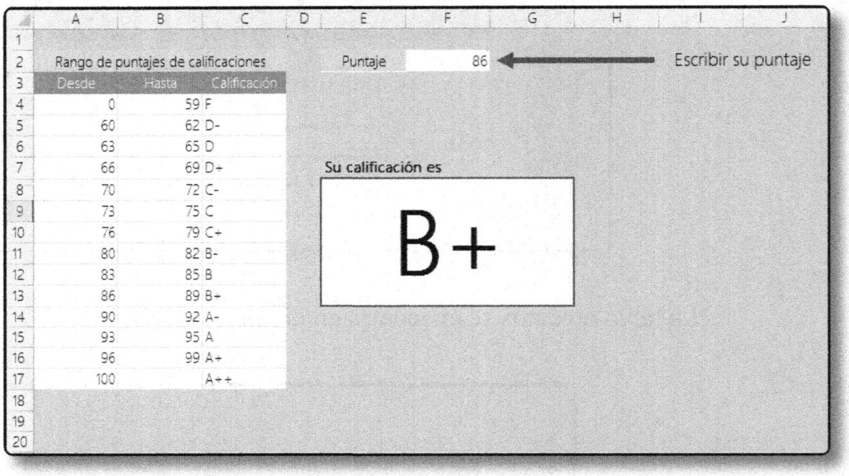

2. Guarde con el nombre "**Mis Puntajes**" y cierre el libro.

9

TRABAJAR CON TABLAS

En este capítulo aprenderá a:

- Comprender el manejo de Tablas.
- Cambiar el estilo de una tabla.
- Trabajar con la segmentación de datos.
- Convertir una tabla en rango.

Para completar los ejercicios en este capítulo, necesita los archivos de práctica que se encuentran en la carpeta "Capítulo 9".

9.1 ¿QUÉ ES UNA TABLA?

Una tabla es solo un rango rectangular de datos estructurados. Las tablas están formadas por columnas al que llamamos **Campos** y por filas a los que llamamos **Registros**.

En realidad, el concepto de tablas no es nada nuevo sabiendo que Excel siempre usó la característica de tablas, aunque con un nombre diferente: **Listas**. Hoy muchos aún usamos las listas en Excel y le aplicamos formatos y demás, pero la verdadera ventaja es cuando conviertes un rango en una tabla "oficial".

> **NOTA**
>
> Si ha utilizado Access podrá adaptarse fácilmente al concepto de tablas.

La siguiente imagen muestra una lista de datos comunes. Como puede observar, esta lista está diseñada como una tabla, posee encabezados en la primera fila que son los campos y luego, a partir de la segunda fila, se muestran todos los registros.

	A	B	C	D	E	F	G	H	I	J
1	Agente	Fecha llegada	Área	Lista Precio	Habitaciones	Baños	Metros	Tipo	Piscina	Ocupado
2	Valentin	40460	Central	199	3	2.5	1510	Departamento	FALSO	FALSO
3	Valentin	40409	Central	214	4	2.5	1862	Familiar Simple	VERDADERO	FALSO
4	Valentin	40296	Central	265	4	3	1905	Familiar Simple	FALSO	FALSO
5	Valentin	40378	Central	268	4	2.5	1911	Familiar Simple	FALSO	FALSO
6	Valentin	40215	Central	273	2	2	1552	Familiar Simple	VERDADERO	VERDADERO
7	Valentin	40391	Central	309	4	3	2800	Familiar Simple	VERDADERO	FALSO
8	Valentin	40193	Central	325	3	2.5	1752	Familiar Simple	FALSO	VERDADERO
9	Olórtegui	40207	Norte	1200	5	5	4696	Familiar Simple	VERDADERO	FALSO
10	Romero	40272	Norte	799	6	5	4800	Familiar Simple	FALSO	FALSO
11	Fernandez	40233	Norte	425	5	3	2414	Familiar Simple	VERDADERO	FALSO
12	Guerra	40292	Norte	405	2	3	2444	Familiar Simple	VERDADERO	VERDADERO
13	Valentin	40289	Sur	208	4	3	2207	Familiar Simple	VERDADERO	VERDADERO
14	García	40261	Norte	398	4	2.5	2620	Familiar Simple	FALSO	FALSO
15	Delgado	40338	Norte	389	4	2	1971	Familiar Simple	FALSO	FALSO
16	García	40407	Norte	389	4	3	3109	Familiar Simple	FALSO	FALSO
17	Valentin	40335	Norte	379	3	2.5	2468	Departamento	FALSO	FALSO
18	Valentin	40217	Norte	379	3	3	2354	Departamento	FALSO	VERDADERO
19	Salcedo	40267	Norte	379	4	3	3000	Familiar Simple	FALSO	VERDADERO
20	López	40355	Sur	208	4	2	1800	Familiar Simple	FALSO	FALSO
21	Huiza	40310	Central	229	4	3	2041	Familiar Simple	FALSO	VERDADERO
22	Huiza	40307	Central	549	4	3	1940	Familiar Simple	VERDADERO	FALSO
23	García	40374	Norte	374	4	3	3927	Familiar Simple	FALSO	FALSO

Lista Inmobiliaria

- Los campos en las tablas representan los nombres de los datos que se va a ingresar. Por ejemplo, puede tener los campos Nombres, Apellidos, DNI, etc. En una tabla, los campos se encuentran en la primera fila. Cuando se crea una tabla, este le preguntará si tiene una fila de encabezados, en caso de no tenerla, Excel creará una por usted.

- Los registros son las entidades dentro de una tabla. Cada registro puede contener información valiosa de un empleado.

A continuación, se muestran los mismos datos de la imagen anterior pero convertidos en una tabla oficial de Excel. Como puede notar, a parte de su diseño, los encabezados presentan una flecha desplegable a la derecha; con este desplegable podrá ordenar y filtrar los datos. Además, aparece una nueva ficha contextual exclusiva para el trabajo con tablas.

	A	B	C	D	E	F	G	H	I	J
1	Agente	Fecha llegada	Área	Lista Precio	Habitaciones	Baños	Metros	Tipo	Piscina	Ocupado
2	Valentin	40460	Central	199	3	2.5	1510	Departamento	FALSO	FALSO
3	Valentin	40409	Central	214	4	2.5	1862	Familiar Simple	VERDADERO	FALSO
4	Valentin	40296	Central	265	4	3	1905	Familiar Simple	FALSO	FALSO
5	Valentin	40378	Central	268	4	2.5	1911	Familiar Simple	FALSO	FALSO
6	Valentin	40215	Central	273	2	2	1552	Familiar Simple	VERDADERO	VERDADERO
7	Valentin	40391	Central	309	4	3	2800	Familiar Simple	VERDADERO	FALSO
8	Valentin	40193	Central	325	3	2.5	1752	Familiar Simple	FALSO	VERDADERO
9	Olórtegui	40207	Norte	1200	5	5	4696	Familiar Simple	VERDADERO	FALSO
10	Romero	40272	Norte	799	6	5	4800	Familiar Simple	FALSO	FALSO
11	Fernandez	40233	Norte	425	5	3	2414	Familiar Simple	VERDADERO	FALSO
12	Guerra	40292	Norte	405	2	3	2444	Familiar Simple	VERDADERO	VERDADERO
13	Valentin	40289	Sur	208	4	3	2207	Familiar Simple	VERDADERO	VERDADERO
14	García	40261	Norte	398	4	2.5	2620	Familiar Simple	FALSO	FALSO
15	Delgado	40338	Norte	389	4	2	1971	Familiar Simple	FALSO	FALSO
16	García	40407	Norte	389	4	3	3109	Familiar Simple	FALSO	FALSO
17	Valentin	40335	Norte	379	3	2.5	2468	Departamento	FALSO	FALSO
18	Valentin	40217	Norte	379	3	3	2354	Departamento	FALSO	VERDADERO
19	Salcedo	40267	Norte	379	4	3	3000	Familiar Simple	FALSO	VERDADERO
20	López	40355	Sur	208	4	2	1800	Familiar Simple	FALSO	FALSO
21	Huiza	40310	Central	229	4	3	2041	Familiar Simple	FALSO	VERDADERO
22	Huiza	40307	Central	549	4	3	1940	Familiar Simple	VERDADERO	FALSO
23	García	40374	Norte	374	4	3	3927	Familiar Simple	FALSO	FALSO

Lista Inmobiliaria

La siguiente lista detalla las diferencias entre una tabla y una lista de datos.

- Cuando hace clic en una celda dentro de su tabla automáticamente aparece la ficha contextual Herramientas de tabla junto a su ficha Diseño.
- Las celdas en la tabla contienen un diseño de color, ya sea para el fondo o para el texto. Puede aplicar otro diseño de ser necesario.
- Todos los encabezados de los campos poseen una flecha desplegable con la cual podrá ordenar y filtrar sus datos.
- Si se desplaza por los registros de la tabla los encabezados de los campos reemplazan los encabezados de columnas (A, B, C…).
- Las tablas tiene la característica de columnas calculadas, insertando una sola fórmula en una columna, automáticamente se transmite la misma fórmula a los demás registros, aún si existen datos en blanco.
- Las tablas admiten referencias estructuradas, en lugar de usar los famosos **=A1+B1**, puede usar nombres de tablas o nombres de los campos (encabezados de columna) como por ejemplo **=[Precios]*[Día]**.
- En la esquina inferior izquierda de la tabla encontrará un pequeño control que permite ampliar el tamaño de la tabla simplemente haciendo un clic y arrastrando.
- Excel rápidamente puede eliminar registros duplicados.

- Seleccionar filas y columnas en una tabla es muy sencillo: simplemente haciendo clic encima del nombre de campo o al extremo izquierdo del primer registro.

9.2 CREAR UNA TABLA

Cuando se crean tablas se debe comenzar con una lista de datos ya estructurados, sin embargo, también puede crear tablas sin tener ningún dato y rellenarlo después. Antes de crear una tabla debe asegurarse que no haya filas ni columnas vacías.

Para crear una tabla:

1. Clic en alguna celda dentro de la tabla.
2. Clic en la ficha **Insertar**, y en el grupo **Tablas**, clic en el botón **Tabla**.
3. Dentro del cuadro de diálogo Crear tabla realice alguna de estas acciones:
   - Si la tabla tiene encabezados, active la casilla **La tabla tiene encabezados**.
   - Si la tabla no tiene encabezados, desactive la casilla **La tabla tiene encabezados**.

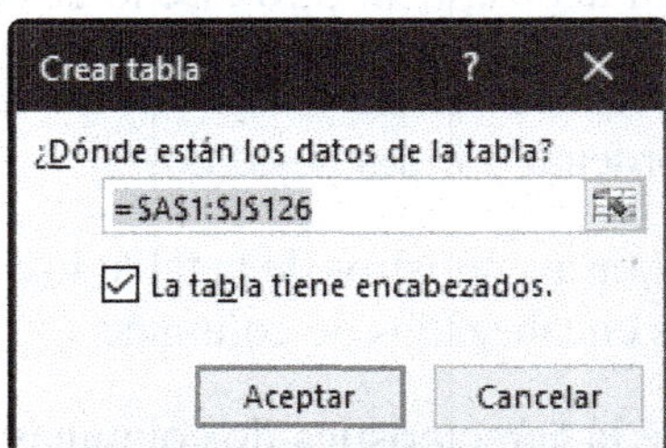

4. Clic en **Aceptar** del cuadro de diálogo Crear tabla.

EJERCICIO

En el siguiente ejercicio aprenderá a crear una tabla.

> **NOTA**
>
> Abrir el libro **Lista Inmobiliaria**.

1. Clic en cualquier celda que se encuentre dentro de la lista de datos.
2. Clic en la ficha **Insertar** y en el grupo Tablas, clic en el botón **Tabla**.

   Cuando hace clic en el botón Tabla aparece el cuadro de diálogo **Crear tabla**. Dentro del cuadro de diálogo Crear tabla se encuentra seleccionado por defecto todo el rango de la lista de datos que será convertido en tabla. Note que aparecen líneas discontinuas rodeando la lista de datos.

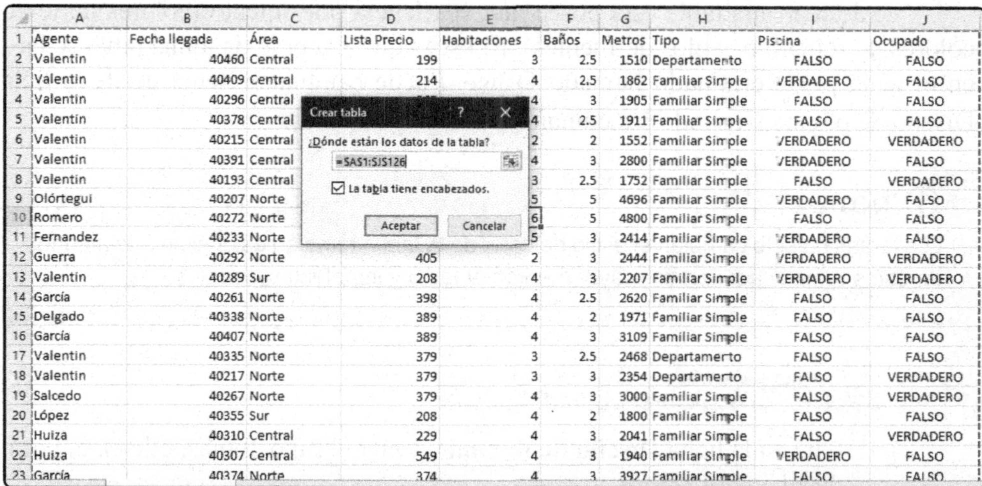

	A	B	C	D	E	F	G	H	I	J
1	Agente	Fecha llegada	Área	Lista Precio	Habitaciones	Baños	Metros	Tipo	Piscina	Ocupado
2	Valentin	40460	Central	199	3	2.5	1510	Departamento	FALSO	FALSO
3	Valentin	40409	Central	214	4	2.5	1862	Familiar Simple	VERDADERO	FALSO
4	Valentin	40296	Central		4	3	1905	Familiar Simple	FALSO	FALSO
5	Valentin	40378	Central		4	2.5	1911	Familiar Simple	FALSO	FALSO
6	Valentin	40215	Central		2	2	1552	Familiar Simple	VERDADERO	VERDADERO
7	Valentin	40391	Central		4	3	2800	Familiar Simple	VERDADERO	FALSO
8	Valentin	40193	Central		3	2.5	1752	Familiar Simple	FALSO	VERDADERO
9	Olórtegui	40207	Norte		5	5	4696	Familiar Simple	VERDADERO	FALSO
10	Romero	40272	Norte		6	5	4800	Familiar Simple	FALSO	FALSO
11	Fernandez	40233	Norte		5	3	2414	Familiar Simple	VERDADERO	FALSO
12	Guerra	40292	Norte	405	2	3	2444	Familiar Simple	VERDADERO	VERDADERO
13	Valentin	40289	Sur	208	4	3	2207	Familiar Simple	VERDADERO	VERDADERO
14	García	40261	Norte	398	4	2.5	2620	Familiar Simple	FALSO	FALSO
15	Delgado	40338	Norte	389	4	2	1971	Familiar Simple	FALSO	FALSO
16	García	40407	Norte	389	4	3	3109	Familiar Simple	FALSO	FALSO
17	Valentin	40335	Norte	379	3	2.5	2468	Departamento	FALSO	FALSO
18	Valentin	40217	Norte	379	3	3	2354	Departamento	FALSO	VERDADERO
19	Salcedo	40267	Norte	379	4	3	3000	Familiar Simple	FALSO	VERDADERO
20	López	40355	Sur	208	4	2	1800	Familiar Simple	FALSO	FALSO
21	Huiza	40310	Central	229	4	3	2041	Familiar Simple	FALSO	VERDADERO
22	Huiza	40307	Central	549	4	3	1940	Familiar Simple	VERDADERO	FALSO
23	García	40374	Norte	374	4	3	3927	Familiar Simple	FALSO	FALSO

3. Verifique que en el campo **¿Dónde están los datos de la tabla?** se muestre el rango de datos correcto, debe ser **=$A$1:$J$126**.

> ⓘ **NOTA**
>
> Si el rango de datos no fuese el correcto, puede hacer clic en el botón ubicado a la derecha del campo y seleccionar el rango manualmente.

4. Verifique que la casilla **La tabla tiene encabezados** esté activa.
5. Clic en **Aceptar** del cuadro de diálogo Crear tabla.

   Acaba de crear una nueva tabla y posee un formato predefinido. Note también que aparece la ficha contextual **Herramientas de Tabla** y su ficha **Diseño**.

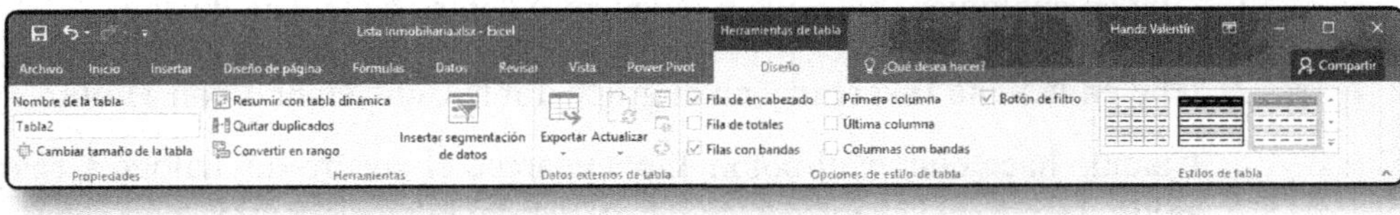

9.3 CAMBIAR EL LOOK DE UNA TABLA

Al crear una tabla esta posee una apariencia por defecto (colores de texto, colores de relleno o estilos de fuentes). El estilo que Excel le da a una tabla se basa en el tema predeterminado llamado **Office**. Puede cambiar el tema desde la ficha Diseño de página y usando los comandos del grupo Temas.

> ⓘ **NOTA**
>
> Los temas no solo cambian el estilo de color de la tabla, también es posible que algunos de estos temas cambien en mayor medida el texto y los efectos visuales.

Para cambiar el Tema de Excel:

1. Clic en la ficha **Diseño de páginas**, y en el grupo Temas, clic en el botón desplegable **Temas**.
2. De la galería desplegable, clic en el **Tema** que desee.

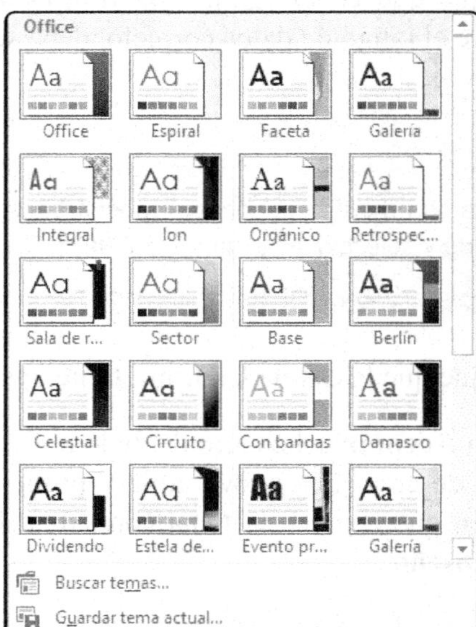

Si desea cambiar el aspecto en base a sus preferencias, puede hacerlo fácilmente desde la ficha Diseño en Herramientas de tabla, dentro del grupo Estilos de tabla, y elegir algún estilo desde la galería.

> **NOTA**
>
> Para que se muestre la ficha Diseño de Herramientas de tabla, clic en una celda dentro de la tabla.

Para cambiar el estilo de una tabla:

1. Clic en la ficha **Diseño** de la ficha contextual Herramientas de tabla.
2. En el grupo Estilos de tabla, realice alguna de estas opciones:
   - Clic en algún estilo de la galería.
   - Use las flechas arriba y abajo para ver más estilos y clic en el que quiera.
   - Clic en el botón **Más** de la galería para que despliegue la galería de estilos y clic en el estilo que quiera.

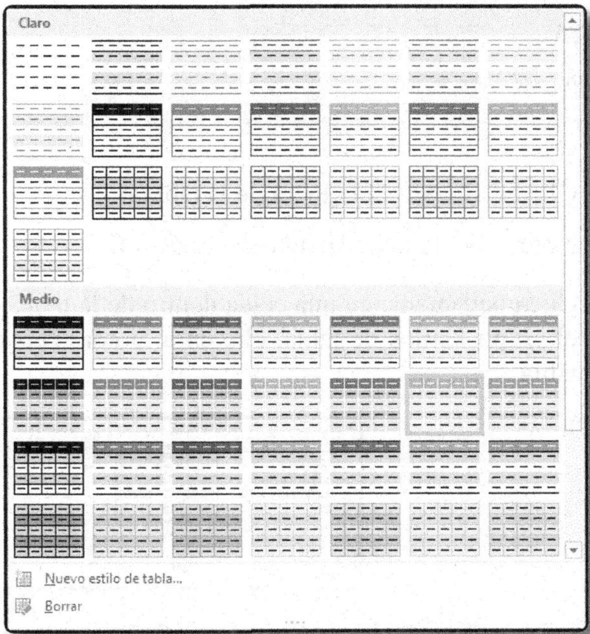

Si se encuentra con una tabla que no cambia su estilo cuando hace clic en algún estilo de la galería Estilos de tabla, posiblemente sea porque el rango de datos tuvo un estilo antes de ser convertido en tabla. Para resolver este pequeño inconveniente deberá seguir estos pasos:

1. Seleccione toda su tabla.
2. Realice alguna o ambas acciones:
   - Clic en la ficha **Inicio**, y en el grupo Fuente, clic en la flecha **Color de relleno**, y luego clic en **Sin relleno**.
   - Clic en la ficha **Inicio**, y en el grupo Fuente, clic en la flecha **Color de fuente**, y luego clic en **Automático**.

Es posible que ninguno de los estilos de tabla de la galería sea de su completo agrado, así que puede crear su propio estilo completamente personalizado.

EJERCICIO

En el siguiente ejercicio aprenderá a aplicar estilos de tabla y creará un nuevo estilo.

> **NOTA**
> Abrir el libro **Tablas**.

1. Clic en alguna celda fuera de la tabla.

   Note como la ficha **Diseño** desaparece.

2. Clic nuevamente en una celda dentro de la tabla y en la ficha **Diseño**, en el grupo Estilos de tabla, clic en el botón **Más** de la galería Estilos de tabla.

3. En la sección **Medio**, clic en **Estilo de tabla medio 26**.

4. Clic en la ficha **Diseño de página** y en el grupo **Temas**, clic en **Temas**.

   Se despliega la galería Temas.

5. Seleccione el tema **Faceta**.

   El estilo de su tabla cambia.

6. Clic en **Diseño** y en el grupo **Estilos de tabla**, seleccione **Más** y vea los nuevos colores en la galería de estilos de tabla.

7. Al final de la galería de Estilos de tabla, clic en **Borrar**.

   El estilo de su tabla desaparece, mas sigue siendo una tabla.

8. Clic nuevamente en el botón **Más** de la galería **Estilos de tabla** y clic en **Nuevo estilo de tabla**.

   Se abre el cuadro de diálogo **Nuevo estilo de tabla**.

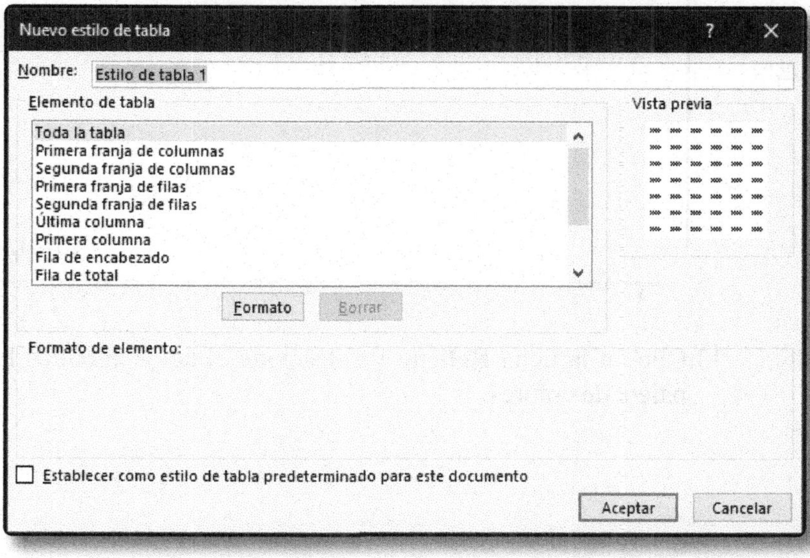

9. En el cuadro de diálogo **Nuevo estilo de tabla**, en la sección **Elemento de tabla**, seleccione la opción **Fila de encabezado**.

10. Clic en el botón **Formato**.

    Se abre el cuadro de diálogo **Formato de celdas**.

11. En el cuadro de diálogo **Formato de celdas**, active la ficha **Fuente**.

12. En **Color**, seleccione **Blanco, Fondo 1**, en **Estilo** seleccione **Negrita Cursiva**.

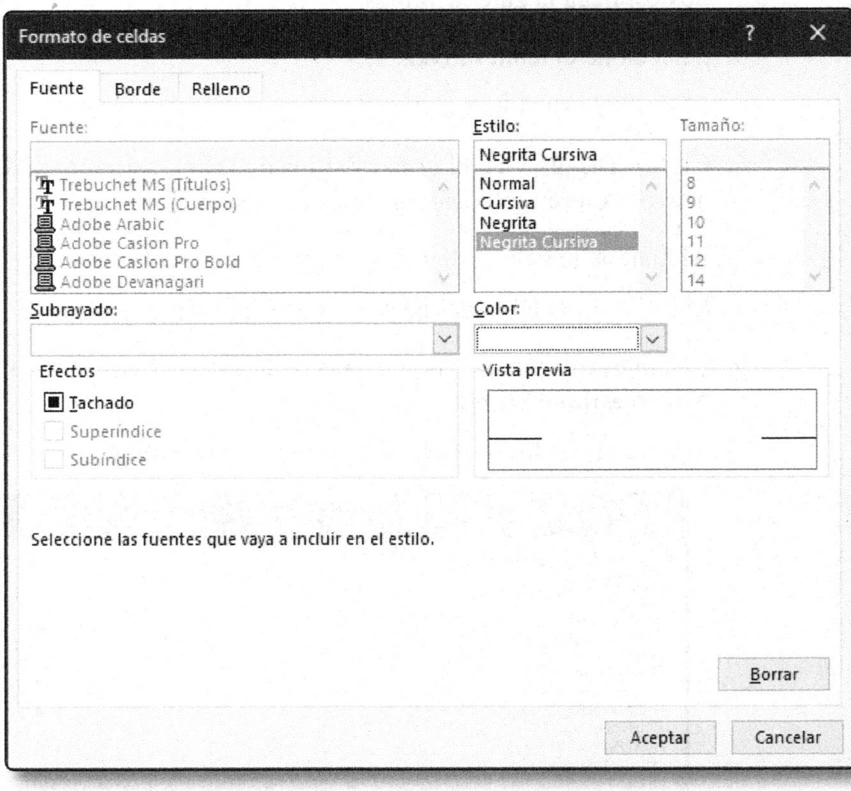

13. Clic en la ficha **Relleno** y seleccione el color que más le agrade de la paleta de colores.

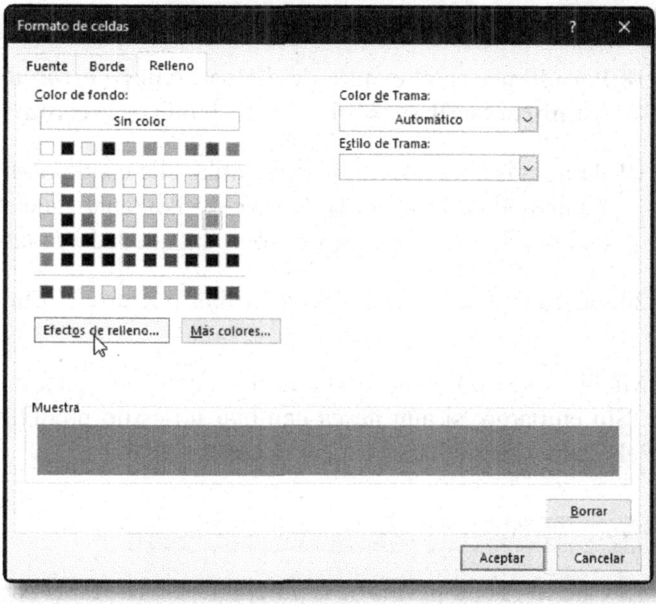

14. Clic en el botón **Efectos de relleno**.
Se abre el cuadro de diálogo **Efectos de relleno**.

15. En el cuadro de diálogo **Efectos de relleno**, en **Estilo de sombreado** verifique que este activo **Horizontal**.

16. En la sección **Variantes**, seleccione el último cuadro y clic en **Aceptar**.

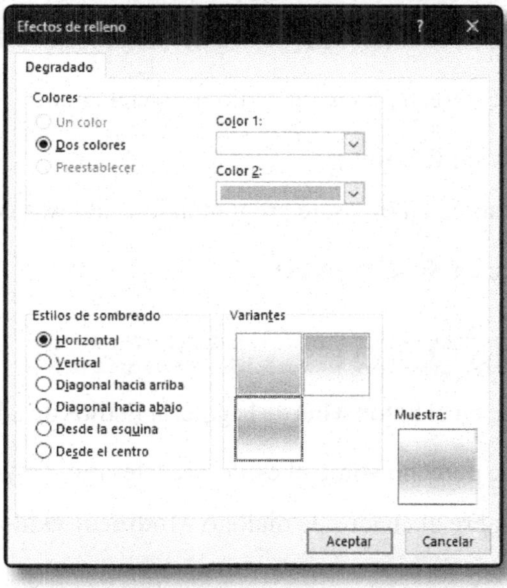

17. En el cuadro de diálogo **Formato de celdas,** también clic en **Aceptar.**

18. Por último, en el cuadro de diálogo **Nuevo estilo de tabla**, en el cuadro **Nombre**, escriba: "**Mi Estilo 1**", y clic en **Aceptar**.

19. Para revisar su nuevo estilo de tabla, clic en el botón **Más** de la galería de Estilos de tabla y vea en la sección Personalizada su estilo **Mi Estilo 1**. Clic sobre el estilo para ver cómo ha quedado su tabla.

20. Guarde con el nombre "**Mis Tablas**" y cierre el libro.

Mientras sea un estilo de tabla personalizada, puede modificar o eliminar el estilo. Sin embargo, si aún desea cambiar un estilo predefinido, primero deberá duplicar el estilo y luego hacer los cambios.

Para cambiar un estilo personalizado:

1. Clic en el botón **Más** de la galería Estilos de tabla para expandir la galería.
2. Clic derecho sobre el estilo personalizado y clic en **Modificar**.

   Se abre el cuadro de diálogo **Modificar estilo de tabla**.

3. Realice los cambios pertinentes y clic en **Aceptar**.

Para eliminar un estilo personalizado:

1. Clic en el botón **Más** de la galería Estilos de tabla para expandir la galería.
2. Clic derecho sobre el estilo personalizado.
3. Clic en **Eliminar**.

   Aparece un mensaje preguntándole si desea eliminar el estilo.

4. Clic en Sí del mensaje.

Para cambiar un estilo predeterminado:

1. Clic en el botón **Más** de la galería Estilos de tabla para expandir la galería.
2. Clic derecho sobre el estilo predeterminado y clic en **Duplicar**.

   Se abre el cuadro de diálogo **Modificar estilo de tabla**.

3. Realice los cambios pertinentes, y clic en **Aceptar**.

   El estilo duplicado aparecerá en la sección Personalizada.

Para aplicar un estilo que funcione por defecto:

1. Clic en el botón **Más** de la galería Estilos de tabla para expandir la galería.
2. Clic derecho sobre el estilo y clic en **Establecer como predeterminado**.

9.4 USAR FILA DE TOTALES

La fila de totales es una característica que funciona con las tablas y que aparece solo cuando las necesita. Una fila de totales es una fila especial donde se pueden elegir fórmulas para una determinada columna.

El poder elegir fórmulas hace que trabajar con tablas sea muy sencillo ya que la fórmula automáticamente reconoce todo el rango de datos que se quiere operar para obtener un resultado. Al hacer clic sobre la flecha desplegable en cada instancia de la fila de totales, podrá encontrar las siguientes opciones:

- **Ninguno:** Si agregó una fórmula y desea eliminarla (sin necesidad de la tecla Supr) use la opción Ninguno.
- **Promedio:** Muestra la media de los datos numéricos de la columna.
- **Recuento:** Muestra el número de entradas en las columnas, sin contar las celdas vacías.
- **Contar números:** Muestra el número de entradas numéricas en la columna, sin contar las celdas vacías, celdas con texto o con error.
- **Máx:** Muestra el valor máximo de una columna.
- **Min:** Muestra el valor mínimo de una columna.
- **Suma:** Muestra la suma de los valores de una columna.
- **Desvest:** Muestra la desviación estándar de los valores de la columna. La desviación estándar es una medida estadística sobre cómo se despliegan los valores.
- **Var:** Muestra la varianza de los valores de una columna. La varianza es otra medida estadística sobre cómo se despliegan los valores.

- **Más funciones:** Activa el cuadro de diálogo Insertar función, de esta manera podrá elegir todas las demás funciones según le convenga.

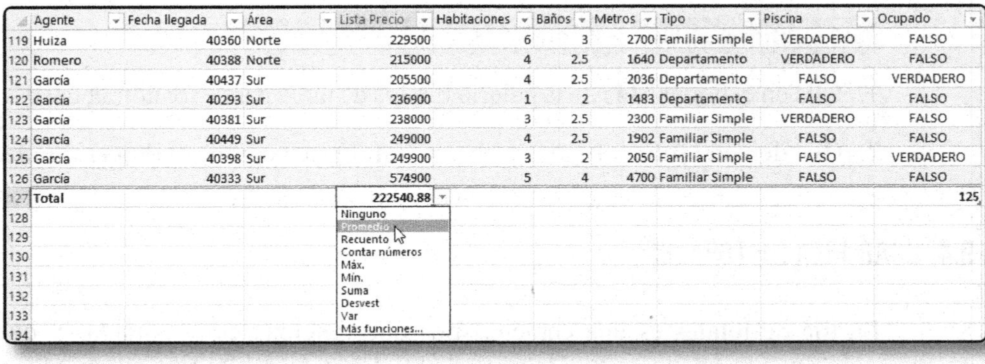

	Agente	Fecha llegada	Área	Lista Precio	Habitaciones	Baños	Metros	Tipo	Piscina	Ocupado
119	Huiza	40360	Norte	229500	6	3	2700	Familiar Simple	VERDADERO	FALSO
120	Romero	40388	Norte	215000	4	2.5	1640	Departamento	VERDADERO	FALSO
121	García	40437	Sur	205500	4	2.5	2036	Departamento	FALSO	VERDADERO
122	García	40293	Sur	236900	1	2	1483	Departamento	FALSO	FALSO
123	García	40381	Sur	238000	3	2.5	2300	Familiar Simple	VERDADERO	FALSO
124	García	40449	Sur	249000	4	2.5	1902	Familiar Simple	FALSO	FALSO
125	García	40398	Sur	249900	3	2	2050	Familiar Simple	FALSO	VERDADERO
126	García	40333	Sur	574900	5	4	4700	Familiar Simple	FALSO	FALSO
127	**Total**			222540.88						125

Activar la fila de Totales al final de la tabla

1. En la ficha **Diseño**, en el grupo **Opciones de estilos de tabla**, clic en la casilla **Fila de totales**.

O

1. Clic derecho a la tabla y seleccione **Tabla**.
2. Clic en **Fila de totales**.

Usar Funciones en la Fila de Totales

1. Al final de la tabla, clic en la flecha desplegable de alguna columna.
2. Clic en la función que desee.

9.5 ORDENAR Y FILTRAR DATOS

La fila de encabezados posee un botón desplegable a la derecha de cada campo. Al hacer clic sobre el botón desplegable aparecen opciones para ordenar y filtrar sus datos.

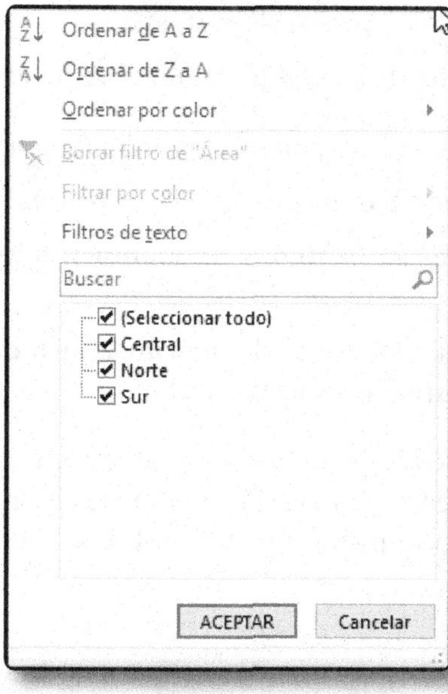

NOTA

Las opciones de ordenación y filtrado que se describe en esta sección, se aplica también a un rango común de datos.

Cuando usa la opción de **Ordenar**, lo que hace es reorganizar las filas basadas en los datos de un campo en particular.

Para comenzar a usar las opciones de ordenación, haga clic en la flecha desplegable ubicada a la derecha de cada campo y seleccione la opción que crea más adecuada. Por ejemplo, cuando los datos son numéricos aparecerá las opciones **Ordenar de menor a mayor** y **Ordenar de mayor a menor**. Si en caso la columna almacena texto, las opciones serán **Ordenar de A a Z** y **Ordenar de Z a A**.

Existe también la opción **Ordenar por color**, el cual ordena las filas basados en el color de fondo o de texto de los datos. Esta opción solo es relevante si reemplaza los estilos de colores de la tabla por colores personalizados.

Para ordenar los datos en la tabla:

1. Clic en la flecha desplegable del nombre de campo.
2. Clic en alguna de las opciones de ordenamiento:
   - **Con textos: Ordenar de A a Z** u **Ordenar de Z a A**.
   - **Con Números: Ordenar de menor a mayor** u **Ordenar de mayor a menor**.
   - **Con Fechas: Ordenar de más antiguo a más reciente** u **Ordenar de más reciente a más antiguo**.

Filtrar datos es mostrar solo las filas que reúnen ciertas condiciones mientras que las demás permanecerán ocultas. Por ejemplo, en una tabla que tiene entre sus datos los meses del año, se puede mostrar solo los datos de los meses de enero, febrero y marzo.

Para filtrar los datos en la tabla:

1. Clic en la flecha desplegable del nombre de campo.
2. Clic en alguna de las opciones de filtro que necesita:
   - Filtros de texto.
   - Filtros de número.
   - Filtros de fecha.

EJERCICIO

En el siguiente ejercicio aprenderá a ordenar y filtrar datos en una tabla:

> **NOTA**
> Abrir el libro **Ordenar y filtrar**.

1. Clic en la flecha del encabezado **Países** y clic en **Ordenar de Z a A**.

   Ahora se muestra primero Uruguay.

2. Clic nuevamente en el desplegable de **Países** y seleccione **Ordenar de A a Z**.

   El campo se organiza mostrando primero a Bolivia.

3. Clic en la ficha **Inicio** y en el grupo Editar, clic en **Ordenar y filtrar**, y seleccione **Orden personalizado**.

   Se abre el cuadro de diálogo Ordenar.

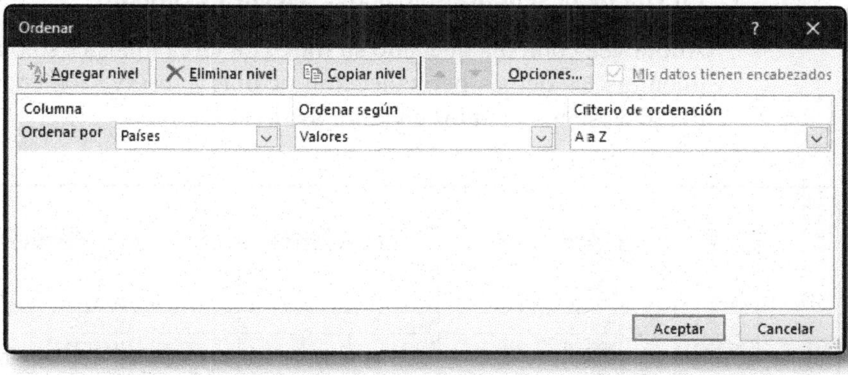

4. En el cuadro de diálogo Ordenar, clic en el botón **Agregar nivel**.
5. En **Luego por**, seleccione **Semana** y en la sección **Criterio de ordenación** seleccione **De mayor a menor**.
6. Clic en **Aceptar** y observe los resultados de ordenación para el campo Semana.
7. Clic en la flecha desplegable de Países y luego desactive la casilla **(Seleccionar todo)**.

   Todas las demás casillas también dejan de estar seleccionadas.

8. Active las casillas España, Estados Unidos y Colombia.

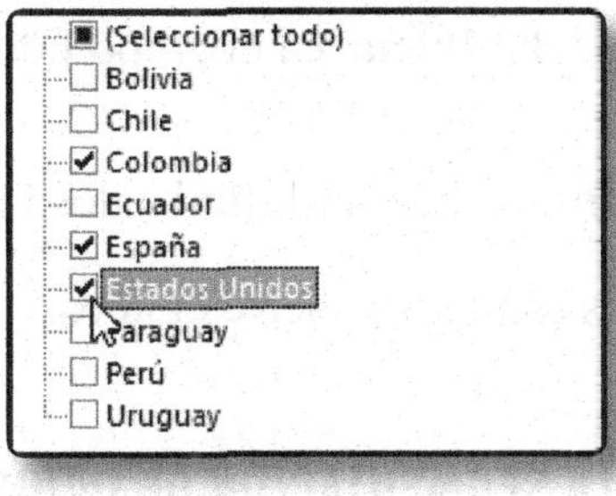

9. Clic en **Aceptar**.

   El filtro acaba de aplicarse, sin embargo, quizá no note el cambio ya que aún existen muchos datos en la tabla.

10. Clic en la flecha desplegable de **Año** y active solo **2011**.

11. Clic en la flecha desplegable de **Mes** y solo active **Mayo**.

12. En **Día de la semana** solo active **Viernes** y **Sábado**.

 Ahora vea como ha quedado su filtro. La tabla muestra solo algunas filas mientras las demás permanecerán ocultas. Observe los encabezados de fila que están marcados en color azul.

	Países	Fecha	Año	Mes	Semana	Día	Día de la semana	Volumen
1552	Colombia	25/05/2011	2011	Mayo	4	25	Viernes	60743
1553	Colombia	26/05/2011	2011	Mayo	4	26	Sábado	16663
1720	Colombia	18/05/2011	2011	Mayo	3	18	Viernes	35383
1721	Colombia	19/05/2011	2011	Mayo	3	19	Sábado	88062
1888	Colombia	11/05/2011	2011	Mayo	2	11	Viernes	25324
1889	Colombia	12/05/2011	2011	Mayo	2	12	Sábado	27183
2056	Colombia	04/05/2011	2011	Mayo	1	4	Viernes	51529
2057	Colombia	05/05/2011	2011	Mayo	1	5	Sábado	23236
3012	España	25/05/2011	2011	Mayo	4	25	Viernes	64107
3013	España	26/05/2011	2011	Mayo	4	26	Sábado	83910
3180	España	18/05/2011	2011	Mayo	3	18	Viernes	65646
3181	España	19/05/2011	2011	Mayo	3	19	Sábado	66774
3348	España	11/05/2011	2011	Mayo	2	11	Viernes	64393
3349	España	12/05/2011	2011	Mayo	2	12	Sábado	41210
3516	España	04/05/2011	2011	Mayo	1	4	Viernes	60562
3517	España	05/05/2011	2011	Mayo	1	5	Sábado	61247
3742	Estados Unidos	25/05/2011	2011	Mayo	4	25	Viernes	79284
3743	Estados Unidos	26/05/2011	2011	Mayo	4	26	Sábado	37754
3910	Estados Unidos	18/05/2011	2011	Mayo	3	18	Viernes	73586
3911	Estados Unidos	19/05/2011	2011	Mayo	3	19	Sábado	18477
4078	Estados Unidos	11/05/2011	2011	Mayo	2	11	Viernes	60305
4079	Estados Unidos	12/05/2011	2011	Mayo	2	12	Sábado	61978
4246	Estados Unidos	04/05/2011	2011	Mayo	1	4	Viernes	47761
4247	Estados Unidos	05/05/2011	2011	Mayo	1	5	Sábado	44844

13. Clic en la ficha **Inicio**, en el grupo Editar, clic Ordenar y filtrar, y clic en **Borrar**.

 Todos los filtros han sido eliminados volviendo a mostrar todos los datos.

14. Guarde los cambios y cierre el libro.

9.6 TRABAJAR CON LA SEGMENTACIÓN DE DATOS

La segmentación de datos fue introducida a partir de Excel 2010 y su uso era, por lo general, exclusivo de una tabla dinámica. Desde la versión 2013, puede utilizar segmentación de datos con una tabla común.

La segmentación de datos es una herramienta de filtrado dinámico de datos para que pueda saber exactamente qué datos está filtrando. Cuando activa la segmentación de datos se abre la ventana de diálogo que tiene el mismo nombre. Desde esta ventana encontrará listados los campos de la tabla y puede seleccionar el que desee para filtrar los datos.

Para aplicar segmentación de datos para filtrar:

1. En la ficha **Diseño**, en el grupo Herramientas, clic en el botón **Insertar Segmentación de datos**.

   Se abre el cuadro de diálogo **Insertar segmentación de datos**.

2. Dentro del cuadro de diálogo **Insertar segmentación de datos,** clic en las casillas que representan a los campos de la tabla.

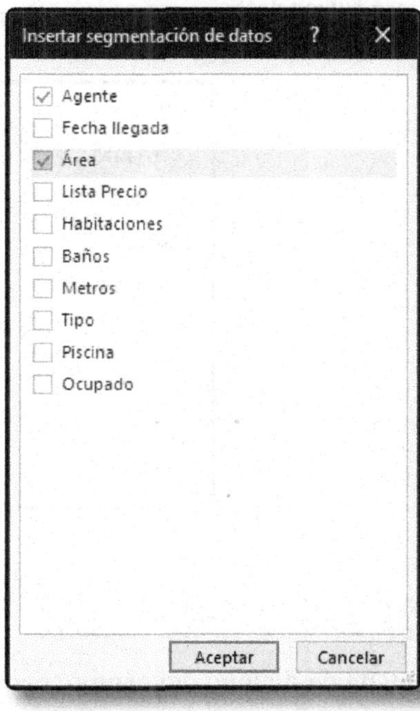

3. Clic en **Aceptar**.

   Se abren las ventanas de diálogo que representan a los campos seleccionados.

4. En la ventana de diálogo del campo, clic en los globos azules que representan datos únicos del campo para filtrar datos.

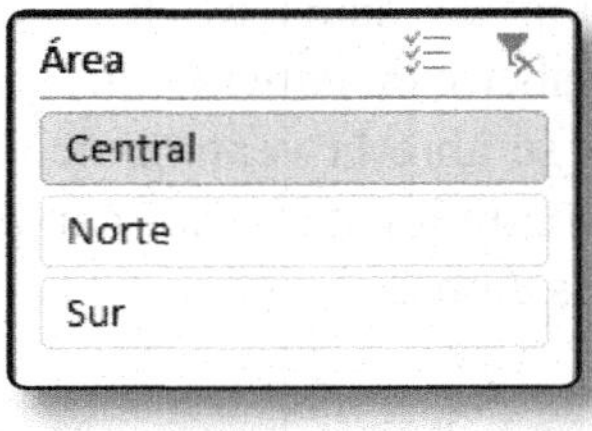

Para elegir varios datos en la segmentación:

1. En la ventana de diálogo del campo, realice alguna de estas acciones:
   - Clic en el botón **Selección múltiple.**
   - Pulse **Alt+S.**
2. Clic en uno o varios globos azules que representan datos únicos del campo para filtrar datos.

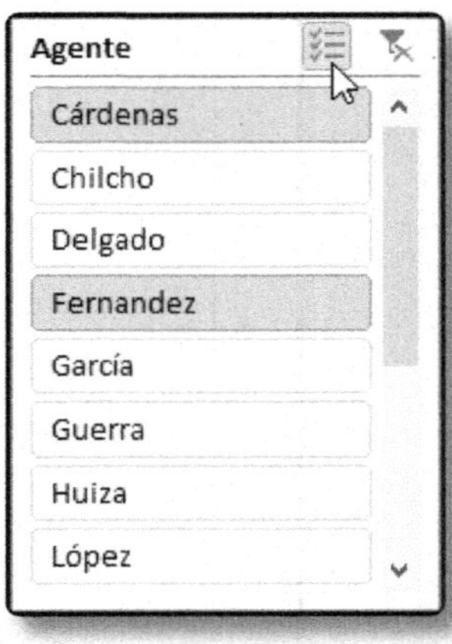

Para quitar filtro de segmentación:

1. En la ventana de diálogo del campo, realice alguna de estas acciones:
   - Clic en el botón **Borrar filtro.**

   - Pulse *Alt+C*.

Para quitar la ventana de diálogo de datos únicos:

1. Clic a la ventana de diálogo de datos únicos.
2. Pulse *Suprimir*.

9.7 CONVERTIR UNA TABLA EN UN RANGO

A veces algunos usuarios se sienten más cómodos usando listas de datos que las mismas tablas, por tal razón, puede convertir una tabla en un rango de datos sin mayores inconvenientes. Cuando una tabla se convierte en rango, este hereda todos los formatos aplicados a la tabla, pero no las características esenciales.

Para convertir una tabla en rango:

1. En la ficha **Diseño**, en el grupo **Herramientas**, clic en el botón **Convertir en rango**.

   Se abre un cuadro de mensaje preguntándole si quiere convertir la tabla en un rango común.

2. Clic en **Sí**.

EJERCICIO PROPUESTO 15

Abrir el libro **Exportación** y realice las siguientes acciones:

1. Crear una tabla para la lista de datos del rango B2:I6572. Asegúrese de incluir los encabezados.
2. Aplique el **Estilo de tabla oscuro 2**.
3. Ordene la columna **Año** para que se muestre primero el año 2010 y luego el 2011.
4. Filtre la tabla para que se muestren los datos de los países de Perú, Ecuador y Bolivia.
5. Filtre la tabla para que se muestren los datos del mes de diciembre y solo del día sábado.
6. Agregue una fila de totales a la tabla.

7. Agregue un nuevo nivel de ordenación para que los países se ordenen de Z a A.

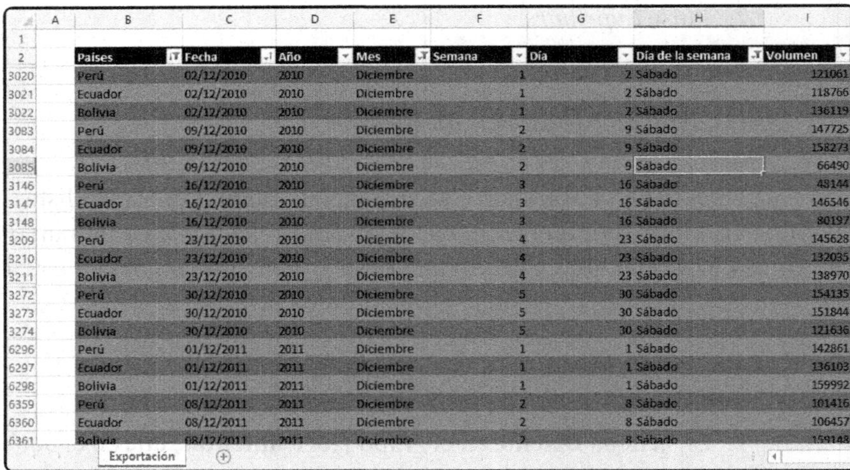

	Paises	Fecha	Año	Mes	Semana	Día	Día de la semana	Volumen
3020	Perú	02/12/2010	2010	Diciembre	1	2	Sábado	121061
3021	Ecuador	02/12/2010	2010	Diciembre	1	2	Sábado	118766
3022	Bolivia	02/12/2010	2010	Diciembre	1	2	Sábado	136119
3083	Perú	09/12/2010	2010	Diciembre	2	9	Sábado	147725
3084	Ecuador	09/12/2010	2010	Diciembre	2	9	Sábado	158273
3085	Bolivia	09/12/2010	2010	Diciembre	2	9	Sábado	66490
3146	Perú	16/12/2010	2010	Diciembre	3	16	Sábado	48144
3147	Ecuador	16/12/2010	2010	Diciembre	3	16	Sábado	146546
3148	Bolivia	16/12/2010	2010	Diciembre	3	16	Sábado	80197
3209	Perú	23/12/2010	2010	Diciembre	4	23	Sábado	145628
3210	Ecuador	23/12/2010	2010	Diciembre	4	23	Sábado	132035
3211	Bolivia	23/12/2010	2010	Diciembre	4	23	Sábado	138970
3272	Perú	30/12/2010	2010	Diciembre	5	30	Sábado	154135
3273	Ecuador	30/12/2010	2010	Diciembre	5	30	Sábado	151844
3274	Bolivia	30/12/2010	2010	Diciembre	5	30	Sábado	121636
6296	Perú	01/12/2011	2011	Diciembre	1	1	Sábado	142861
6297	Ecuador	01/12/2011	2011	Diciembre	1	1	Sábado	136103
6298	Bolivia	01/12/2011	2011	Diciembre	1	1	Sábado	159992
6359	Perú	08/12/2011	2011	Diciembre	2	8	Sábado	101416
6360	Ecuador	08/12/2011	2011	Diciembre	2	8	Sábado	106457
6361	Bolivia	08/12/2011	2011	Diciembre	2	8	Sábado	159148

8. Borre los filtros por completo.
9. Convierta la tabla en un rango normal de datos.
10. Guarde con el nombre “**Mis exportaciones**” y cierre el libro.

10

INSERTAR GRÁFICOS

En este capítulo aprenderá a:

- Comprender el funcionamiento de Gráficos.
- Mover un gráfico a otra posición.
- Trabajar con gráficos de cascada y mapa de árbol.
- Personalizar el diseño y estilo de los gráficos.

Para completar los ejercicios en este capítulo, necesita los archivos de práctica que se encuentran en la carpeta "Capítulo 10".

10.1 CARACTERÍSTICAS DEL TRABAJO CON GRÁFICOS

Desde Excel 2007 se pueden crear gráficos de forma más rápida. Dentro del grupo Gráficos, de la ficha Insertar, puede elegir el gráfico que sea necesario desde cualquiera de las galerías de gráficos. Los gráficos que presenta Excel en esta versión 2016 son: Columnas o barras, Líneas o áreas, Circular o anillo, Jerarquía, Estadística, Dispersión o burbujas, Cascada o cotizaciones, Superficie o radial y Combinado.

Cada galería de gráficos presenta al final el comando **Más gráficos**. Este comando abre el cuadro diálogo **Insertar gráfico** donde encontrará, de forma más detallada, todos los tipos de gráficos que Excel posee.

> **NOTA**
>
> También puede acceder al cuadro de diálogo Insertar gráfico haciendo clic en el Iniciador de cuadro de diálogo del grupo Gráficos.

Una vez creado el gráfico, aparece la ficha contextual Herramientas de gráficos junto a sus dos fichas **Diseño** y **Formato**.

- **Diseño:** Desde esta ficha puede agregar y cambiar los elementos y el diseño del gráfico, así como seleccionar o cambiar el origen de datos, cambiar el gráfico, o moverlo a una hoja nueva o ya existente.

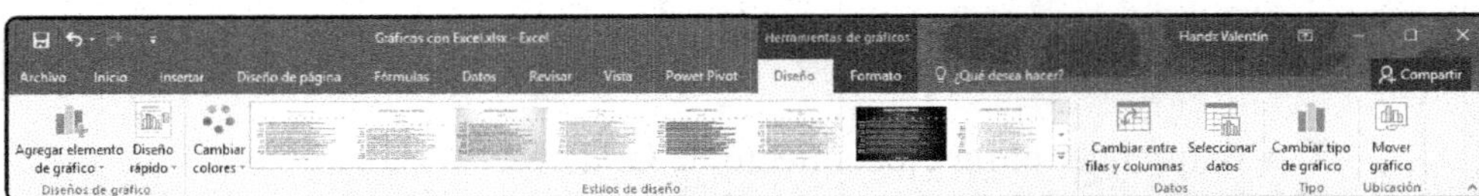

- **Formato:** Desde esta ficha puede seleccionar diversas áreas del gráfico y aplicarles formatos individuales.

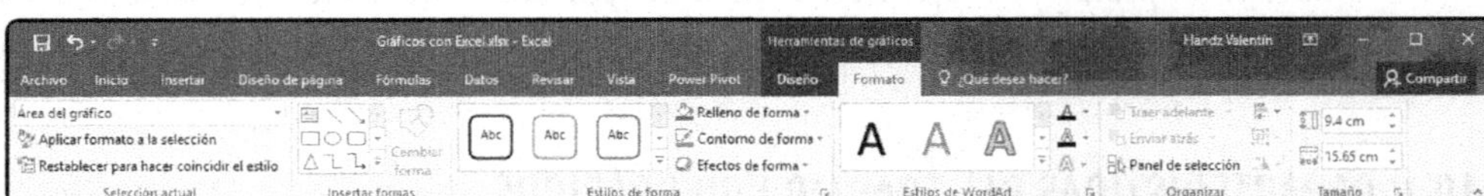

> **NOTA**
>
> En versiones anteriores a Excel 2013 aparece una ficha más llamada ***Presentación.*** Sin embargo, todas sus herramientas han sido agregadas a la ficha ***Diseño*** en el grupo ***Diseños de gráfico***.

10.2 LO QUE DEBE TENER EN CUENTA ANTES DE CREAR UN GRÁFICO

Antes de comenzar a crear un gráfico debe tener algunos números, conocidos como datos. Los datos pueden estar en las celdas de una hoja, en otras hojas, o en otros libros.

Los gráficos son objetos que se colocan en las hojas y están compuestas por diversas series de datos que se muestran gráficamente. La forma en cómo se muestran las series de datos se basa al tipo de gráfico seleccionado. Por ejemplo, si crea un gráfico de líneas que usa tres series, entonces el gráfico presentará tres líneas, cada una representa una serie de datos. Los datos para cada una de las series se encuentran almacenados en una fila o columna individual.

Como puede ver en el siguiente gráfico, cada punto -o marcadores- en la línea está creado por los valores (números) de cada celda. Para distinguir las líneas en el gráfico puede verificar la leyenda -ubicado a la derecha- donde muestra el color de cada línea, y los marcadores. Por ejemplo, para *Centro* se ha usado una línea roja con marcador cuadrado, y para *Oeste* una línea verde con marcador triángulo.

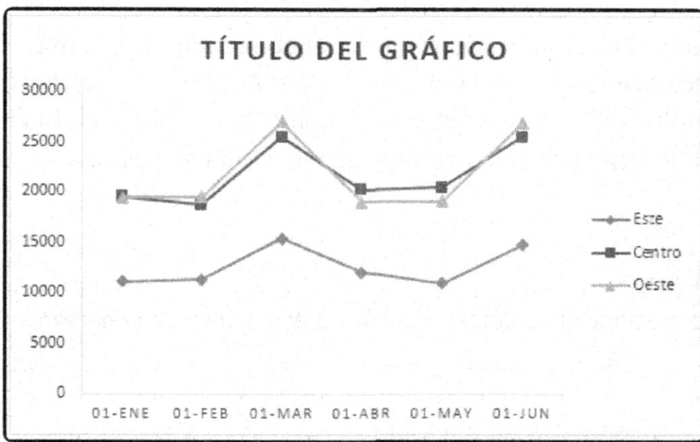

Dé un vistazo al siguiente gráfico. Para entenderlo de manera rápida, puede ver que existe una línea para cada mes en una lista de frutas. Por ejemplo, en enero, la fruta más vendida fueron los melocotones llegando casi a los $5,000.00; en febrero puede ver que fresas fue la fruta más vendida.

Los gráficos son dinámicos, significa que las series están enlazadas con los datos en sus celdas. Si algún dato cambia en la celda, el gráfico automáticamente se actualizará y mostrará los nuevos cambios.

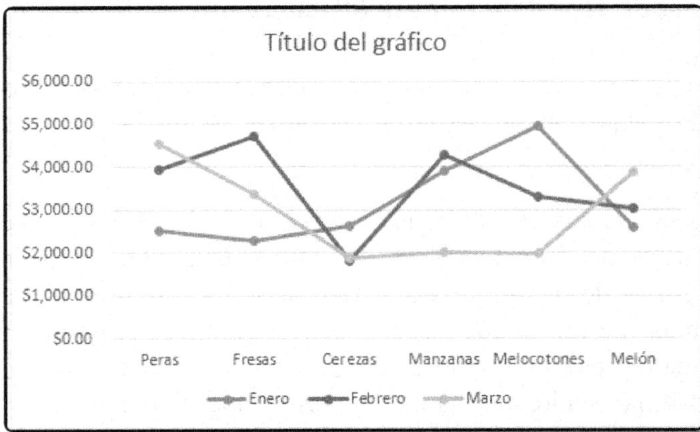

10.2.1 Seleccionando datos para crear un gráfico

Para crear un gráfico primero debe seleccionar los datos. Existen dos formas de seleccionar datos: **contiguos** y **no contiguos**.

Si usa la selección contigua en un rango rectangular, lo más seguro es que a la izquierda se encuentren los datos que usará como series, mientras que, en la parte superior, están los datos que serán usados como categorías -en el eje horizontal del gráfico-. Todo lo demás, son los valores que dan vida al gráfico.

> **NOTA**
>
> En un rango rectangular de datos, la celda superior izquierda generalmente está vacía.

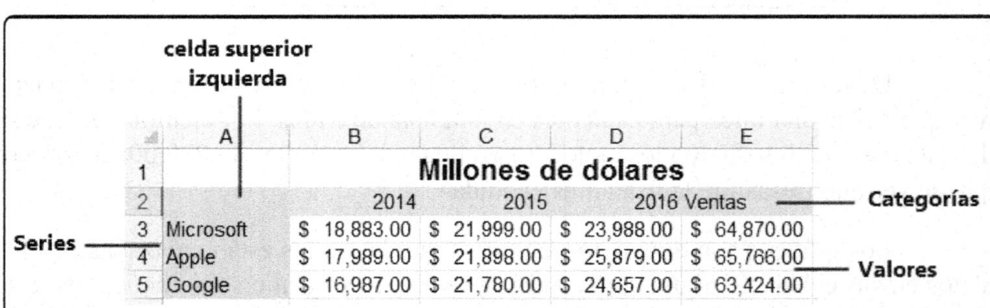

En ocasiones, los datos pueden encontrarse en un rango no contiguo. Si usa los datos de la imagen anterior, puede ver una última columna de nombre Ventas. Es posible que quiera crear un gráfico que muestre las ventas generales de las tres empresas. Antes de crear el gráfico, seleccione primero sus celdas A2:A5 y luego pulsando la tecla **Ctrl** seleccione E2:E5.

10.3 CREAR UN GRÁFICO

Si ya posee una lista de datos o una tabla, puede crear un gráfico rápidamente desde la ficha Insertar. Dentro del grupo Gráficos, haga clic en cualquiera de las galerías de gráficos y luego haga clic en un tipo de gráfico.

Desde la versión 2013 existe la opción de dejar a Excel recomendarnos un gráfico. Un gráfico recomendado son varios tipos de gráficos que Excel propone en base a los datos seleccionados. Para activar esta opción, debe hacer clic sobre el botón Gráficos recomendados desde el grupo Gráficos.

Otra forma de insertar y ver todos los tipos de gráficos agrupados en un solo lugar, es accediendo al cuadro de diálogo Insertar gráfico. Este cuadro de diálogo se activa desde su iniciador de cuadro de diálogo o desde la opción Más gráficos.

Para crear un gráfico desde la galería de gráficos:

1. Seleccione sus datos.
2. Clic en la ficha **Insertar**, y desde el grupo Gráficos, clic en alguna galería desplegable.

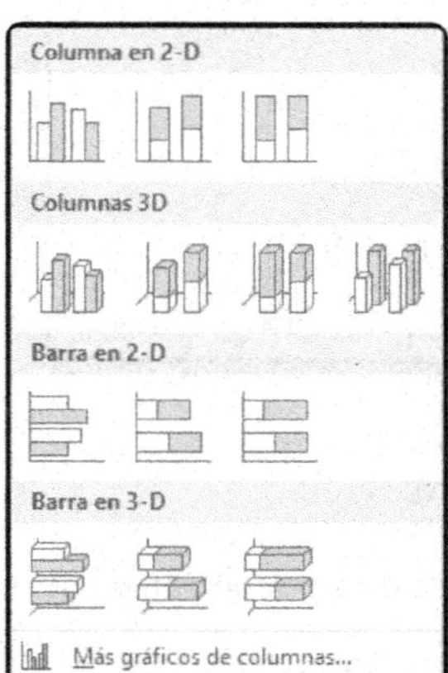

Columnas o barras

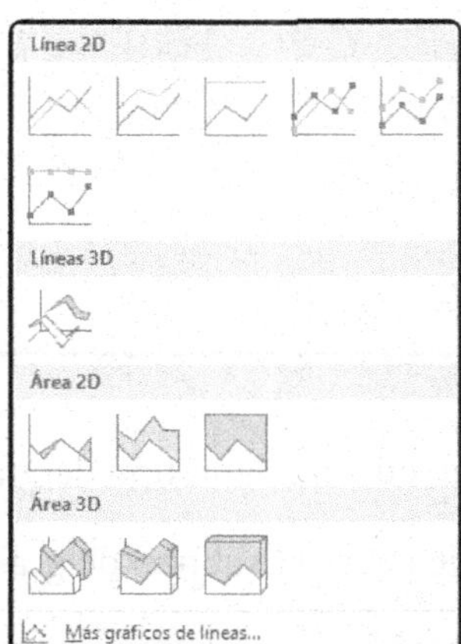

Líneas o áreas

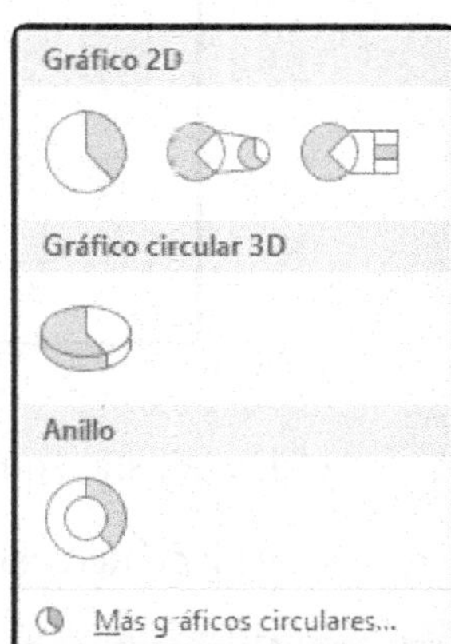

Circular o anillos

3. De la galería desplegable, clic en el tipo de gráfico que necesite.

Para crear un gráfico desde el cuadro de diálogo Insertar gráfico:

1. Seleccione sus datos.
2. Active el cuadro de diálogo Insertar gráfico con alguna de estas acciones:
   - Clic en el **Iniciador de cuadro de diálogo** del grupo Gráficos y luego clic en la ficha **Todos los gráficos**.
   - Clic en alguna galería del grupo Gráficos y clic en **Más gráficos**.
   - Clic en el botón **Gráficos recomendados** del grupo Gráficos y clic en la ficha **Todos los gráficos**.

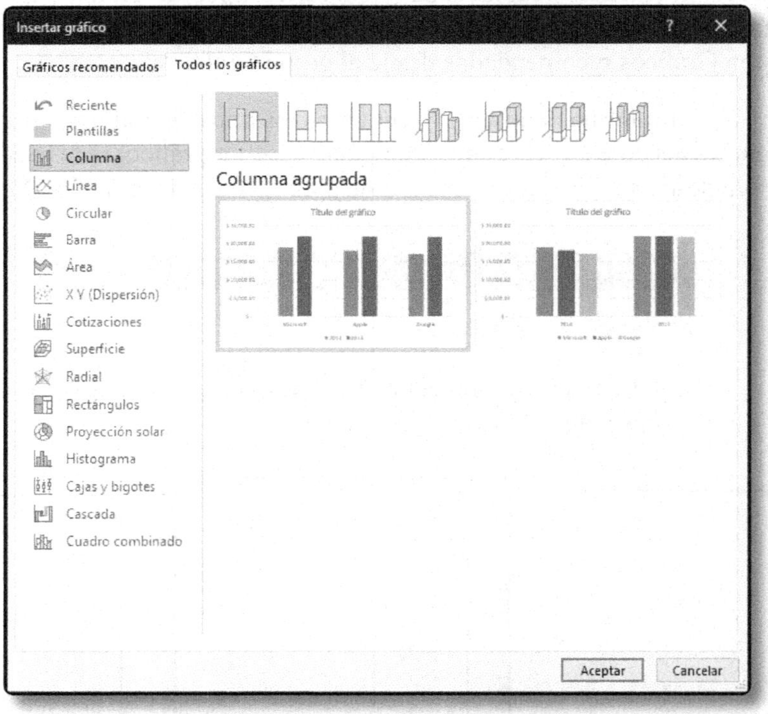

3. De la lista izquierda, clic en algún tipo de gráfico.
4. Al lado derecho, clic sobre el subtipo de gráfico que necesite insertar.
5. Clic en **Aceptar**.

Para crear un gráfico recomendado desde el cuadro de diálogo Insertar gráfico:

1. Seleccione sus datos.
2. Active el cuadro de diálogo Insertar gráfico con alguna de estas acciones:
   - Clic en el **Iniciador de cuadro de diálogo** del grupo Gráficos.
   - Clic en el botón **Gráficos recomendados** del grupo Gráficos.
3. En la lista izquierda, clic en el gráfico recomendado que crea conveniente.

   Al hacer clic sobre el gráfico recomendado, a la derecha se muestra una vista previa del gráfico y su descripción.
4. Clic en **Aceptar**.

Para crear un gráfico usando una combinación de teclas:

1. Realice alguna de estas acciones:
   - Use la tecla **F11** para crear un gráfico predeterminado en una hoja nueva.
   - Use **Alt + F1** para crear un gráfico predeterminado en la misma hoja.

EJERCICIO

En el siguiente ejercicio usted aprenderá a crear un gráfico:

> **NOTA**
> Abrir el libro **Estadística Visual**.

1. Active la hoja **Empresas Tecnológicas** si es necesario.

   En la hoja Empresas Tecnológicas se muestra un conjunto de datos sobre las empresas Microsoft, Apple y Google en los últimos tres años. Comenzará creando un gráfico comparativo de las tres empresas para el año 2014.
2. Seleccione el rango **A2:B5**.

3. Clic en la ficha **Insertar** y en el grupo Gráficos, clic en **Gráficos recomendados**.

4. En el cuadro de diálogo Insertar gráfico, en la ficha Gráficos recomendados, clic en cada uno de los tipos de gráficos -a la izquierda- para ver una vista previa a la derecha.

   Al ser un gráfico con datos reducidos, Excel brinda las mejores opciones para la creación de gráficos, entre ellas: circular, barra y columna.

5. Seleccione **Circular** y luego clic en **Aceptar**.

   El gráfico ahora se ha creado en base a sus datos seleccionados, y se ha posicionado en su hoja actual. Además, han aparecido dos nuevas fichas.

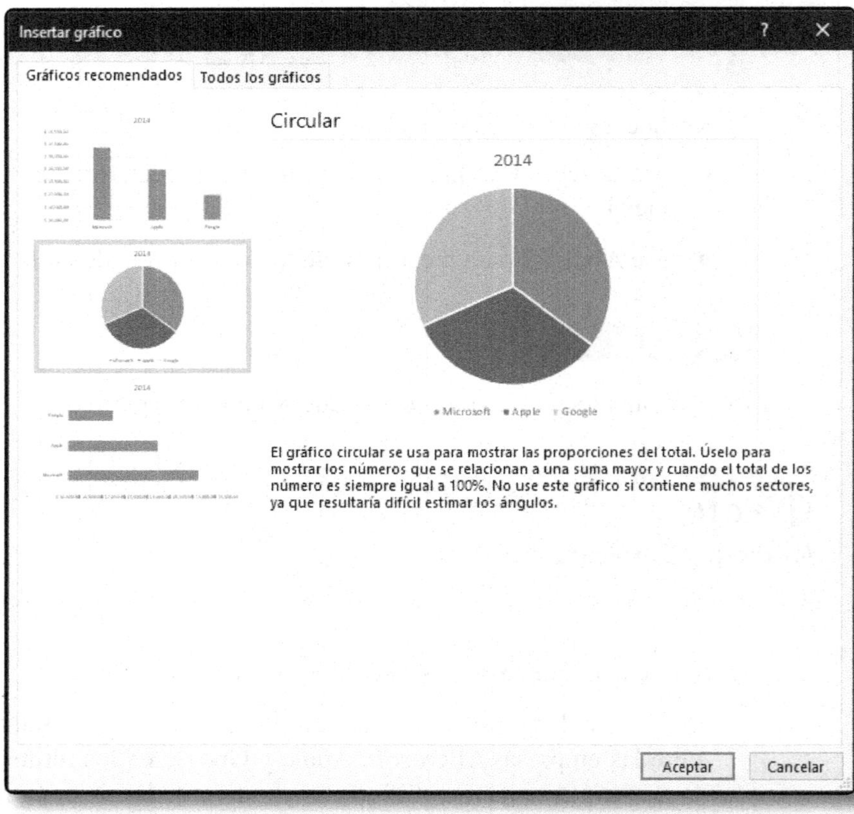

6. Clic en cualquier celda para dejar de seleccionar el gráfico.

   De esta manera las fichas contextuales Diseño y Formato han desaparecido.

7. Clic sin soltar en su gráfico y arrástrelo a la izquierda para posicionarlo justo por debajo de la tabla de datos.

   Observe que las fichas Diseño y Formato vuelven a aparecer.

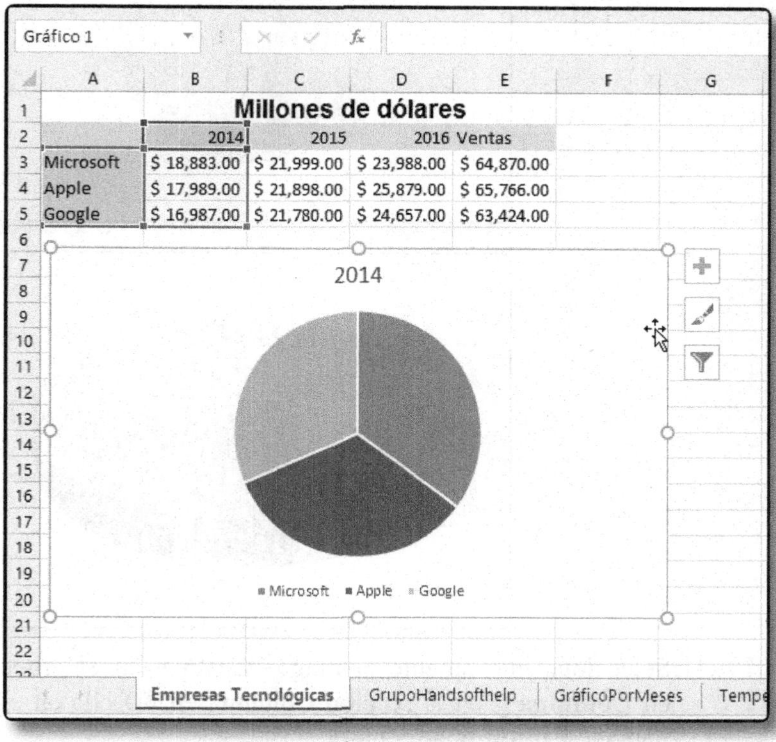

8. Seleccione el rango **A2:A5** y pulsando **Ctrl** seleccione **C2:C5**.

9. Clic en la ficha **Insertar** y en el grupo Gráficos, clic en la galería **Insertar gráfico circular o de anillos**.

10. En la sección Gráfico circular 3D, clic en **Circular 3D**.

    Como puede ver, se han creado dos gráficos circulares (2D y 3D) que muestran la comparación de las tres empresas. Como título de gráfico están los años 2014 y 2015 respectivamente. El gráfico a simple vista no es muy visible en su comparación, ya que todas las empresas tienen valores de ventas no muy distanciados, por lo cual, solo si presta mucha atención, la empresa Microsoft lleva una ligera ventaja.

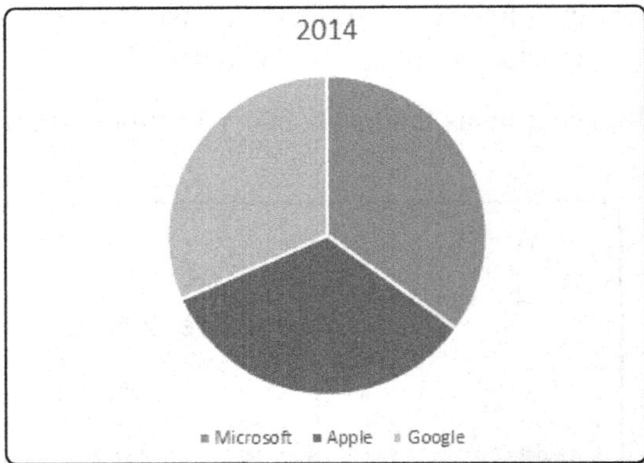

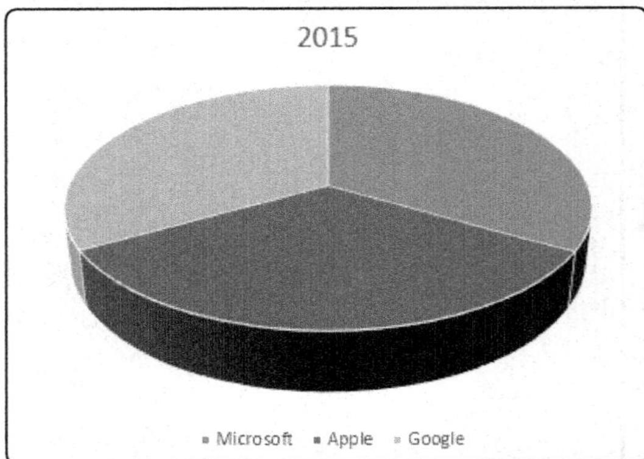

11. Seleccione nuevamente el rango **A2:B5** y en el grupo Gráficos, clic en **Columna** y en la sección Columna en 2D clic en el primer gráfico llamado **Columna agrupada**.

Este nuevo gráfico de columna muestra de manera más entendible la comparación de las tres empresas en el año 2014. Como puede notar, Microsoft ha logrado unas excelentes ventas superando a Apple y sobre todo a Google.

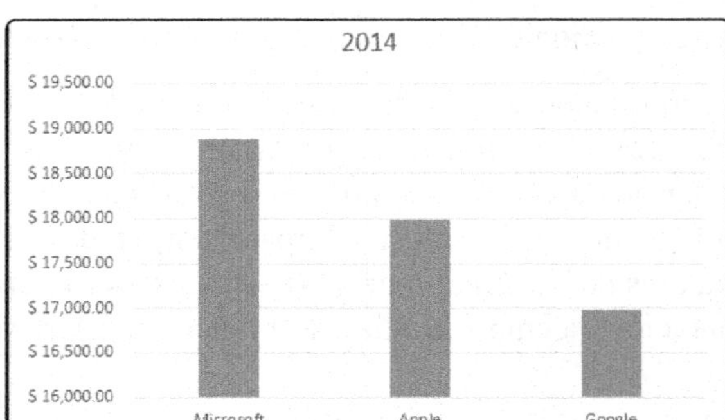

Seguramente se ha dado cuenta que el gráfico circular no ayudó mucho a aclarar la comparativa de estas empresas porque todas poseen valores no muy distanciados. Estos valores son mostrados con mayor precisión en un gráfico de columnas.

12. Elimine los gráficos circulares y mueva el gráfico de columna por debajo de la tabla de datos.

13. Ahora cree un gráfico de columna agrupada para el año 2015.

    Para el año 2015 puede ver cómo las ventas de Apple y Google han subido, pero Microsoft aún se mantiene a la cabeza.

14. Cree otro gráfico de columna agrupada que represente las ventas de las tres empresas en el año 2016.

    Este gráfico muestra algo diferente. Microsoft ya no está a la cabeza de las ventas y ha sido superado enormemente por Apple. Incluso puede ver que Google también ha superado a Microsoft.

15. Guarde los cambios.

> ⓘ **NOTA**
>
> No cierre el libro, lo usará en el próximo ejercicio.

10.4 MOVER UN GRÁFICO

Cuando crea un gráfico este se posicionará en algún lugar de su hoja, sin embargo, puede posicionarlo en el lugar que quiera e incluso moverlo a una hoja nueva. Para mover un gráfico debe hacer clic sobre él sin soltar y arrastrarlo a su nueva ubicación. Por otro lado, también puede mover su gráfico a una hoja nueva o a una existente desde el botón Mover gráfico ubicado en la ficha Diseño.

Para mover un gráfico en la misma hoja:

1. Clic sin soltar sobre el gráfico y arrastre a su nueva ubicación.

2. Suelte el clic para completar la operación.

Para mover un gráfico a una hoja existente o una nueva hoja:

1. Clic sobre el gráfico para seleccionarlo.
2. Clic en la ficha **Diseño** de **Herramientas de gráfico**, y en el grupo Ubicaciones, clic en el botón **Mover gráfico**.

   Se abre el cuadro de diálogo **Mover gráfico**.

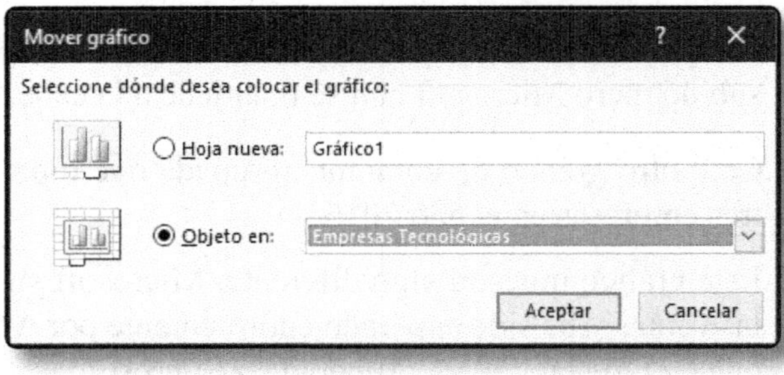

3. Dentro del cuadro de diálogo Mover gráfico, realice alguna de estas acciones:
   - Clic en la opción **Hoja nueva**, y en el campo en blanco escriba el nombre de su nueva hoja.
   - Clic en la opción **Objeto en**, y desde la lista desplegable seleccione la hoja existente.
4. Clic en **Aceptar**.

10.4.1 Dimensionar y mover los elementos dentro del gráfico

Cuando un gráfico es seleccionado presenta ocho controladores de dimensión. Los controladores de dimensión permiten cambiar el tamaño del gráfico. Cada controlador permite dimensionar su gráfico de formas diferentes descritas en la siguiente lista:

- **Superior e inferior:** Dimensiona la altura del gráfico.
- **Izquierda y derecha:** Dimensiona la anchura del gráfico.
- **Esquinas:** Dimensiona el alto y ancho a la vez.

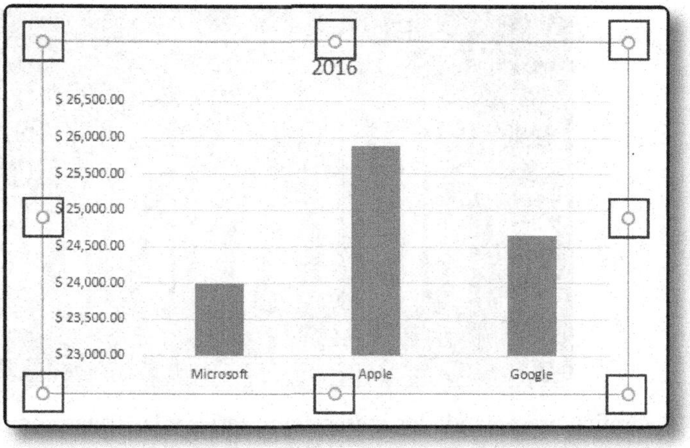

Algunas partes dentro de su gráfico pueden ser reubicables, así que puede cambiar la posición del título, de la leyenda o de uno que otro elemento sin problemas. Por ejemplo, clic sobre el título del gráfico y luego arrástrelo a su nueva ubicación.

10.5 INTERCAMBIAR ENTRE FILAS Y COLUMNAS

Excel sigue una regla sencilla para ordenar las series y categorías en un gráfico. Si sus datos tienen más columnas que filas, entonces aparecerán como categorías mientras que las filas aparecerán como series. Por otro lado, si los datos poseen más filas que columnas, entonces las filas pasan a ser las categorías mientras que las columnas pasan a ser las series.

> **NOTA**
>
> Si sus datos tienen exactamente la misma cantidad de filas y columnas entonces las columnas pasan a ser las categorías mientras que las filas pasan a ser las series.

Sin embargo, puede cambiar esta regla si cree que el gráfico creado se ve mejor presentando los datos de otra manera. De un vistazo a los dos gráficos que se presentan a continuación para comparar el cambio entre filas y columnas.

Gráfico presentando los meses como series y las frutas como categorías.

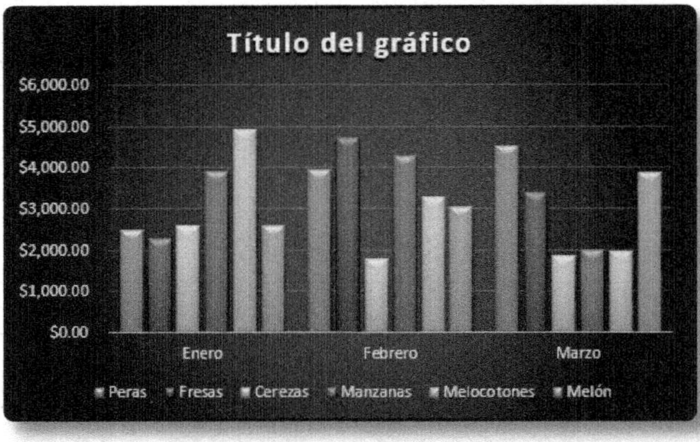

Gráfico presentando las frutas como series y los meses como categorías.

Para cambiar entre filas y columnas:

1. Seleccione el gráfico.
2. En la ficha contextual **Herramientas de gráfico**, clic en la ficha **Diseño**.
3. Realice alguna de estas acciones:
   - Clic en el botón **Cambiar entre filas y columnas**.
   - Clic en el botón **Seleccionar datos**, y dentro del cuadro de diálogo Seleccionar datos, clic en el botón **Cambiar fila / columna**, y clic en **Aceptar**.

EJERCICIO

En el siguiente ejercicio aprenderá a intercambiar filas y columnas.

> ⓘ **NOTA**
> Continuará con el libro del ejercicio anterior.

1. Clic en la hoja **Grupo Handsofthelp**.

   En esta hoja se va a crear un gráfico comparativo de cada marca durante el primer trimestre.

2. Seleccione el rango **A2:D8** y clic en la ficha **Insertar** y en el grupo Gráficos, clic en la galería **Insertar gráficos de columnas o barras**.

3. En la sección Columna en 3D, clic en **Columna agrupada 3D**.

   Se crea un gráfico que muestra los ingresos de todas las marcas (categorías) durante los tres primeros meses (series).

4. Clic en la ficha contextual **Diseño**, y en el grupo Datos, clic en el comando **Cambiar entre filas y columnas.**

   El gráfico intercambia los datos mostrando los meses como categorías y las marcas como series.

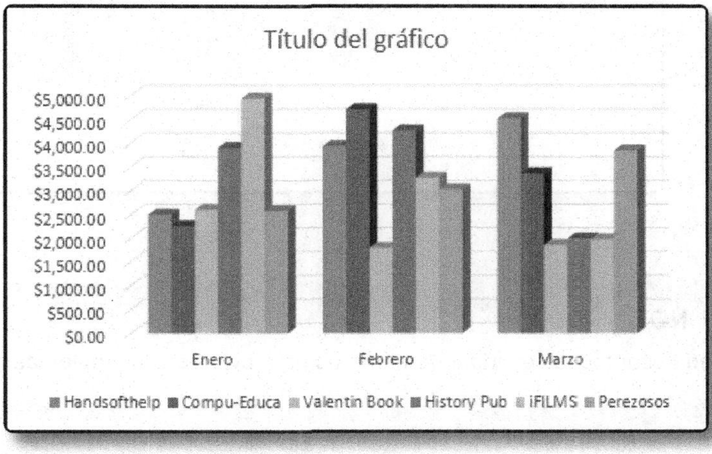

5. Guarde los cambios.

> ⓘ **NOTA**
> No cierre el libro, lo usará en el próximo ejercicio.

10.5.1 ¿Por qué es importante dejar la celda superior izquierda vacía?

La regla general es: Si usa datos numéricos para sus series o categorías, entonces la celda superior izquierda debería estar vacía. Si la celda superior izquierda tiene un texto, el gráfico no se mostrará de manera adecuada tal como lo demuestra la siguiente imagen.

> ⓘ **NOTA**
> Puede usar fechas en lugar de números para evitar estos problemas.

10.6 CAMBIAR EL ORIGEN DE DATOS DE UN GRÁFICO

El cuadro de diálogo **Seleccionar datos** es el lugar donde también puede intercambiar entre filas y columnas. Además, puede editar sus series y categorías para personalizar la presentación de su gráfico.

En la parte superior del cuadro de diálogo se encuentra el campo Rango de datos del gráfico. Este campo muestra el rango de su conjunto de datos que da forma al gráfico; si hace clic en el botón del extremo derecho del campo, puede seleccionar o modificar el conjunto de datos.

Para abrir el cuadro de diálogo Seleccionar origen de datos:

1. Seleccione el gráfico.
2. En la ficha contextual **Herramientas de gráfico**, clic en la ficha **Diseño**.
3. Clic en el botón **Seleccionar datos**.

EJERCICIO

En el siguiente ejercicio aprenderá a editar el origen de datos de un gráfico.

> ⓘ **NOTA**
> Continuará con el libro del ejercicio anterior.

1. Active la hoja **Grupo Handsofthelp** si fuese necesario.
2. Seleccione su gráfico y en la ficha **Diseño**, en el grupo Datos, clic en **Seleccionar datos**.

   Se abre el cuadro de diálogo **Seleccionar origen de datos**.

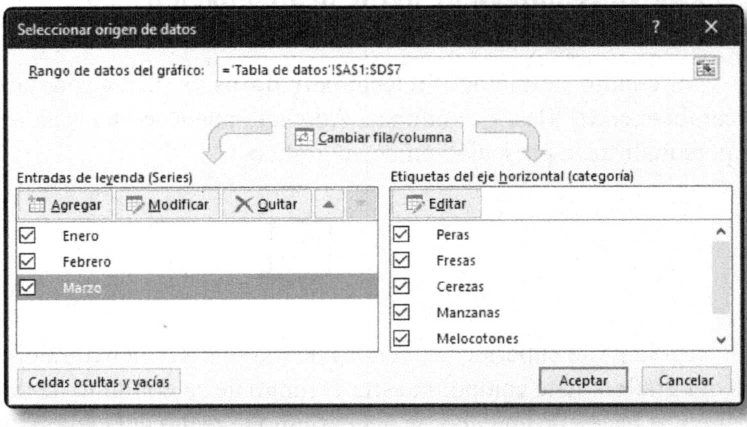

3. En el campo **Rango de datos del gráfico**, clic en el botón del extremo derecho.
   El cuadro de diálogo Seleccionar origen de datos se contrae mostrando solo el campo para seleccionar el rango de datos.

4. Seleccione **A2:A8** y pulsando la tecla **Ctrl,** seleccione **E2:G8**.

   De esta manera ha seleccionado el siguiente trimestre (abril, mayo y junio).

5. Una vez terminada la selección, clic en el botón del extremo derecho y el cuadro de diálogo vuelve a tomar su forma original.

6. En la sección Entradas de leyenda (Series), clic en **Valentin Book,** y clic en la flecha **Arriba** hasta colocarlo primero en la lista.

7. Seleccione Perezosos y sitúelo como segundo en la lista.
8. Clic en **Aceptar** del cuadro de diálogo Seleccionar origen de datos.

   Ahora puede notar los cambios hechos en el gráfico.
9. Guarde los cambios.

> ⓘ **NOTA**
> No cierre el libro, lo usará en el próximo ejercicio.

10.6.1 Agregar o quitar series de datos

En la sección Entradas de leyenda (Series) puede agregar, editar, quitar y ordenar su conjunto de series de datos. Si hace clic en el botón **Agregar** y/o **Modificar** aparecerá el cuadro de diálogo **Modificar serie**. Desde este cuadro de diálogo podrá agregar un nombre de serie y sus valores. Cuando termine de hacer los cambios, haga clic en Aceptar para aceptar los valores ingresados.

EJERCICIO

En este ejercicio aprenderá a agregar y quitar series de gráfico.

> ⓘ **NOTA**
> Continuará con el libro del ejercicio anterior.

1. Con el gráfico del ejercicio anterior seleccionado, active el cuadro de diálogo **Seleccionar origen de datos**.
2. En la sección **Entradas de leyenda (series)**, seleccione Handsofthelp y haga clic en el botón **Quitar**.
3. Seleccione **IFILMS** y **History Pub** y clic en el botón **Quitar**.

> ⓘ **NOTA**
> Tenga en cuenta que los datos que está quitando no se borran del origen de datos.

4. Puede mover el cuadro de diálogo **Seleccionar origen de datos** a otra posición para ver cómo se va modificando el gráfico.

   Como puede ver en la siguiente imagen, solo se muestran tres columnas que representan a las tres series del gráfico.

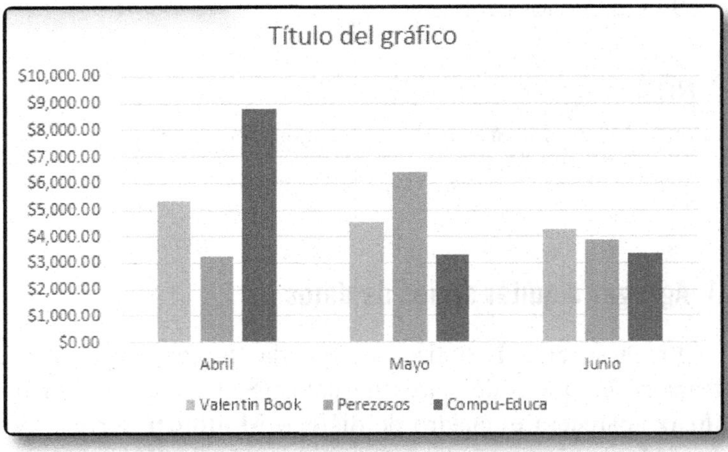

5. Clic en el botón **Agregar**.

   Se abre el cuadro de diálogo **Modificar serie**.

6. En el cuadro **Nombre de la serie**, escribe "**DICES**".

NOTA

Exam Ref es el nombre de una marca ficticia.

7. En **Valores de la serie**, dentro de las llaves escribe **2010**, **2987** y **6989** separados por un punto y coma o solo por coma, dependiendo de la configuración del equipo.

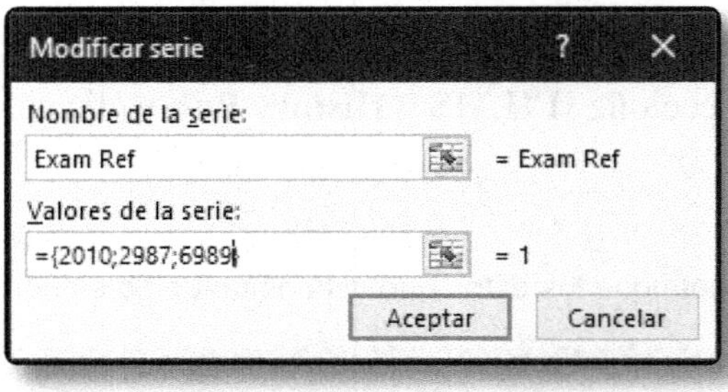

8. Clic en **Aceptar** del cuadro de diálogo Modificar serie. Luego, clic en **Aceptar** del cuadro de diálogo Seleccionar origen de datos.

   La siguiente imagen muestra el gráfico con una nueva serie (Exam Ref).

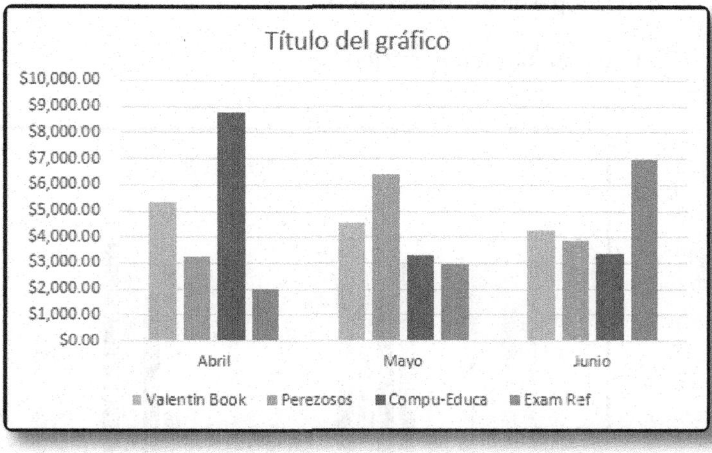

9. Guarde los cambios.

> **NOTA**
> No cierre el libro, lo usará en el próximo ejercicio.

10.6.2 Cambiar las categorías de datos

En la sección Etiquetas del eje horizontal (categorías) solo se encuentra el botón **Editar**. Con esta opción puede volver a seleccionar un conjunto de datos nuevos para sus categorías o puede agregarlos como una matriz siguiendo el formato: **{"Enero";"Febrero";"Marzo"}**.

EJERCICIO

En el siguiente ejercicio aprenderá a cambiar las etiquetas de categorías.

> **NOTA**
> Continuará con el libro del ejercicio anterior.

1. Active la hoja **Temperatura**.

   La hoja Temperatura muestra una tabla de datos de las principales ciudades de un país con el pronóstico de temperatura durante los próximos tres días a partir del día sábado.

2. Crear el siguiente gráfico.

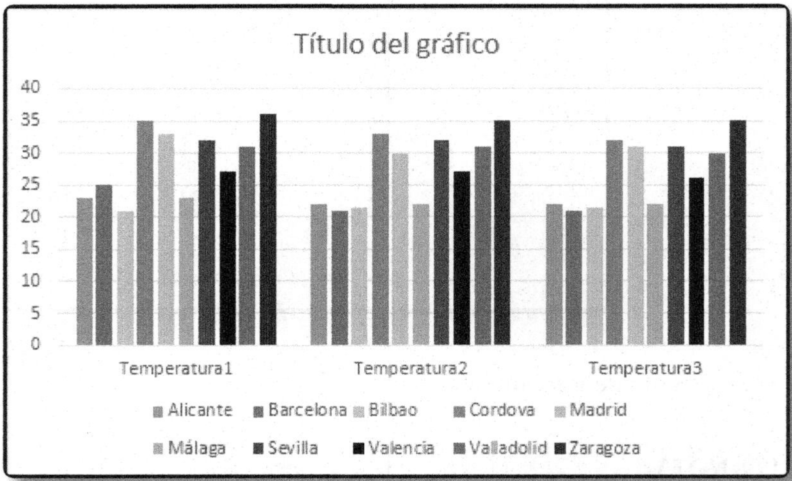

3. Seleccione el gráfico y active el cuadro de diálogo **Seleccionar origen de datos**.

4. En la sección **Etiquetas del eje horizontal (categorías)**, clic en el botón **Editar**.

   Se abre el cuadro de diálogo **Rótulo del eje.**

5. En el cuadro de diálogo Rótulos del eje, en el campo Rango de rótulos del eje, añada: **={"sábado";"domingo";"lunes"}**

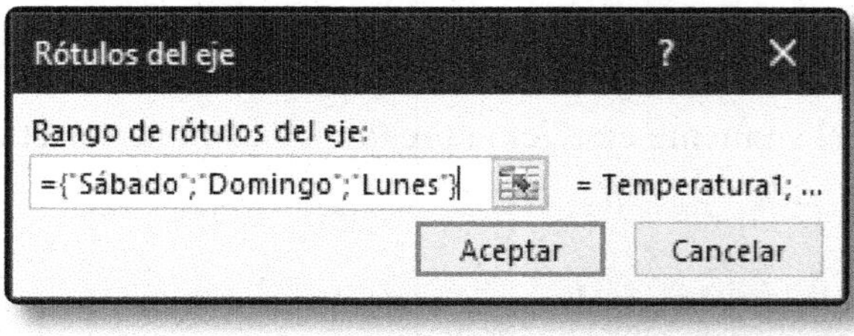

6. Clic en **Aceptar** del cuadro de diálogo Rótulos del eje y luego clic en **Aceptar** del cuadro de diálogo Seleccionar origen de datos.

   Ahora puede ver como las etiquetas de categorías cambiaron por los días sábado, domingo y lunes.

7. Guarde los cambios.

> ⓘ **NOTA**
>
> No cierre el libro, lo usará en el próximo ejercicio.

10.6.3 Trabajar con celdas ocultas y vacías

Si su conjunto de datos tiene celdas vacías u ocultas, puede usar el botón **Celdas ocultas y vacías** para modificar la forma en cómo se muestran los datos en el gráfico. Las opciones para cambiar la presentación se encuentran en el cuadro de diálogo Configuración de celdas ocultas y vacías.

EJERCICIO

En este ejercicio aprenderá a crear un gráfico resolviendo el problema de celdas vacías u ocultas.

> ⓘ **NOTA**
>
> Continuará con el libro del ejercicio anterior.

1. Active la hoja **Gráfico por meses**.

   Esta hoja presenta una tabla de datos donde la columna Abril tiene celdas vacías.

2. Seleccione toda la tabla de datos, incluyendo Abril.

3. Clic en la galería **Insertar gráficos de líneas o de áreas**, y en la sección Línea 2D, clic en **Línea**.

Se crea el siguiente gráfico.

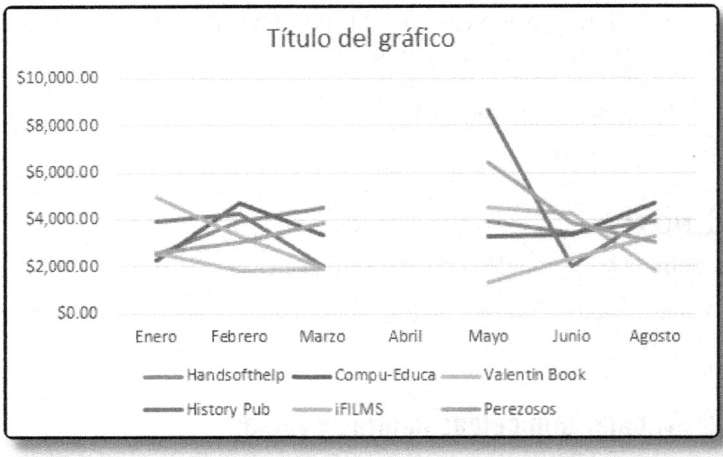

4. Clic derecho sobre el encabezado de la columna **C** y clic en **Ocultar**.

   La apariencia del gráfico cambia pasando de enero a marzo y provocando un desnivel.

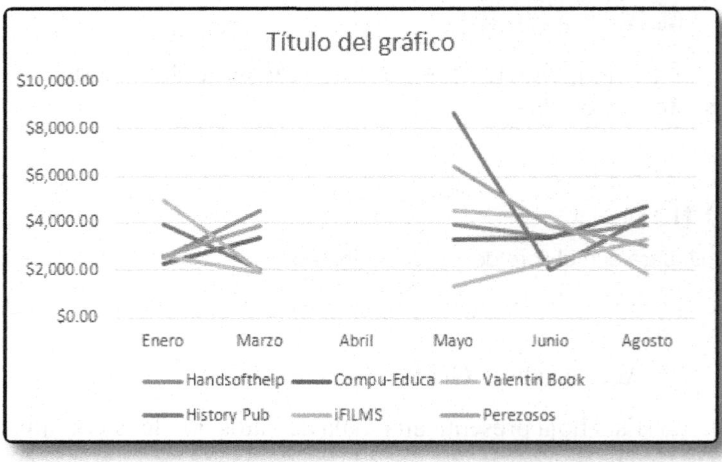

5. Active el cuadro de diálogo **Seleccionar origen de datos**.
6. En la sección Entradas de leyenda (Series), quite **Compu-Educa** e **iFILMS**.

   Esta acción es solo para hacer más visible el gráfico teniendo pocos datos.

7. Haga clic en el botón **Celdas ocultas y vacías**.

   Se abre el cuadro de diálogo Configuración de celdas ocultas y vacías.

8. En el cuadro de diálogo Configuración de celdas ocultas y vacías, active la casilla **Mostrar datos en filas y columnas ocultas**.

   De esta manera **Febrero** -que estaba oculto- vuelve a mostrarse.

9. Active también la opción **Cero** y clic en **Aceptar**.

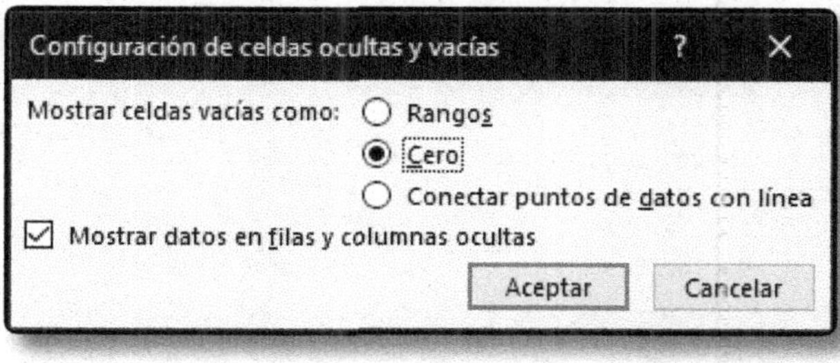

10. Clic en **Aceptar** del cuadro de diálogo Seleccionar origen de datos.

    El gráfico muestra el mes febrero solo en el gráfico, no la tabla de datos. Además, la división que había en el gráfico por las celdas vacías ha desaparecido, sin embargo, los valores van a cero mostrando un déficit financiero.

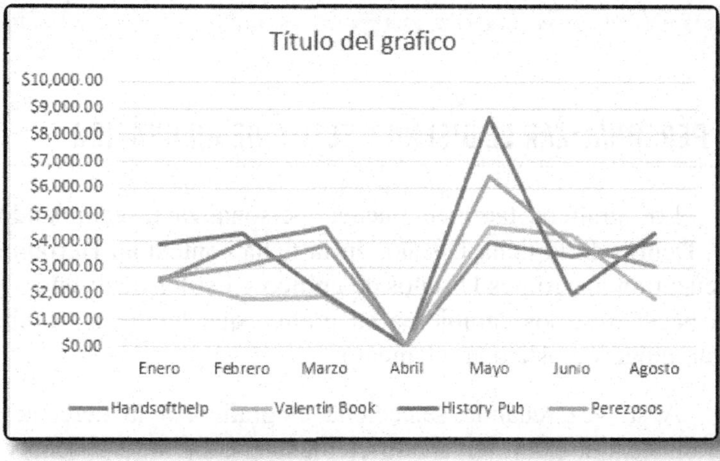

11. Active nuevamente el cuadro de diálogo Seleccionar origen de datos y clic en el botón **Celdas ocultas y vacías**.

12. Dentro del cuadro de diálogo Configuración de celdas ocultas y vacías, active la opción **Conectar puntos de datos con línea** y clic en **Aceptar** las veces que sea necesaria para ver el gráfico modificado.

Note en el gráfico que en abril hay una continuidad gráfica hacia mayo sin que se note que en abril no existen datos.

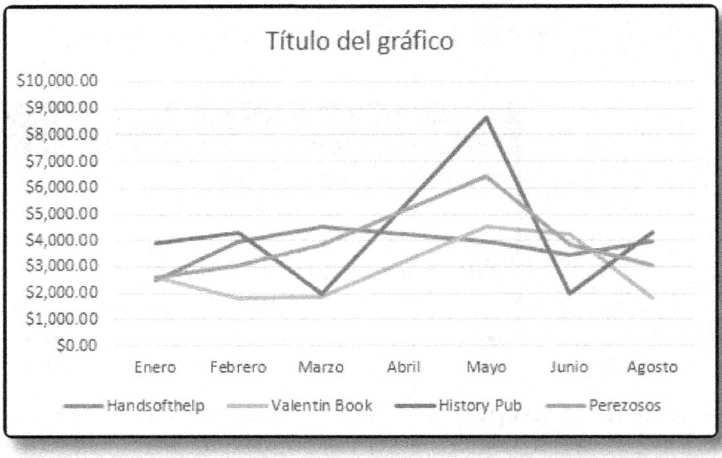

> ⓘ **NOTA**
> No cierre el libro, lo usará en el próximo ejercicio.

10.7 PERSONALIZAR EL DISEÑO Y ESTILO DE UN GRÁFICO

Los gráficos también pueden personalizarse cambiando su diseño o su estilo. Dentro de la ficha Diseño, en la ficha contextual Herramientas de gráficos, se encuentran los grupos Diseños de gráfico y Estilos de diseño. Desde estos grupos podrá hacer diversos cambios a su gráfico que incluyen: cambiar los colores, o agregar, quitar o posicionar elementos.

A su vez, cuando selecciona el gráfico, a la derecha aparecen botones contextuales, que permiten añadir elementos, cambiar el diseño y filtrar los valores en el gráfico.

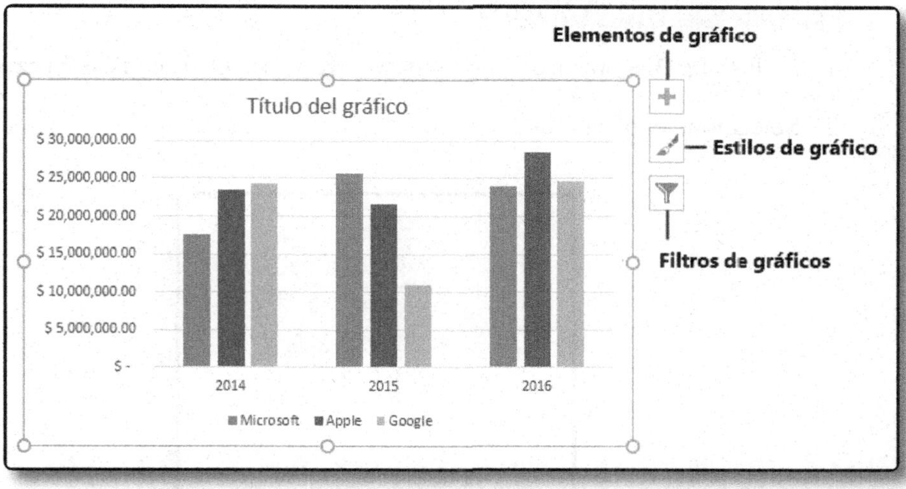

Cambiar el estilo de diseño:

1. En la ficha **Diseño**, en el grupo **Estilos de diseño**, realice alguna de estas acciones:
   - Clic en alguna opción de la galería.
   - Use las flechas arriba y abajo para ver más estilos y clic en el que quiera.
   - Clic en el botón **Más** de la galería para que despliegue la galería de estilos de diseño y clic en el estilo que quiera.

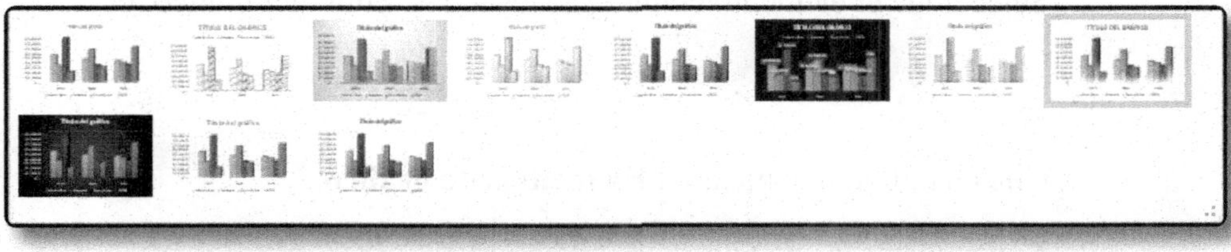

O

1. Clic en el botón contextual **Estilos de gráfico**.
2. Navegue por las opciones.
3. Clic en el estilo de diseño que necesite.

Aplicar un Diseño rápido:

1. En la ficha **Diseño**, en el grupo **Diseños de gráfico**, clic en **Diseño rápido**.
2. Seleccione el diseño que necesite.

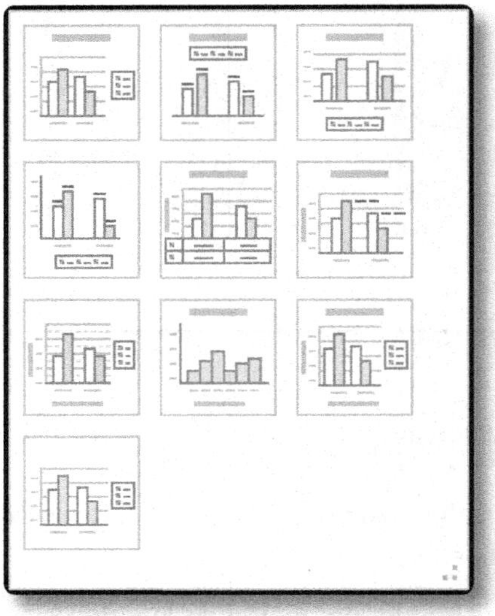

Agregar elementos de gráfico:

1. En la ficha **Diseño**, en el grupo **Diseños de gráfico**, clic en **Agregar elemento de gráfico**.
2. Seleccione el elemento como ejes, leyendas, título del gráfico, etc.

O

1. Clic en el botón contextual **Elementos de gráfico**.
2. Navegue por las opciones.
3. Clic en el estilo de diseño que necesite.

Cambiar tipo de gráfico:

1. En la ficha **Diseño**, en el grupo **Tipo**, clic en **Cambiar tipo de gráfico**. Se abre el cuadro de diálogo **Cambiar tipo de gráfico**.

2. En los tipos de gráficos (lado izquierdo), clic en el tipo de gráfico por el que desea cambiar.
3. Use los subtipos de gráfico (área más grande) en la parte superior del cuadro de diálogo.
4. Clic en **Aceptar**.

10.8 NUEVOS TIPOS DE GRÁFICOS

Como se mencionó anteriormente en este mismo capítulo, se han agregado nuevos gráficos y otros han sido agrupados en categorías existentes. Entre los gráficos nuevos agregados están: Cascada, Histograma, Diagramas de Pareto, Diagramas de cajas y bigotes, Mapa de árbol y Proyección Solar.

> ⓘ **NOTA**
> Excel brinda 6 nuevos tipos de gráficos, ideales para el análisis de datos ya que muchos de estos gráficos aparecían solo en programas especializados como SPSS.

10.8.1 Gráfico de cascada

Los gráficos en cascada son ideales para mostrar un efecto acumulativo de cantidades positivas y negativas, basado en un valor de inicio. Por ejemplo, se pide mostrar las cantidades netas del flujo de caja mensual en un gráfico de cascada, y rápidamente ver qué meses tienen resultados positivos y negativos.

EJERCICIO

En el siguiente ejercicio aprenderá a crear un gráfico en cascada.

> ⓘ **NOTA**
> Abrir el libro **FlujoCaja**.

1. Seleccione su tabla de datos *Entera*: **A1:B15**.

2. En el grupo Gráficos, clic en la galería **Insertar gráfico de cascada o cotizaciones**.

3. En la sección Cascada, clic en **Cascada**.

   Acaba de crear un gráfico de cascada. Este gráfico va mostrando los valores positivos en azul y los valores negativos en color naranja y un total (que no se ve) en gris.

   Al analizar el gráfico, puede notar que en enero el valor es negativo, es por ello que la columna comienza desde el valor 5000 y va hacia abajo. Llegado a este punto, si el siguiente valor es positivo o negativo, la columna comenzará desde donde se dejó la anterior. Por otro lado, el valor final no debería estar flotando como las demás columnas, así que hay que modificar este gráfico.

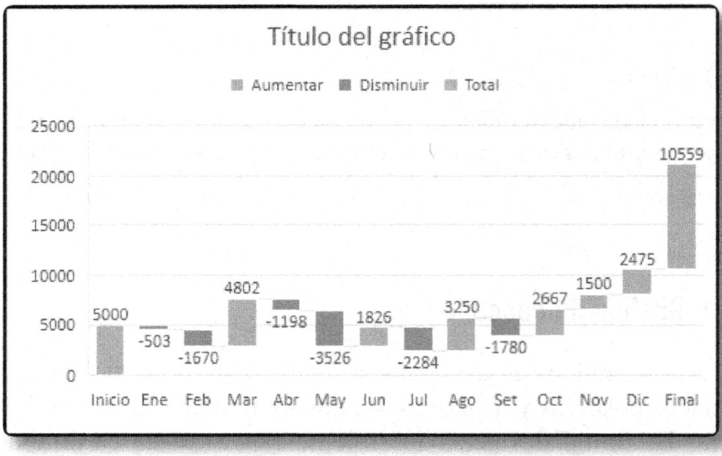

4. Doble clic sobre la columna del punto de datos de la categoría **Final**.

   Se abre el panel Formato de punto de datos.

> **NOTA**
>
> Si no hace doble clic, solo seleccionará los puntos de datos y el panel no se abrirá.

5. En el panel Formato de punto de datos, en la sección Opciones de serie, active la casilla **Establecer como total**.

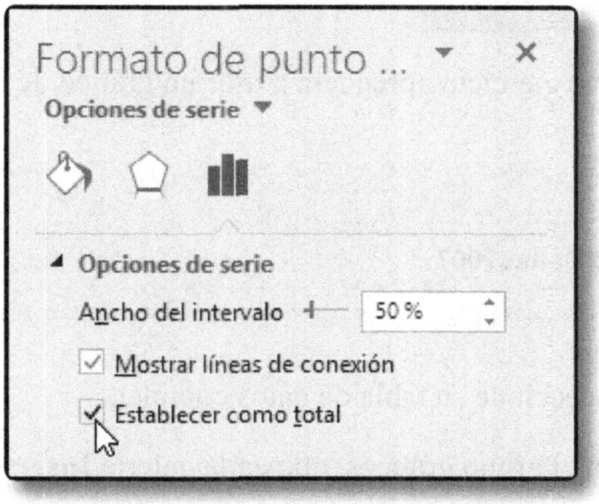

6. Aplique el estilo de diseño 3 para concluir con el gráfico.

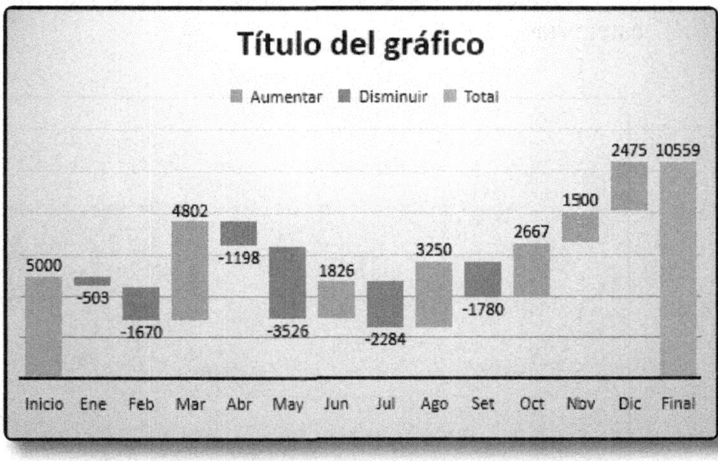

7. Guarde con el nombre "**FlujoCajaCascada**" y cierre su libro.

10.8.2 Gráfico mapa de árbol

Los gráficos mapa de árbol (gráfico de rectángulos) proporcionan una vista jerárquica de sus datos y son una gran elección para detectar patrones, por ejemplo, para saber qué elementos son los más vendidos en una tienda de libros. Estos gráficos son muy buenos para comparar proporciones, por ejemplo, un gráfico poblacional. Sin embargo, no son tan legibles con niveles jerárquicos entre las categorías y los puntos de datos, para ello puede usar un gráfico mucho más adaptable: **proyección solar**.

EJERCICIO

En este ejercicio aprenderá a usar un gráfico de mapa de árbol.

> **ⓘ NOTA**
>
> Abrir el libro **Censo2007**.

1. Seleccione su tabla de datos completa.
2. En el grupo gráficos, clic en la galería **Insertar gráfico de jerarquía**.
3. En la sección Gráfico de rectángulos, clic en **Rectángulos**.
4. Una vez insertado su gráfico, ajuste su tamaño para intentar ver todas sus categorías.

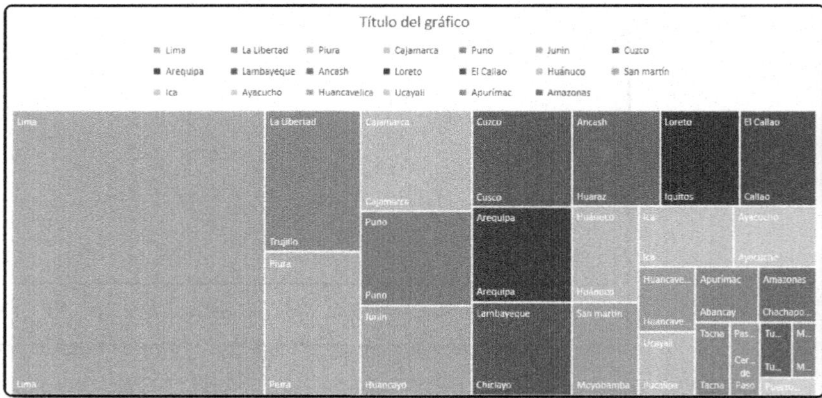

5. Guarde con el nombre "**CensoMapaArbol**" y cierre el libro.

EJERCICIO PROPUESTO 16

Abrir el libro **Ingresos** y realice las siguientes acciones.

1. Insertar un gráfico de columna agrupada 3D que represente a todas las tiendas durante el primer trimestre.
2. Insertar un gráfico circular que represente a todas las tiendas durante el segundo trimestre.
3. Al gráfico de columnas intercambie entre filas y columnas y aplique el estilo de diseño **Estilo 8**.
4. Al gráfico circular aplique el diseño rápido **Diseño 6**, y posicione la leyenda encima del gráfico.

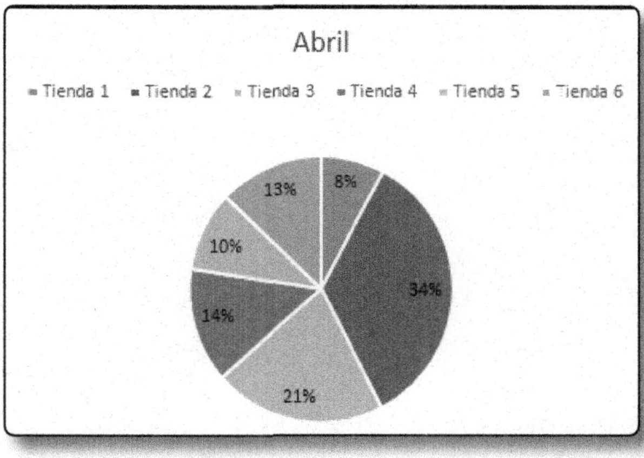

5. Mueva el gráfico de columnas a una nueva hoja llamada **Ingresos**.
6. Guarde con el nombre "**Mis Ingresos**" y cierre el libro.

11

ADMINISTRAR DATOS

En este capítulo aprenderá a:

- Ordenar datos.
- Filtrar datos.
- Usar la función SUBTOTALES.
- Organizar datos en niveles.
- Aplicar validación de datos.
- Aplicar formatos condicionales.

Para completar los ejercicios en este capítulo, necesita los archivos de práctica que se encuentran en la carpeta "Capítulo 11".

11.1 ORDENAR Y FILTRAR RANGOS

En el capítulo 9: "Trabajar con tablas", ya pudo ver el poder de ordenar y filtrar datos en sus tablas. Sin embargo, estas opciones de ordenación y filtro también se aplican a listas de datos en sus rangos.

11.1.1 Ordenar

Si ya tiene una lista de datos y desea ordenarla, solo debe hacer clic sobre una celda que forme parte de la lista y luego aplicar alguna opción de ordenación. Si existen varias columnas, estas se ordenarán sin ningún inconveniente. Por otro lado, si quiere ordenar una sola columna en particular, aparecerá el cuadro de diálogo

Advertencia antes de ordenar y le preguntará si desea ordenar solo la columna actual o ampliar la selección.

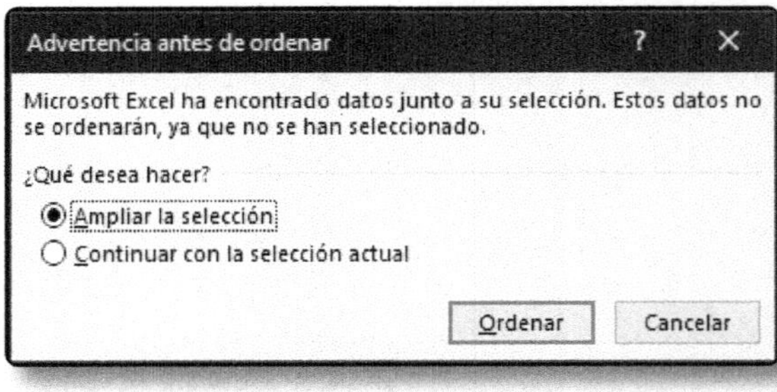

Las opciones de ordenación dependen del tipo de dato seleccionado. Si los datos son numéricos puede aplicar **Ordenar de menor a mayor** y **Ordenar de mayor a menor**; si son textos, las opciones serán **Ordenar de A a Z** y **Ordenar de Z a A**; si son fechas, las opciones serán **Ordenar de más antiguo a más reciente** y **Ordenar de más recientes a más antiguos**.

También puede usar el cuadro de diálogo Ordenar para ordenar sus datos a través de sus columnas. Por ejemplo, puede ordenar una columna en forma ascendente y otra en forma descendente.

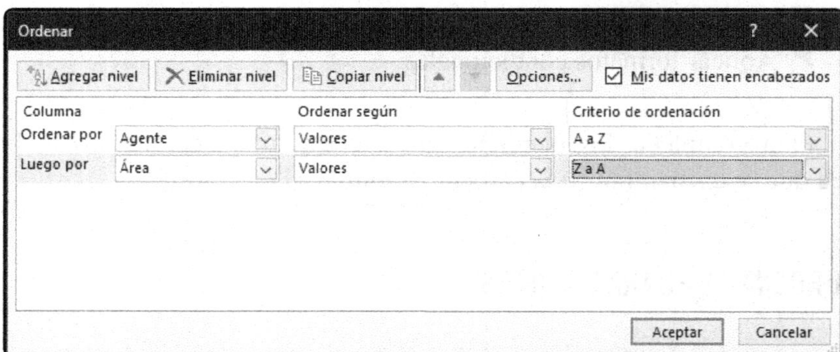

Para ordenar su lista de datos:

1. Clic en alguna celda dentro de su lista de datos.
2. Clic en la ficha **Inicio**, y en el grupo Editar, clic en el botón desplegable **Ordenar y filtrar.**
3. Clic en la opción de ordenación que necesite.

Para ordenar su lista de datos por una sola columna:

1. Clic en alguna celda dentro de su lista de datos.
2. Clic en la ficha **Inicio**, y en el grupo Editar, clic en el botón desplegable **Ordenar y filtrar.**
3. Clic en **Orden personalizado**.

   Se abre el cuadro de diálogo Ordenar.
4. En el campo **Columna**, en **Ordenar por**, seleccione la columna por la cual quiere ordenar como primera opción.
5. En el campo **Ordenar según**, seleccione el tipo de ordenación.
6. En el campo **Criterio de ordenación**, seleccione la opción de ordenación adecuada.
7. Clic en **Aceptar**.

Para ordenar su lista de datos por dos o más columnas:

1. Activar el cuadro de diálogo Ordenar.
2. Seleccione las opciones de ordenación para la columna por la cual quiere ordenar como primera opción.
3. Clic en el botón **Agregar nivel**.
4. En **Luego por**, seleccione la columna por la cual quiere ordenar como segunda opción.
5. Complete las demás opciones y clic en **Aceptar**.

EJERCICIO

En el siguiente ejercicio aprenderá a ordenar una lista de datos.

> **ⓘ NOTA**
>
> Abrir el libro **Lista de datos**.

1. Clic en alguna celda de la columna Área.
2. Clic en la ficha Inicio, y en el grupo Editar, clic sobre el botón desplegable **Ordenar y filtrar**.
3. Clic en la opción **Ordenar de A a Z**.

   La columna Área se ordena de modo ascendente y las demás columnas se acoplan a la ordenación.

	A	B	C	D	E	F	G	H	I	J
1	Agente	Fecha llegada	Área	Lista Precio	Habitaciones	Baños	Metros	Tipo	Piscina	Ocupado
2	Valentin	09/10/2010	Central	199	3	2.5	1510	Departamento	FALSO	FALSO
3	Huiza	12/05/2010	Central	229	4	3	2041	Familiar Simple	FALSO	VERDADERO
4	Salinas	08/07/2010	Central	236	3	2	1700	Familiar Simple	FALSO	FALSO
5	Cárdenas	03/10/2010	Central	340000	4	2.5	2517	Departamento	FALSO	FALSO
6	Chilcho	09/10/2010	Central	227500	4	3	1990	Familiar Simple	VERDADERO	FALSO
7	Olórtegui	29/01/2010	Norte	1200	5	5	4696	Familiar Simple	VERDADERO	FALSO
8	Romero	04/04/2010	Norte	799	6	5	4800	Familiar Simple	FALSO	FALSO
9	Fernández	24/02/2010	Norte	425	5	3	2414	Familiar Simple	VERDADERO	FALSO
10	Guerra	24/04/2010	Norte	405	2	3	2444	Familiar Simple	VERDADERO	VERDADERO
11	Apolinario	24/03/2010	Norte	398	4	2.5	2620	Familiar Simple	FALSO	FALSO
12	Delgado	09/06/2010	Norte	389	4	2	1971	Familiar Simple	FALSO	FALSO
13	Salcedo	30/03/2010	Norte	379	4	3	3000	Familiar Simple	FALSO	VERDADERO
14	Ylla	03/05/2010	Norte	369	3	2.5	2030	Departamento	VERDADERO	FALSO
15	López	26/06/2010	Sur	208	4	2	1800	Familiar Simple	FALSO	FALSO

4. Clic en alguna celda de la columna Lista de precios, y desde **Ordenar y filtrar,** clic en **Ordenar de mayor a menor**.
5. Seleccione el rango H2:H15.

   Acaba de seleccionar todos los datos de la columna Tipo.

6. Clic en Ordenar y filtrar y clic en **Ordenar de Z a A**.

   Aparece el cuadro de diálogo Advertencia antes de ordenar.

7. Dentro del cuadro de diálogo, clic en **Continuar con la selección actual**, y clic en **Aceptar**.

La columna Tipo es la única que sufre ordenación, mientras que las demás columnas quedan sin sufrir cambios. El problema es que los datos ya no coinciden.

8. Clic en el botón **Deshacer**.

   La lista de datos regresa a la normalidad.

9. Clic en cualquiera celda dentro de su lista de datos y desde Ordenar y filtrar, clic en **Orden personalizado**.

10. En Ordenar por seleccione **Tipo**, en Ordenar según seleccione **Valores**, y en Criterio de ordenación seleccione **Z a A**.

11. Clic en el botón **Agregar nivel**.

    Se crea una segunda lista de ordenación.

12. En Luego por seleccione **Agente**, en Ordenar según seleccione **Valores**, y en Criterio de ordenación seleccione **A a Z**.

13. Clic en **Aceptar**.

    La lista de datos se ordena tomando como referencia principal a la columna Tipo. Esto significa que primero se ordenan los valores en modo *descendente* para **Tipo** y luego en modo *ascendente* para **Agente**.

14. Guarde los cambios.

ⓘ NOTA

No cierre el libro, lo usará en el próximo ejercicio.

11.1.2 Filtrar

Si tiene una lista de datos demasiado grande, probablemente le resulte complicado encontrar un registro en particular. Los filtros permiten mostrar solo la información que quiere ver mientras se ocultan las demás.

Cuando se aplican filtros básicos -también llamados Autofiltros- aparecen unas flechas desplegables a la derecha de cada campo de columna. Al hacer clic en la flecha, se despliega un menú de opciones para aplicar diversos filtros.

Para activar los filtros:

1. Clic en alguna celda dentro de su lista de datos.
2. Clic en la ficha **Inicio**, y en el grupo Editar, clic en el botón desplegable **Ordenar y filtrar.**
3. Clic en **Filtro**.

Para filtrar datos:

1. Clic en la flecha desplegable del campo que quiera filtrar.
2. En la parte inferior del menú desplegable, habilite o deshabilite las casillas para aplicar los filtros.
3. Clic en **Aceptar**.

Para borrar filtros:

1. Clic en el botón desplegable **Ordenar y filtrar**.
2. Clic en **Borrar**.

O

1. Clic en la flecha desplegable del campo filtrado.
2. Clic en **Borrar filtro de...**

EJERCICIO

En el siguiente ejercicio aprenderá a filtrar una lista de datos.

> ⓘ **NOTA**
> Continuará con el libro del ejercicio anterior.

1. Clic en alguna celda de su lista de datos.
2. Clic en la ficha **Inicio**, y en el grupo Editar, clic en **Ordenar y filtrar**, y seleccione **Filtro**.

   Aparecen flechas a la derecha de cada campo.
3. Clic en la flecha desplegable del campo **Área** y deshabilite la casilla **Sur**.
4. Clic en **Aceptar**.

   Se aplica el filtro mostrando solo datos para las áreas **Central** y **Norte**.
5. Clic en la flecha del campo Agente y deshabilite la casilla **(Seleccionar todo)**.

   Todas las casillas se deshabilitan.
6. Habilite solo las casillas **Apolinario** y **Salinas** y clic en **Aceptar**.

   La lista de datos se filtra mostrando solo dos registros.
7. Guarde los cambios con el nombre **Mis Filtros** y cierre el libro.

11.2 RESUMIR DATOS QUE TIENEN FILAS OCULTAS O FILTRADAS

En el capítulo 3: "Trabajar con fórmulas y funciones", aprendió a utilizar funciones básicas como SUMA y PROMEDIO. Mientras tiene una lista de datos, puede seguir usando esas funciones para obtener los resultados que necesita, pero se dará cuenta que cuando los datos se filtran, las funciones sufren una gran limitación.

Los cálculos de las funciones SUMA y PROMEDIO no cambian si alguna de las filas -usadas como argumentos- está oculta por los filtros aplicados. Para dar solución a este problema, puede usar dos formas para resumir datos solo de las celdas visibles: Autocalcular y la función SUBTOTALES.

Las opciones de Autocalcular se encuentran en la barra de estado. Cuando selecciona el rango de datos, Autocalcular puede mostrar los resultados para las funciones PROMEDIO, SUMA y CONTARÁ (Recuento).

Para ver resultados rápidos con Autocalcular:

1. Seleccione el rango completo de valores.
2. Vea los resultados en la barra de estado.

Autocalcular es útil para obtener resultados rápidos, pero estos resultados no estarán disponibles como datos en sus hojas. Por tal motivo, puede usar la función SUBTOTALES para resumir solo los valores que están visibles en su hoja. La función SUBTOTALES usa la siguiente sintaxis: ***=SUBTOTALES(núm_función;ref1;ref2)***

El argumento **núm_función** es un número (vea la siguiente tabla) que representa a una función en particular. Por otro lado, los argumentos **ref1** y **ref2** representan los rangos seleccionados.

> ⓘ **NOTA**
> Puede agregar hasta 29 argumentos ref.

La siguiente tabla detalla los números de función que se utiliza en el argumento **núm_función**:

Número de operación (incluyen valores ocultos)	Número de operación (ignoran valores en filas ocultas manualmente)	Función
1	101	PROMEDIO
2	102	CONTAR
3	103	CONTARA
4	104	MAX
5	105	MIN
6	106	PRODUCTO
7	107	DESVEST.M
8	108	DESVEST.P
9	109	SUMA
10	110	VAR.S
11	111	VAR.P

La función SUBTOTALES trabaja ligeramente diferente cuando se tratan filas ocultas y filas filtradas. Cuando las filas están ocultas a causa de un filtro, cualquiera de los números de operación (véase la tabla anterior) le dará el resultado adecuado operando solo las filas visibles. Sin embargo, cuando se ocultan filas manualmente, el número de operación es importante. Las funciones que van desde 1 a 11 operan valores sin importar si ciertas filas están ocultas, mientras que las funciones que van desde 101 a 111 van a ignorar esas filas ocultas.

EJERCICIO

En el siguiente ejercicio aprenderá a usar la función **SUBTOTALES**.

> ⓘ **NOTA**
>
> Abrir el libro **Resumen**.

1. Seleccione el rango **D4:D17**.

   Este rango corresponde al campo Lista de precios.

2. Revise el área de Autocalcular en la barra de tareas.

   Los resultados incluyen el promedio, recuento y suma del rango seleccionado.

3. Clic en **D1** e ingrese: **=SUBTOTALES(**

   Se muestra una lista con los números de operación de las funciones.

4. Doble clic sobre **9 – SUMA** o escriba **9**.

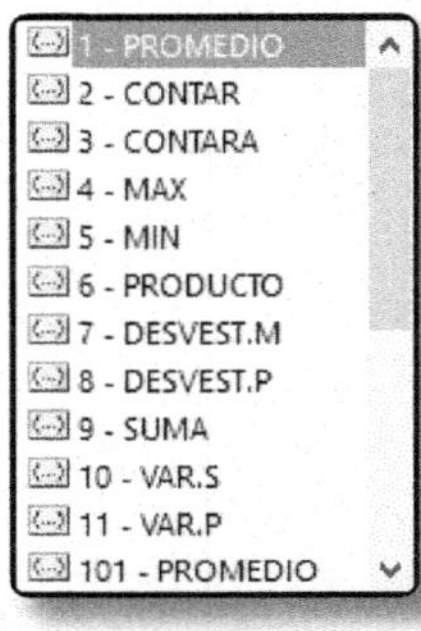

5. Continúe con la fórmula: **;D4:D17)**

   Su fórmula debería quedar como **=SUBTOTALES(9;D4:D17).**

6. Pulse *Enter* y observe el resultado.

   El resultado es 8536, siendo el mismo valor como si usara la función SUMA.

7. Clic en la flecha desplegable **Agente** y filtre para que se muestren solo Valentin y Salinas.

   El resultado en D1 cambia para mostrar solo la suma de la lista de precios para Valentin y Salinas. Si hubiese usado la función SUMA, el resultado seguiría siendo *8536*.

8. Clic en la flecha desplegable de **Agente** y clic en **Borrar filtro de “Agente”.**

   Los datos y el resultado en D1 regresan a la normalidad.

9. Clic sin soltar en el encabezado de fila 5 y arrastre hasta la fila 14. Manteniendo la tecla Ctrl, continúe seleccionando las filas 16 y 17.

3	Agente	Fecha llegada	Área
4	Valentin	09/10/2010	Central
5	Olórtegui	29/01/2010	Norte
6	Romero	04/04/2010	Norte
7	Fernández	24/02/2010	Norte
8	Guerra	24/04/2010	Norte
9	Apolinario	24/03/2010	Norte
10	Delgado	09/06/2010	Norte
11	Salcedo	30/03/2010	Norte
12	López	26/06/2010	Sur
13	Huiza	12/05/2010	Central
14	Ylla	03/05/2010	Norte
15	Salinas	08/07/2010	Central
16	Cárdenas	03/10/2010	Central
17	Chilcho	09/10/2010	Central

10. Clic derecho en cualquiera de los encabezados de fila seleccionados y clic en **Ocultar**.

    Acaba de ocultar manualmente varias filas dejando solo a los agentes Valentin y Salinas. Note también que la función SUBTOTALES en D1 no ha cambiado el resultado, sigue mostrando 8536.

11. Clic en **D1** y cambie el número de operación **9** por **109**. La fórmula debería ser: **=SUBTOTALES(109;D4:D17).**

12. Pulse *Enter* y vea el resultado.

    Esta fórmula opera solo las filas visibles.

13. Guarde los cambios y cierre el libro.

11.3 ORGANIZAR DATOS EN NIVELES

Una característica muy interesante en Excel es la creación de esquemas. Puede utilizar esquemas para crear informes de resumen que no necesiten tanto detalle como sí lo hacen las tablas dinámicas. Si su hoja utiliza datos en modo jerárquico y se usan fórmulas con subtotales, lo más probable es que sea un buen candidato para aplicar esquemas.

Hay dos formas de crear esquemas: manualmente y automáticamente. Sin embargo, antes de aventurarse a crear un esquema, primero debe asegurarse de que sus datos sean apropiados para tal fin. Otro punto a tomar en cuenta es la cantidad de datos; si es demasiado extenso, mejor pruebe en usar tablas dinámicas. Una tabla dinámica es mucho más flexible y no requiere usar fórmulas de subtotales ya que el resumen de datos se hace automáticamente.

> ⓘ **NOTA**
> El tema de esquemas y tablas dinámicas se profundiza más en el libro Excel 2016 Expert Paso a Paso del mismo autor.

EJERCICIO

En el siguiente ejercicio aprenderá a aplicar un esquema manual.

> ⓘ **NOTA**
> Abrir el libro **Niveles**.

1. Clic en alguna celda de la lista de datos.

   Esta lista de datos no es extensa y está organizada jerárquicamente presentando una columna para años (2010 y 2011), una para países (España, Estados Unidos, Perú y Colombia), y una para los meses (de enero a diciembre).

2. Desde la ficha **Datos**, en el grupo Esquema, clic en el botón **Subtotal**.

   Se abre el cuadro de diálogo Subtotales.

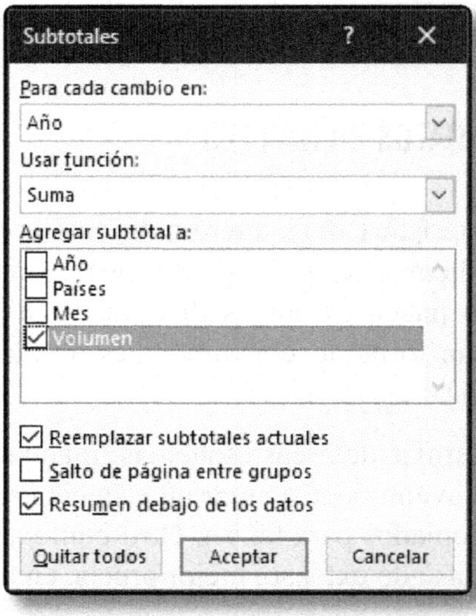

3. En *Para cada cambio en*, seleccione **Año**.

   El campo Año es el nivel más alto en la lista de datos presentando solo dos opciones, 2010 y 2011.

4. En *Usar función*, seleccione **Suma.**

5. En *Agregar subtotal a*, seleccione **Volumen**.

   Este último es el único campo que puede operarse.

6. Clic en **Aceptar**.

   Su hoja esquematiza la lista de datos. Sin embargo, al hacer clic en Aceptar sucedieron varias cosas:

   - Aparece un área de niveles de esquema a la izquierda de la hoja con el cual podrá mostrar y ocultar los detalles.
   - En B15 y en B28 aparecen dos etiquetas de totales dando como referencia a E15 y E28 donde se muestra un resultado basado a la función SUBTOTALES.
   - En B29 también se muestra una etiqueta de total general.

	A	B	C	D	E
2		Año	Países	Mes	Volumen
3		2011	España	Enero	120933
4		2011	España	Febrero	29977
5		2011	España	Marzo	51086
6		2011	Estados Unid	Abril	62793
7		2011	Estados Unid	Mayo	78046
8		2011	Estados Unid	Junio	43476
9		2011	Perú	Julio	54067
10		2011	Perú	Agosto	74900
11		2011	Perú	Septiembre	39057
12		2011	Colombia	Octubre	71752
13		2011	Colombia	Noviembre	66012
14		2011	Colombia	Diciembre	142935
15		**Total 2011**			835034
16		2010	España	Enero	46144
17		2010	España	Febrero	27399
18		2010	España	Marzo	47273
19		2010	Estados Unid	Abril	17854
20		2010	Estados Unid	Mayo	60229
21		2010	Estados Unid	Junio	85733
22		2010	Perú	Julio	77758
23		2010	Perú	Agosto	29095
24		2010	Perú	Septiembre	40265
25		2010	Colombia	Octubre	31529
26		2010	Colombia	Noviembre	87868
27		2010	Colombia	Diciembre	129014
28		**Total 2010**			680161

7. En el área de niveles, clic en el nivel **2**.

   Los datos se contraen mostrando solo los totales para el 2011, 2010 y el total general.

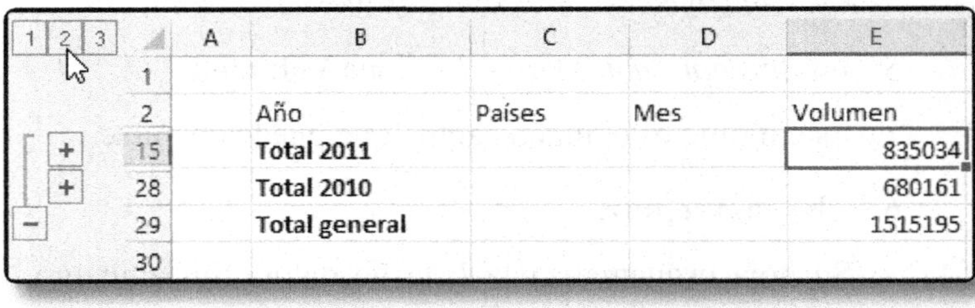

8. A la izquierda de la fila 28, clic en el botón de símbolo **Más** para expandir los datos del año 2010.

9. Guarde los cambios y cierre el libro.

11.4 APLICAR VALIDACIÓN DE DATOS

La validación de datos le permite establecer reglas de qué puede ser introducido en una celda. Por ejemplo, puede querer limitar la entrada de datos en una celda solo para los números enteros entre 1 y 12. Si el usuario hace una entrada no válida -por ejemplo el número 13-, se mostrará un mensaje indicándole sobre la restricción.

Para comenzar a crear una validación, primero debe abrir el cuadro de diálogo Validación de datos, y desde ese lugar deberá especificar algún criterio de validación. Si es necesario, puede añadir un mensaje de entrada de datos y un mensaje de error.

Para activar el cuadro de diálogo Validación de datos:

1. Clic en la ficha **Datos**.

2. En el grupo Herramientas de datos, clic en el botón **Validación de datos**.

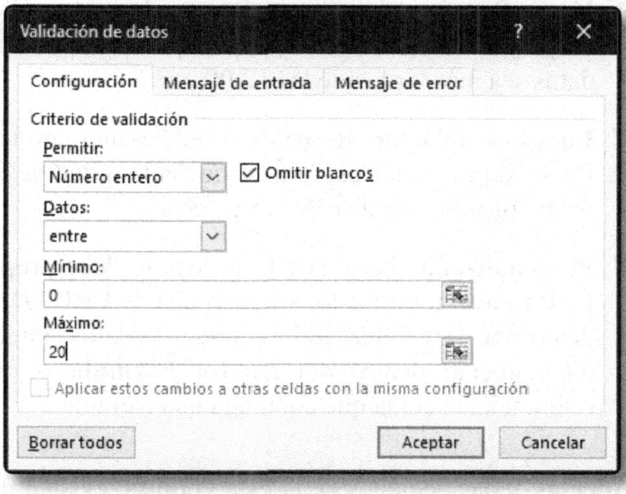

Desde la ficha Configuración, en el cuadro de diálogo Validación de Datos, puede especificar una amplia variedad de criterios de validación. Las siguientes opciones están disponibles desde la lista Permitir. Tenga en cuenta que los controles mostrados en el cuadro de diálogo varían dependiendo de su elección.

- **Cualquier valor:** Si selecciona esta opción quitará cualquier regla de validación existente. Tenga en cuenta que, si existe algún mensaje de entrada, este seguirá apareciendo.

- **Número entero:** Permite especificar un rango de números enteros válidos (Mínimo y Máximo) usando las opciones de la lista desplegable **Datos**. Por ejemplo, permitir números enteros mayores o iguales a 100.

- **Decimal:** Esta opción es parecida a Número entero. La diferencia es que puede agregar números que contengan decimales. Por ejemplo, puede especificar que la entrada debe ser un número decimal entre 10.5 a 20.

- **Lista:** Permite crear una lista desplegable de datos. Los datos que aparecerán en la lista desplegable pueden ser escritos directamente en el cuadro de diálogo o puede ser un rango de celdas.

- **Fecha:** Permite especificar un rango de fechas válidas basado en la lista desplegable **Datos**. Por ejemplo, puede especificar que la entrada de datos debe ser menor o igual al 31 de diciembre del 2016.

- **Hora:** Permite especificar un rango de horas válidas basado en la lista desplegable **Datos**. Por ejemplo, puede especificar que la entrada de datos sea más tarde que las 12:00 p.m.
- **Longitud del texto:** Restringe la celda a una cierta cantidad de caracteres. Por ejemplo, puede especificar que la longitud de entrada para el DNI de los empleados sea de ocho caracteres.
- **Personalizada:** Para usar esta opción, debe proporcionar una fórmula lógica (una fórmula lógica devuelve **VERDADERO** o **FALSO**) que determine la validez de la entrada de datos. Puede escribir la fórmula directamente dentro del control **Fórmula** o puede especificar una referencia de celda que contenga una fórmula.

Además de las opciones de la lista Permitir, existen dos controles (casillas) en el cuadro de diálogo Validación de Datos.

- **Omitir blancos:** Si está activa esta casilla, puede dejar una celda en blanco y será permitida.
- **Aplicar estos cambios a otras celdas con la misma configuración:** Si está activo, los cambios que usted hace se aplica a todas las otras celdas que contenga el criterio de validación original.

> **NOTA**
>
> La Validación de Datos sufre un serio problema potencial: Si el usuario copia una celda que no usa validación de datos y pega en una celda que sí tiene validación de datos, esta regla de validación se eliminará. En otras palabras, la celda aceptará cualquier tipo de datos. Este problema existe desde muchas versiones anteriores y parece que Microsoft aún no quiere resolverlo.

Para aplicar una regla de validación:

1. Dentro del cuadro de diálogo Validación de datos, en la ficha Configuración, clic en la flecha desplegable del cuadro **Permitir**.
2. Seleccione el criterio de validación que sea necesario.

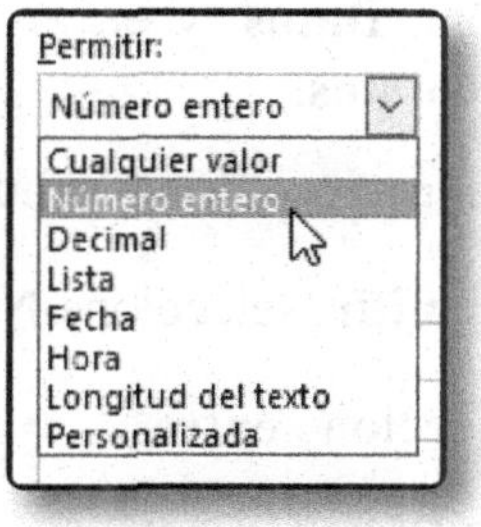

3. Dependiendo del criterio de validación elegido, seleccione o agregue los datos necesarios para la validación.
4. Clic en **Aceptar**.

11.4.1 Añadir mensajes de entrada y de error

Dentro del cuadro de diálogo Validación de datos puede encontrar las fichas **Mensaje de entrada** y **Mensaje de error.**

- **Mensaje de entrada:** Permite añadir una etiqueta de mensaje que aparece cada vez que se hace clic en una celda que contenga una validación. El mensaje de entrada ayuda a los usuarios a saber qué tipo de información debe ingresar en las celdas.
- **Mensaje de error:** Permite crear un mensaje de error que solo aparece cuando las entradas de datos no corresponden con las reglas de validación.

EJERCICIO

En el siguiente ejercicio aplicará una validación que solo permita ingresar notas de 0 a 20.

> **NOTA**
> Abrir el libro **RegistroNotas**.

1. Seleccione el rango **E4:H15**.

   En este rango de notas se aplicará la validación.

2. Clic en la ficha **Datos**, y en el grupo Herramientas de datos, clic en **Validación de datos**.

   Se abre el cuadro de diálogo Validación de datos.

3. En la lista **Permitir**, seleccione **Número entero.**
4. En **Datos**, seleccione **entre**.
5. En el cuadro **Mínimo** escriba **0** y en **Máximo** escriba **20**.

   Acaba de completar los criterios de validación, y ahora creará un mensaje de entrada y de error.

6. Clic en la ficha **Mensaje de entrada**.
7. En el campo **Título** escriba "**Registro de notas**".
8. En el campo **Mensaje de entrada** escriba "**Ingresar notas de 0 a 20**".

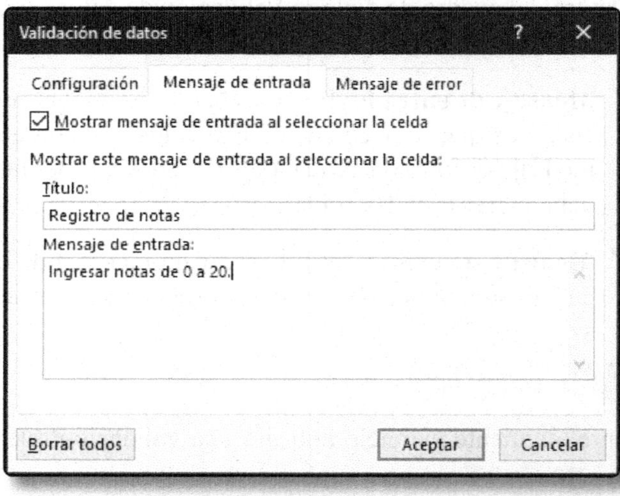

9. Clic en la ficha **Mensaje de error**.
10. En la lista **Estilo**, seleccione **Detener**.

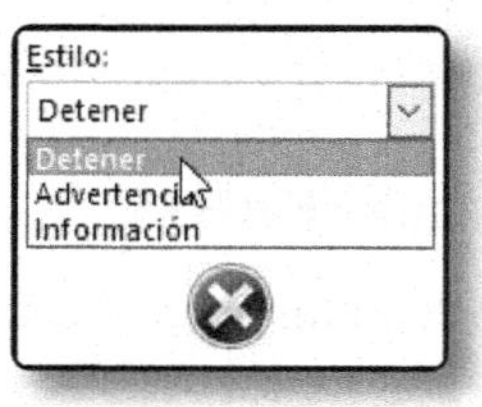

11. En el campo **Título** agregue "**Registro de Notas No Válido**".

12. En el campo **Mensaje de error** escriba "**Solo puede agregar notas entre 0 y 20**".

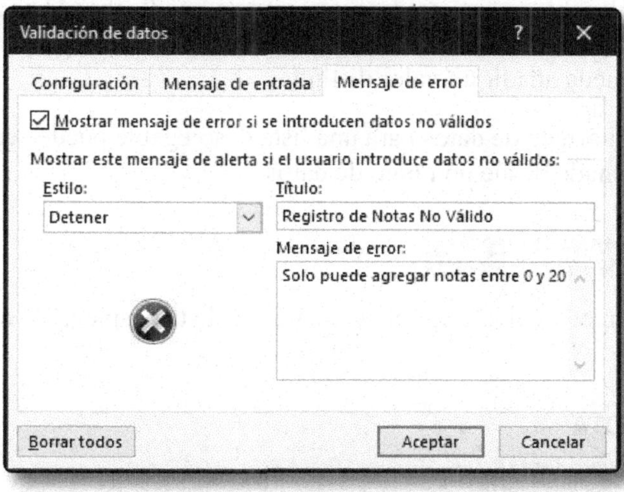

13. Clic en **Aceptar**.

    De esta manera la validación de datos ha sido aplicada al rango seleccionado.

14. Seleccione cualquier celda que contenga una nota.

    Observe que aparece una pequeña etiqueta con un mensaje. Este mensaje, es el mensaje de entrada configurado.

15. Seleccione la celda **H4** y cambie la nota **15** por **25** y pulse ***Enter***.

    Aparece el mensaje de error que ha configurado.

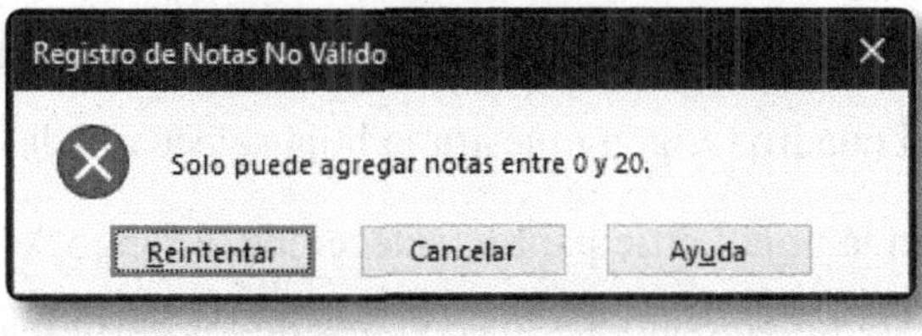

16. Clic en **Cancelar**.

    Regresa el valor anterior en H4.

17. Guarde los cambios y cierre el libro.

11.4.2 Crear listas desplegables en sus celdas

La validación de datos tiene muchas características que ayudan a la restricción de ciertos datos, una de ellas son las listas desplegables. Cuando crea una lista desplegable en una celda, esta presenta una flecha. Al hacer clic sobre la flecha podrá ver los valores únicos que pueden ser insertados en la celda evitando que el usuario pueda añadir un valor distinto.

El origen de datos para una lista desplegable puede ser escrito manualmente o seleccionado desde un rango de datos.

EJERCICIO

En el siguiente ejercicio creará una lista desplegable en una celda.

> ⓘ **NOTA**
> Abrir el libro **Listas**.

1. Active la hoja **Lista de participantes**.
2. Clic en la celda **B4**.

   En esta celda deberán aparecer los códigos de los alumnos.
3. En la ficha **Datos**, en el grupo Herramientas de datos, clic en **Validación de datos.**

   Se abre el cuadro de diálogo Validación de datos.
4. En Permitir seleccione **Lista**.
5. Clic en el cuadro Origen, y luego clic en la hoja **Participantes**.

   El cuadro Origen muestra la hoja seleccionada: *=Participantes!*
6. En la hoja Participantes, seleccione el rango A4:A15.

   Este rango contiene los códigos de los participantes.
7. Clic en **Aceptar** para aplicar la validación.

   La celda B4 tiene una flecha desplegable con la lista de códigos de los participantes.

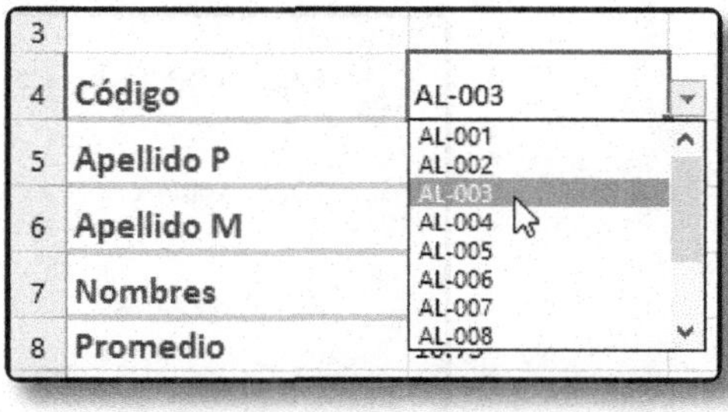

8. Clic en algún código.

   Como esta hoja tiene fórmulas de búsqueda y referencia, aparecen resultados en las demás celdas. (Véase capítulo 8: "Funciones de búsqueda y referencia").

9. Guarde los cambios y cierre el libro.

11.5 APLICAR EL FORMATO CONDICIONAL

Entre los numerosos detalles que se aplican a una hoja de cálculo, está el querer resaltar ciertos valores por alguna razón. El formato condicional le permite abanderar, marcar o resaltar valores específicos acorde a una serie de reglas de formato.

Para empezar a aplicar un formato condicional, solo debe seleccionar el rango de celdas apropiado y elegir el formato que necesite desde la galería desplegable Formato condicional. Entre las diversas reglas que aparecen en la lista desplegable están:

- Resaltar reglas de celdas.
- Reglas superiores e inferiores.
- Barras de datos.
- Escalas de color.
- Conjuntos de iconos.

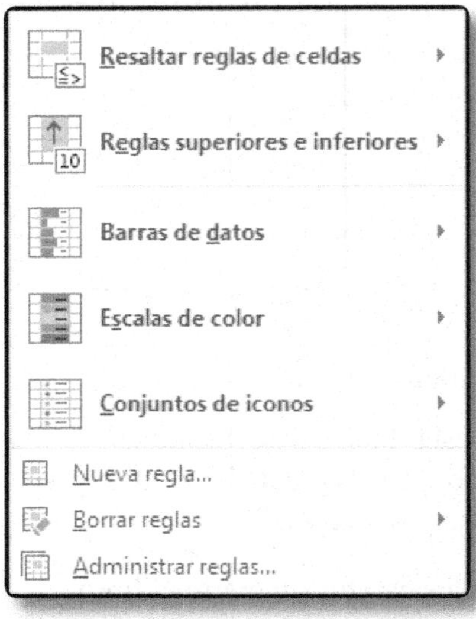

También encontrará opciones para crear nuevas reglas, borrarlas y administrarlas.

Para aplicar un formato condicional:

1. Seleccione el rango de datos.
2. Clic en la ficha **Inicio**, y en el grupo Estilos, clic en **Formato condicional**.
3. Señale alguna de las reglas de formato condicional preestablecidas.
4. Clic en el formato que necesite.

EJERCICIO

En el siguiente ejercicio aprenderá a aplicar un formato condicional preestablecido.

> **NOTA**
> Abrir el libro **Formato preestablecido**.

1. Seleccione el rango **E4:H15**.
2. En la ficha **Inicio**, en el grupo Estilos, clic en **Formato condicional**.
3. Señale **Barra de datos**, y en la sección Relleno degradado, clic en el formato **Barra de datos azul claro**.

   El formato se aplica en el rango seleccionado.

4. Seleccione el rango **I4:I15**.
5. Clic en **Formato condicional**, luego señale la opción **Conjunto de iconos**, y en la sección Indicadores, clic en **tres banderas**.

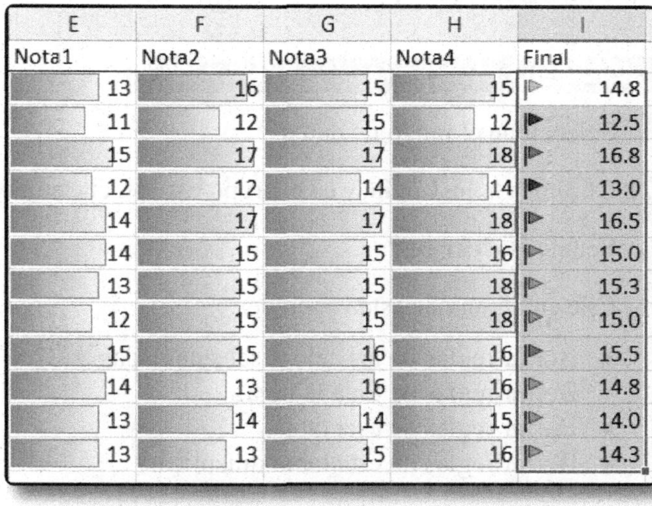

E	F	G	H	I
Nota1	Nota2	Nota3	Nota4	Final
13	16	15	15	14.8
11	12	15	12	12.5
15	17	17	18	16.8
12	12	14	14	13.0
14	17	17	18	16.5
14	15	15	16	15.0
13	15	15	18	15.3
12	15	15	18	15.0
15	15	16	16	15.5
14	13	16	16	14.8
13	14	14	15	14.0
13	13	15	16	14.3

6. Guarde los cambios y cierre el libro.

Crear sus propias reglas de formato

Si las reglas de formato preestablecidas no superan sus expectativas, aún puede crear sus propias reglas, y en el mejor de los casos, modificarlas.

El cuadro de diálogo Nueva regla de formato da la posibilidad de crear nuevas reglas. Cada una de las reglas son personalizables y tienen un gran potencial para aplicar formatos, inclusive se pueden añadir fórmulas especiales de acuerdo a sus necesidades.

Para crear un formato condicional personalizado:

1. Seleccione el rango de datos.
2. Clic en la ficha **Inicio**, y en el grupo Estilos, clic en **Formato condicional**.
3. Clic en **Nueva regla**.

   Se abre el cuadro de diálogo **Nueva regla de formato**.
4. Seleccione un tipo de regla.
5. Configure la regla de formato de acuerdo a lo que necesita.
6. Clic en **Aceptar**.

Para borrar un formato condicional:

1. Seleccione el rango de datos.
2. Clic en la ficha **Inicio**, y en el grupo Estilos, clic en **Formato condicional**.
3. Señale **Borrar reglas**.
4. Clic en alguna de estas opciones:
   - Borrar reglas de las celdas seleccionadas.
   - Borrar reglas de toda la hoja.
   - Borrar reglas de esta tabla.
   - Borrar reglas de esta tabla dinámica.

O

1. Clic en **Formato condicional** y clic en **Administrar reglas**.

   Se abre el cuadro de diálogo Administrador de reglas de formatos condicionales.
2. Seleccione la regla, y clic en el botón **Eliminar regla**.
3. Clic en **Aceptar**.

EJERCICIO

En el siguiente ejercicio creará su propia regla de formato condicional.

> **NOTA**
>
> Abrir el libro **Crear reglas**.

1. Seleccione el rango **E4:H15** y desde la ficha **Inicio**, en el grupo Estilos, clic en **Formato condicional** y luego clic en **Nueva regla**.

   Se abre el cuadro de diálogo **Nueva regla de formato**.

2. En el cuadro de diálogo Nueva regla de formato, clic en **Aplicar formato a todas las celdas según sus valores**.

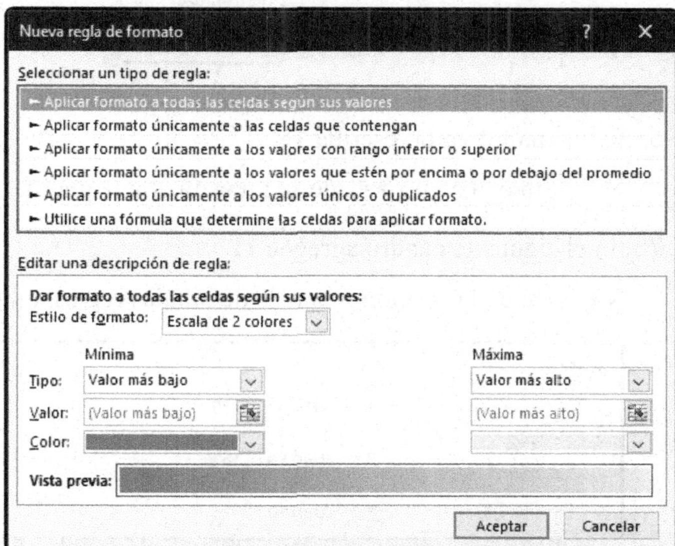

3. En la sección Editar una descripción de regla, en Estilo de formato, clic en la flecha desplegable y seleccione **Conjunto de iconos**.

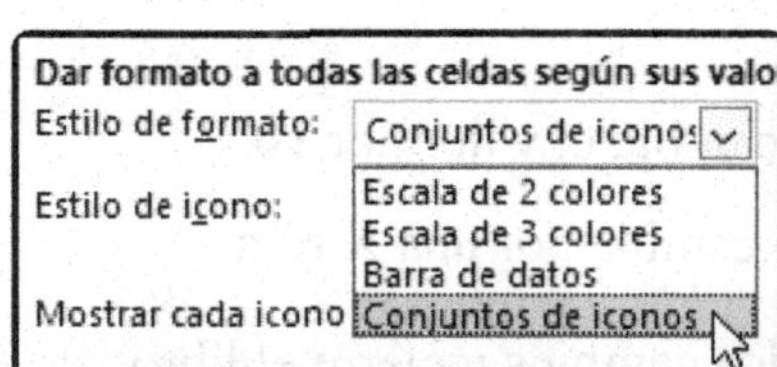

4. En Estilo de icono seleccione **tres símbolos (sin círculo)**.

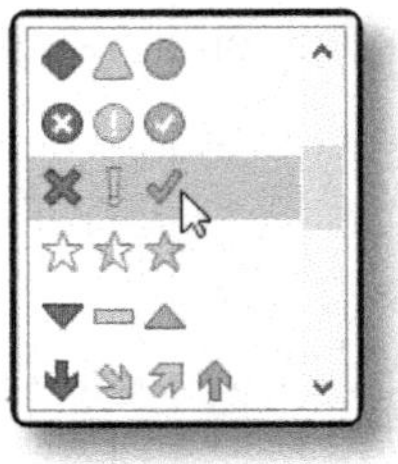

5. En la sección Tipo, seleccione **Número** para ambos cuadros desplegables.

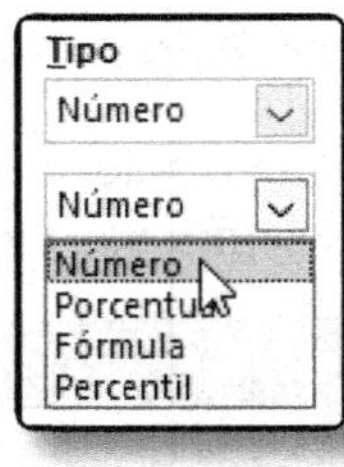

6. En el cuadro valor, escriba **16**.

   No cambie el signo >= que se muestra a la izquierda.

7. En el siguiente cuadro agregue **11**.

   Note que en la sección *Icono* se detalla las reglas aplicadas.

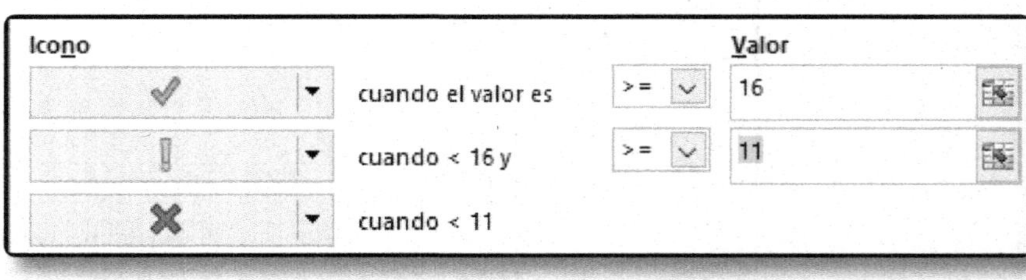

8. Clic en **Aceptar**.

   Como puede ver, se ha aplicado un formato de iconos a las notas de los alumnos.

9. En **F15** cambie el valor por **10**.

   El icono cambia por una X roja.

10. Guarde los cambios y cierre el libro.

11.6 APLICAR SOMBREADO A CELDAS Y RANGOS

Dentro de las opciones para crear sus propias reglas de formato se encuentra el uso de fórmulas. Cuando utiliza fórmulas, las posibilidades de aplicar diversos tipos de formatos condicionales se expanden. Por ejemplo, en una tabla de productos, puede escribir el nombre de un producto en alguna celda y el formato condicional sombreará todas las celdas que tengan el nombre de producto que acaba de escribir.

EJERCICIO

En el siguiente ejercicio aplicará un sombreado a una celda y un rango a través del formato condicional.

> **NOTA**
> Abrir el libro **Rellenar**.

1. Seleccione el rango **C6:C26**.
2. Ingrese a **Formato Condicional** y clic en **Nueva regla**.
3. En la sección Seleccionar un tipo de regla, clic en **Utilice una fórmula que determine las celdas para aplicar formato**.
4. En el cuadro Dar formato a los valores donde esta fórmula sea verdadera, escriba: **=C6=$F$3**

   Siempre se debe usar la primera celda de la selección. Por otro lado, $F$3 es la celda principal de donde se deben elegir los datos a sombrear.

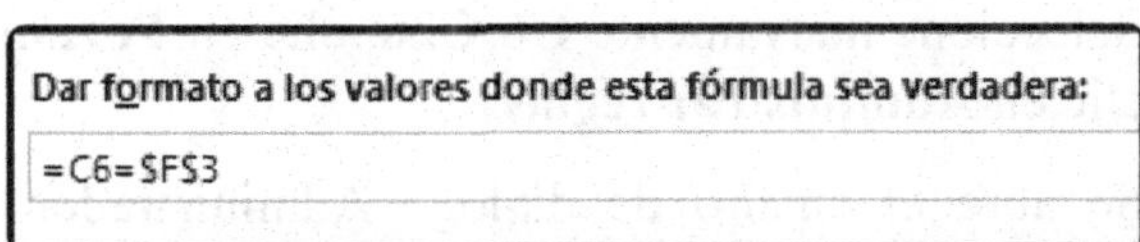

5. Clic en el botón **Formato**.

   Se abre el cuadro de diálogo Formato de celdas.

6. Clic en la ficha **Relleno**, seleccione el color de relleno que desee, y clic en **Aceptar**.

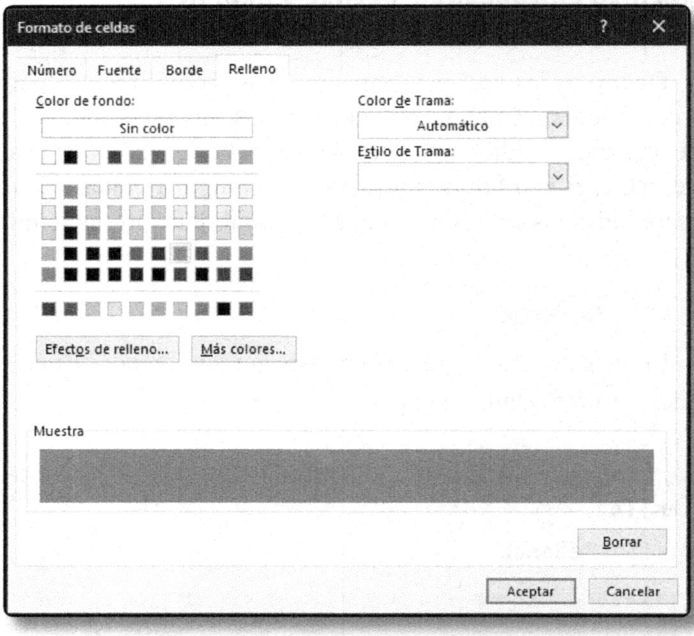

7. Clic en **Aceptar** del cuadro de diálogo Nueva regla de formato.

   Observe que automáticamente se sombrean todas las celdas que tengan el valor VEN-002. Este valor se encuentra en la celda F3.

8. Clic en la flecha desplegable de **F3** y clic en **VEN-004**.

   Ahora todas las celdas del rango C6:C26 que coincidan con VEN-004 se sombrean.

   A continuación, va a sombrear toda una fila en lugar de solo una celda. Antes de ello, debe eliminar la regla de formato para evitar confusiones.

9. Seleccione nuevamente **C6:C26**, clic en **Formato condicional** y luego clic en **Administrar reglas**.

   Se abre el cuadro de diálogo Administrador de reglas de formatos condicionales.

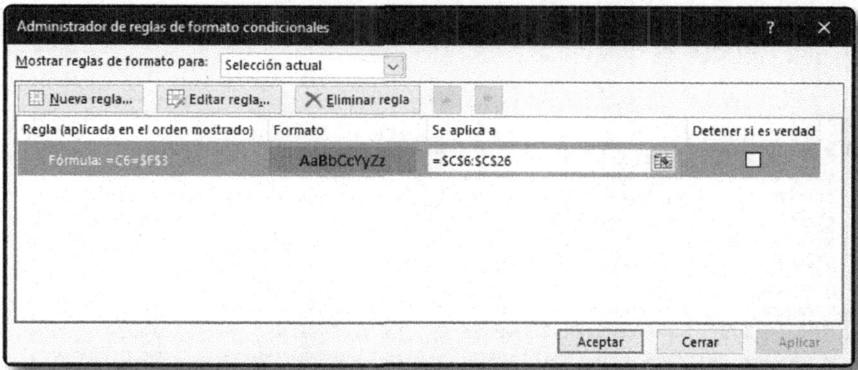

10. Seleccione la única regla que aparece en el cuadro de diálogo, clic en el botón **Eliminar regla** y luego clic en **Aceptar**.

    La regla se elimina del rango C6:C26.

11. Ahora, seleccione el rango A6:G26 que incluye toda la lista de datos a excepción de los encabezados.

12. Active el cuadro de diálogo **Nueva regla de formato** y seleccione **Utilice una fórmula que determine las celdas para aplicar formato.**

13. Escriba la siguiente fórmula: **=$A6=$F$2**

    En esta fórmula se añade una referencia mixta $A6 para indicar que la columna A se quede estática, sin embargo, las filas pueden cambiar. (Vea *Usar referencias relativas, absolutas y mixtas* en el capítulo 3: "Trabajar con fórmulas y funciones").

14. Clic en el botón **Formato,** y desde la ficha Relleno, seleccione el color de sombreado que desee y clic en **Aceptar**.

15. Clic en **Aceptar** del cuadro de diálogo Nueva regla de formato.

    Observe que se sombrea las filas completas que cumplan con el dato seleccionado en F2.

16. En F2, seleccione PRO-003 y vea el cambio.

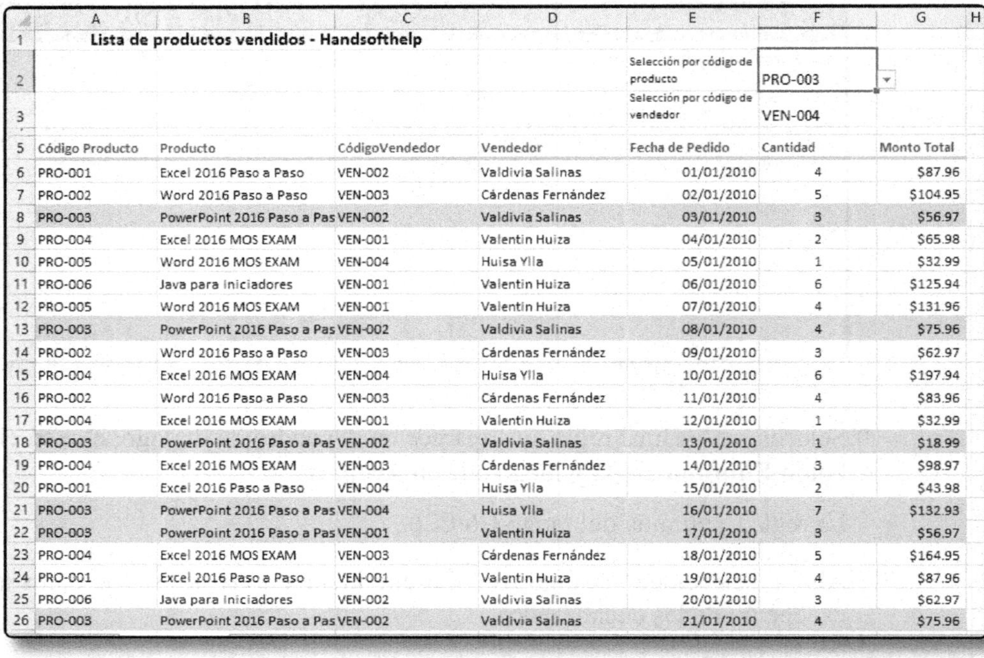

	A	B	C	D	E	F	G	H
1	Lista de productos vendidos - Handsofthelp							
2					Selección por código de producto	PRO-003		
3					Selección por código de vendedor	VEN-004		
5	Código Producto	Producto	CódigoVendedor	Vendedor	Fecha de Pedido	Cantidad	Monto Total	
6	PRO-001	Excel 2016 Paso a Paso	VEN-002	Valdivia Salinas	01/01/2010	4	$87.96	
7	PRO-002	Word 2016 Paso a Paso	VEN-003	Cárdenas Fernández	02/01/2010	5	$104.95	
8	PRO-003	PowerPoint 2016 Paso a Pas	VEN-002	Valdivia Salinas	03/01/2010	3	$56.97	
9	PRO-004	Excel 2016 MOS EXAM	VEN-001	Valentin Huiza	04/01/2010	2	$65.98	
10	PRO-005	Word 2016 MOS EXAM	VEN-004	Huisa Ylla	05/01/2010	1	$32.99	
11	PRO-006	Java para Iniciadores	VEN-001	Valentin Huiza	06/01/2010	6	$125.94	
12	PRO-005	Word 2016 MOS EXAM	VEN-001	Valentin Huiza	07/01/2010	4	$131.96	
13	PRO-003	PowerPoint 2016 Paso a Pas	VEN-002	Valdivia Salinas	08/01/2010	4	$75.96	
14	PRO-002	Word 2016 Paso a Paso	VEN-003	Cárdenas Fernández	09/01/2010	3	$62.97	
15	PRO-004	Excel 2016 MOS EXAM	VEN-004	Huisa Ylla	10/01/2010	6	$197.94	
16	PRO-002	Word 2016 Paso a Paso	VEN-003	Cárdenas Fernández	11/01/2010	4	$83.96	
17	PRO-004	Excel 2016 MOS EXAM	VEN-001	Valentin Huiza	12/01/2010	1	$32.99	
18	PRO-003	PowerPoint 2016 Paso a Pas	VEN-002	Valdivia Salinas	13/01/2010	1	$18.99	
19	PRO-004	Excel 2016 MOS EXAM	VEN-003	Cárdenas Fernández	14/01/2010	3	$98.97	
20	PRO-001	Excel 2016 Paso a Paso	VEN-004	Huisa Ylla	15/01/2010	2	$43.98	
21	PRO-003	PowerPoint 2016 Paso a Pas	VEN-004	Huisa Ylla	16/01/2010	7	$132.93	
22	PRO-003	PowerPoint 2016 Paso a Pas	VEN-001	Valentin Huiza	17/01/2010	3	$56.97	
23	PRO-004	Excel 2016 MOS EXAM	VEN-003	Cárdenas Fernández	18/01/2010	5	$164.95	
24	PRO-001	Excel 2016 Paso a Paso	VEN-001	Valentin Huiza	19/01/2010	4	$87.96	
25	PRO-006	Java para Iniciadores	VEN-002	Valdivia Salinas	20/01/2010	3	$62.97	
26	PRO-003	PowerPoint 2016 Paso a Pas	VEN-002	Valdivia Salinas	21/01/2010	4	$75.96	

17. Guarde los cambios y cierre el libro.

EJERCICIO PROPUESTO 17

Abrir el libro **Práctica** y realice las siguientes acciones:

1. Aplique un Autofiltro a la lista de datos.
2. Ordene la columna Código en modo descendente.
3. A la columna Final, aplique el formato condicional preestablecido Barra de datos naranja.
4. Al rango E3:H14 aplique un formato condicional con las siguientes características:
   - Notas de 0 a 10 con formato de fuente Rojo.
   - Notas de 11 a 15 con formato de fuente Azul.
   - Notas de 16 a 20 con formato de fuente Verde.

E	F	G	H	I
Nota1	Nota2	Nota3	Nota4	Final
10	13	15	16	13.5
13	14	14	15	14.0
14	13	16	16	14.8
15	15	16	16	15.5
12	15	15	18	15.0
13	15	15	18	15.3
14	15	15	16	15.0
14	17	17	18	16.5
12	12	14	14	13.0
15	17	17	18	16.8
11	12	15	12	12.5
13	16	15	15	14.8

5. Al mismo rango, aplique una validación de datos con las siguientes características:

   - Ingresar números de 0 a 20 y que acepten decimales.
   - Añadir un mensaje de entrada.
   - Añadir un mensaje de error.

6. Guarde con el nombre "**Mi Práctica**" y cierre Excel.

MATERIAL ADICIONAL

El material adicional de este libro puede descargarlo en nuestro portal web: *http://www.ra-ma.es*.

Debe dirigirse a la ficha correspondiente a esta obra, dentro de la ficha encontrará el enlace para poder realizar la descarga.

Cuando descomprima el fichero obtendrá los archivos que complementan al libro para que pueda continuar con su aprendizaje.

INFORMACIÓN ADICIONAL Y GARANTÍA

- RA-MA EDITORIAL garantiza que estos contenidos han sido sometidos a un riguroso control de calidad.
- Los archivos están libres de virus, para comprobarlo se han utilizado las últimas versiones de los antivirus líderes en el mercado.
- RA-MA EDITORIAL no se hace responsable de cualquier pérdida, daño o costes provocados por el uso incorrecto del contenido descargable.
- Este material es gratuito y se distribuye como contenido complementario al libro que ha adquirido, por lo que queda terminantemente prohibida su venta o distribución.

ÍNDICE ALFABÉTICO

R

S

T

V

W

Y

Z